卓越学术文库

# 智能化水平对制造业企业效率影响的作用机制与效应研究

ZHINENGHUA SHUIPING DUI ZHIZAOYE QIYE XIAOLU YINGXIANG DE ZUOYONG JIZHI YU XIAOYING YANJIU

河南省高等学校哲学社会科学优秀著作资助项目

史永乐 著

郑州大学出版社

## 图书在版编目(CIP)数据

智能化水平对制造业企业效率影响的作用机制与效应研究 / 史永乐著. -- 郑州：郑州大学出版社, 2025. 7. --（卓越学术文库）. -- ISBN 978-7-5773-0876-0

Ⅰ. F426.4

中国国家版本馆 CIP 数据核字第 2024Y9P053 号

## 智能化水平对制造业企业效率影响的作用机制与效应研究

| 策划编辑 | 王卫疆　成振珂 | 封面设计 | 苏永生 |
| 责任编辑 | 申从芳 | 版式设计 | 苏永生 |
| 责任校对 | 郜　毅 | 责任监制 | 朱亚君 |

| 出版发行 | 郑州大学出版社 | 地　　址 | 河南省郑州市高新技术开发区 |
| 经　　销 | 全国新华书店 | | 长椿路 11 号（450001） |
| 发行电话 | 0371-66966070 | 网　　址 | http://www.zzup.cn |
| 印　　刷 | 河南文华印务有限公司 | | |
| 开　　本 | 710 mm×1 010 mm　1 / 16 | | |
| 印　　张 | 16.25 | 字　　数 | 253 千字 |
| 版　　次 | 2025 年 7 月第 1 版 | 印　　次 | 2025 年 7 月第 1 次印刷 |
| 书　　号 | ISBN 978-7-5773-0876-0 | 定　　价 | 86.00 元 |

本书如有印装质量问题，请与本社联系调换。

# 前言

当前我国经济发展进入新常态,已由高速增长阶段转向高质量发展阶段,作为我国经济支柱产业的制造业也面临着向发达国家"回流"和发展中国家"转移"的双重挑战,借助以物联网、人工智能、大数据和云计算等新一代信息技术为核心的第四次工业革命实现制造业转型升级,将是推动经济高质量发展的关键力量。虽然已有研究显示,智能化能够降低制造业企业生产成本、实现商业模式创新,使制造业企业改变以往大批量、同质化的生产方式,生产越来越多的小批量、定制化产品,从而为消费者提供个性化产品和美好体验式服务,以此来获取竞争力和市场份额,但"IT 生产率"悖论也表明,智能化升级并不一定能带来理想的投入产出效率提升,并且当前仍处于智能化革命浪潮初期,新一代信息技术尚未形成通用高效的生产力,即使是美国、德国和日本等发达国家仍处于智能化起始阶段,我国作为发展中国家甚至某些传统制造业企业,仍处于机械化、电气化和信息化发展阶段。智能化升级是需要长期持续投入而收益不确定的高风险行为,因此,大部分制造业企业对新一轮科技革命和产业变革持审慎观望态度,制造业企业面临着"不敢转、不能转"甚至"不会转"的困境,这些进一步制约着我国制造业向价值链高端攀升的步伐,阻碍制造强国建设进程。

基于以上背景,本书研究智能化水平对制造业企业效率影响的作用机制,以探究制造业企业智能化升级的动力机制,检验智能化影响制造业企业效率的正负效应以及分析智能化影响制造业企业效率的作用路径,明确智能化发展与制造业企业效率之间的作用"黑箱",对制造业企业开展智能化转型升级明晰发展路径,推动企业实施变革提质增效,实现价值增值具有一定的应用价值。此外,以新一代信息技术为基础的智能化升级是创新理论的延伸和拓展,能够丰富技术创新的理论基础和内涵,同时也是对经济增长理论的有益补充。

本书在笔者多年科研工作基础上撰写,书中部分内容反映了笔者的科研成果。本书第 5 章内容是南阳理工学院博士科研启动基金项目"智能化水平对制造业企业全要素生产率影响的作用机制研究"(NGBJ-2024-25)的阶段性成果。

南阳理工学院李新宁博士和吴战勇博士对第 2 章和第 9 章的文字资料整理做了大量工作,南阳师范学院韩江波博士对第 4 章的思路结构和数据处理付出了辛勤劳动,许多同行专家提出了宝贵意见和建议,在此表示衷心感谢。同时,本书在撰写过程中参考了许多文献资料,在此对所有文献的作者表示崇高的敬意和由衷的感谢。

由于笔者水平有限,书中难免有疏漏和不妥之处,敬请各位专家和读者批评指正。

**南阳理工学院　史永乐**

# 目 录

1 绪论 …………………………………………………………………… 001
  1.1 研究背景、目的及意义 ………………………………………… 001
  1.2 研究内容与方法 ………………………………………………… 004
  1.3 创新之处 ………………………………………………………… 009

2 文献综述与概念界定 …………………………………………………… 011
  2.1 智能化国内外研究现状 ………………………………………… 011
  2.2 企业效率国内外研究现状 ……………………………………… 028
  2.3 智能化与企业效率关系国内外研究现状 ……………………… 034
  2.4 智能化与企业效率国内外研究述评 …………………………… 038
  2.5 基本概念界定 …………………………………………………… 039

3 理论基础与机制分析 …………………………………………………… 042
  3.1 相关理论基础 …………………………………………………… 042
  3.2 机制分析与研究框架 …………………………………………… 052

4 制造业企业智能化升级动力系统的演化博弈分析 ………………… 074
  4.1 演化博弈的基本理论 …………………………………………… 074
  4.2 智能化升级演化博弈模型的假设与建立 ……………………… 077
  4.3 智能化升级演化博弈模型的求解与稳定性分析 ……………… 083
  4.4 智能化升级动力系统数值仿真分析 …………………………… 091

5 制造业上市企业智能化水平评价研究 ………………………………… 105
  5.1 制造业上市企业样本分布情况 ………………………………… 105
  5.2 制造业上市企业智能化水平测算 ……………………………… 108

# 6 智能化影响制造业企业全要素生产率的作用机制研究 ……118
## 6.1 理论分析与研究假设…………………………………118
## 6.2 制造业上市企业全要素生产率测算……………………124
## 6.3 研究样本与变量说明……………………………………129
## 6.4 智能化对制造业企业全要素生产率的作用路径检验……132
## 6.5 作用机制结论分析………………………………………155

# 7 智能化影响制造业企业全要素生产率的门槛机制研究 ……158
## 7.1 面板门槛回归模型………………………………………158
## 7.2 理论分析与模型构建……………………………………160
## 7.3 全样本门槛回归…………………………………………161
## 7.4 分地区门槛回归…………………………………………165
## 7.5 分行业门槛回归…………………………………………171
## 7.6 分要素密度门槛回归……………………………………175
## 7.7 分所有权性质门槛回归…………………………………178

# 8 智能化影响制造业企业管理效率的作用机制研究 …………186
## 8.1 理论分析与研究假设……………………………………186
## 8.2 主要研究方法……………………………………………190
## 8.3 量表设计与分析…………………………………………192
## 8.4 验证性因子分析…………………………………………207
## 8.5 实证检验…………………………………………………220

# 9 政策建议与研究展望 …………………………………………229
## 9.1 研究结论…………………………………………………230
## 9.2 政策建议…………………………………………………233
## 9.3 研究不足与展望…………………………………………243

**参考文献** …………………………………………………………244

**附录** ………………………………………………………………247

**后记** ………………………………………………………………253

# 1 绪论

本章介绍了本书的研究背景、目的和意义,详细论述了本书主要的研究内容与方法,并指出可能的创新之处。

## 1.1 研究背景、目的及意义

### 1.1.1 研究背景

制造业是为市场提供产品和服务的起点和源头,保持制造业比重稳定避免产业空心化是国民经济健康发展的基石,也是新时代实现中国式现代化和全体人民共同富裕的重要物质保障和战略基础支撑。依赖劳动力和资源优势,经过改革开放四十多年的高速发展,我国制造业规模自2010年跃居世界首位以来,产值比重仍在逐年增加,依据独立完整和门类齐全的制造优势,我国在载人航天、北斗卫星、高铁装备、深海探测等重大前沿领域形成了优势产业和领先企业,并取得较大的技术突破。然而当前国际局势复杂多变,使得我国经济稳定的发展环境受到很大的冲击和挑战,作为国民经济支柱产业的制造业深受供应链断裂、能源供应不稳和劳动力短缺等风险因素制约,与传统强国甚至某些新兴国家相比,我国制造业还存在很多薄弱环节,如高端芯片和工业软件等关键领域和核心技术的"卡脖子"现象突出,生产工艺落后导致的产品质量参差不齐从而缺乏国际知名品牌等,严重制约着我国制造强国建设步伐,因此亟须推动制造业转型升级实现高质量发展。

进入21世纪以来,以物联网、人工智能、区块链等新一代信息技术引领的第四次工业革命加速创新发展并与产业深度融合,将进一步重塑全球制造业体系分布和产业链分工格局,制造业未来的发展方向是高端智能制造。特别是近年来,世界各国都意识到服务和金融等虚拟经济的空心性和泡沫性而重新审视和评估制造业等实体经济的价值,"再制造化"战略越来越受到各国决策层的重视,如美国最早于2012年发布先进制造业战略计划,接着德国在2013年首次提出"工业4.0"的概念,日本、韩国、英国和印度等国也都提出了类似的战略计划和具体措施,以加强智能信息技术与制造业融合应用抢占技术创新制高点,重点消除研发与制造的断裂以维持本国制造业竞争优势。

长期以来,我国利用资源禀赋的比较优势承接发达国家的低端制造以嵌入全球价值链分工体系,然而随着人口低生育率持续和严格环保规制的约束,将逐步淘汰高耗能、高污染的发展方式而转向集约绿色的高质量增长模式,利用新一代信息技术对制造业进行智能化升级,是激发制造业活力和创造力,实现我国经济发展方式向集约化、绿色化、智能化转变的必然选择。我国颁布《中国制造2025》的十年规划以推动制造业向高端智能化方向发展,之后也陆续颁布了很多兼具操作性和指导性的政策文件与实施方案,以推动制造业向中国智造、中国创造、中国品牌转变以避免陷入低端装配制造的锁定风险,迈向价值链高端并实现经济高质量发展。

## 1.1.2 研究目的

智能化所依赖的高端芯片、智能传感器、操作系统、硬件设备和高级算法等智能软硬件资源的获取需要长期的巨额资金和高端人才投入,对于微观个体企业来说,智能化升级是一个长期投入而收益不确定的高风险行为。虽然已有研究显示智能化能够降低制造业企业生产成本、实现商业模式创新,使制造业企业改变以往大批量、同质化的生产方式,将生产越来越多的小批量、定制化产品而能够为消费者提供个性化的产品和美好的体验式服务来获取竞争力和市场份额,但"IT生产率"悖论也表明智能化升级并不一定能带来理想的业绩提升。此外,新一代信息技术仍处于研发设计的起始阶段尚未形成大规模通用生产力,特别是我国制造业整体仍处于较低的机械电气化发展水平,因此面对高投入低回报的巨大不确定性,大多企业有"不敢转、不能转"的顾虑,甚至因为缺乏技术和人才而"不会转",更进一步制约着我国制造业向价值链高端攀升的步伐,阻碍制造强国建设的进程。

摆在制造业企业面前自然而现实的问题是影响智能化升级的关键因素有哪些,进行智能化改造能否提升企业效率,以及其具体实现路径是什么。对于这些问题的回答能够为制造业企业进行智能化升级明晰努力方向、增强信心,解除其"不敢转"的困惑和"不会转"的困境,更有助于为智能制造产业政策制定部门提供决策依据和参考,推动实现制造业高质量发展。

基于以上现实,本书主要研究智能化对制造业企业效率影响的作用机制,以探究制造业企业智能化升级的动力机制,检验智能化影响制造业企业效率的正负效应以及分析智能化水平影响制造业企业效率的作用路径,有利于打开智能化影响企业效率的作用"黑箱",帮助企业选择适宜的智能化转型路径,对提升要素投入与产出效率实现价值最大化具有一定的应用价值。此外,以新一代信息技术为基础的智能化升级是创新理论的延伸和拓展,能够丰富技术创新的理论基础和内涵,也是对经济增长理论的有益补充。

## 1.1.3 研究意义

智能化能够打破时空限制,加强制造业企业利用全球资源的能力,提升要素使用和配置效率,增强了自身的动态适应能力,在"碳达峰、碳中和"目标任务的引领下实现制造业研发设计高效化、原料供应柔性化、生产过程清洁化、生产方式智能化、销售服务个性化等高质量发展,使企业价值链各环节实现增值并提升企业效率。然而智能化影响企业效率的具体作用路径尚不清晰,本书的研究成果对厘清智能化水平与企业效率的影响关系及作用路径具有一定的理论意义和应用价值,具体表现在以下几个方面。

(1)理论意义

1)揭示制造业企业智能化升级的动力机制。制造业企业智能化升级是企业在第四次工业革命中获取竞争优势的重要手段,智能化升级是多主体参与的复杂动态演化过程,由企业内外各种作用因素的多种驱动合力而成,本书在竞争优势"钻石模型"的基础上,提出制造业企业智能化升级的动力机制是政府推力、技术驱力、企业压力和市场拉力综合作用的结果。其中政府推力包含产业政策和人才政策的正向推动力,以及环境规制的反向推动力;技术驱力包含技术扩散和协同创新的驱动力;企业压力包含成本上升、创新能力弱和竞争加剧的压力;市场拉力包含市场规模和消费升级的拉动力。

2)刻画智能化水平影响制造业企业效率的作用机制。通过研究,本书认为智能化升级能够通过技术创新、优化配置、价值共创、流程再造等具体形式以提高生产率、优化劳动力结构、降低成本和提升产品质量和服务等作用路径提升企业全要素生产率和管理效率,有助于明确智能化与企业效率之间的作用"黑箱",为企业实施智能化升级提供思路和方向。

(2)实践价值

1)有助于厘清制造业企业智能化发展路径,提升投入产出效率实现高质量发展。本书通过对制造业上市企业和调查问卷的数据,验证了智能化能够正向提升企业的全要素生产率和管理效率,并解释了"IT生产率悖论"不存在的原因,帮助企业管理者放下对智能化升级"不转等死、转型找死"的思想包袱,有助于企业树立正确的智能化升级理念,主动增强IT适应性加强战略谋划和前瞻部署优化组织结构,有利于企业借助技术创新带来的先发优势实现价值最大化。

2)为产业政策制定提供理论依据,增强政策的针对性和适用性。本书研究表明,由于企业所处地区、行业类型、所有权性质、要素密集程度、市场份额大小等异质性特征,导致智能化对制造业企业效率的影响具有较大差异,因此,智能化升级不能搞一刀切政策,要因企因地因业精准施策才能找出制约不同类型企业智能化发展的主要因素,才能发挥出政策的示范引领和杠杆撬动作用。

## 1.2 研究内容与方法

### 1.2.1 研究内容

科学技术是第一生产力,制造业只有与人工智能等新一代信息技术深度融合才能完成新旧动能转换从而实现经济高质量发展。在我国由制造强国向智造强国转变的背景下,探究智能化水平对制造业企业效率影响的内在作用机制,将从企业视角检验智能化水平对经济发展的影响效应,因此具有较强的理论意义和实践价值。本书内容共分为9章,具体如下:

第1章,绪论。本章主要阐述本书的研究背景、目的和意义,并从总体上介绍研究内容与框架、研究思路与方法以及创新点。

第2章,文献综述与概念界定。本章详细梳理国内外关于智能化、企业效率和智能化与企业效率关系的研究现状,并对已有文献进行述评,分析原有研究的薄弱环节,为未来研究指明方向。本章界定了书中所涉及的相关概念,包含智能化水平、制造业企业和企业效率等概念,并指出因数据指标获取难度和不统一的现实情况将企业效率界定为分别代表技术和组织流程投入产出绩效水平的全要素生产率和管理效率,进一步明确和细化研究内容。

第3章,理论基础与机制分析。本章首先介绍本研究的理论依据,分别是与要素、价值和组织相关的基础理论,具体包括技术创新、资源基础和要素配置理论,价值共创、价值链理论以及组织变革和流程再造等有关理论;其次指出影响制造业企业智能化升级的动力机制是政府推力、技术驱力、企业压力和市场拉力综合驱动的复杂过程;最后给出智能化对制造业企业效率影响的作用机制分析,既是对创新、价值和组织理论的丰富与拓展,同时也是对经济发展理论的有益补充,为后续章节的实证研究奠定理论基础。

第4章,制造业企业智能化升级动力系统的演化博弈分析。本章运用演化博弈及Matlab仿真分析方法,构建企业、政府和市场三方非对称动态演化博弈模型,分析制约制造业企业智能化升级的因素,通过分析博弈主体的相互关系并模拟三方行为决策演化路径,验证了制造业企业智能化升级是由多种主体相互作用、相互影响和相互制约的动态演进过程。运用MATLAB软件对演化稳定策略进行了数值模拟仿真,数值模拟结果与理论分析一致,即博弈主体的决策与智能化升级的收益和成本,政府的罚款与补贴以及智能化产品与传统产品为市场带来的效用等关键参数有关,且关键参数取不同数值时会对主体向稳定策略演化的方向、速率及路径产生影响。

第5章,制造业上市企业智能化水平评价研究。本章采用数据挖掘法与主成分分析法相结合的方法对我国 2010—2021 年 A 股制造业上市企业的智能化水平进行评价研究。首先，介绍文中制造业上市企业样本分布情况；其次，依据客观性和数据可获得性等原则构建制造业上市企业智能化水平评价指标体系，并用主成分分析法测算制造业上市企业智能化指数；最后，详细分析不同地区和不同行业智能化发展水平的差异性。

第 6 章，智能化影响制造业企业全要素生产率的作用机制研究。本章依据理论分析提出研究假设，用 DEA-Malmquist 指数法测算制造业上市企业的全要素生产率以表征企业的技术效率，用普通面板固定效应模型检验智能化对制造业上市企业全要素生产率的直接作用效果，并用中介效应模型验证技术创新、员工平均薪酬、薪酬差距和成本黏性在智能化影响制造业企业全要素生产率中的作用路径，用调节效应模型验证要素密集度、所有权性质和市场份额的调节作用是否存在。

第 7 章，智能化影响制造业企业全要素生产率的门槛机制研究。本章在第六章的基础上采用门槛回归模型进一步研究智能化对制造业上市企业全要素生产率的非线性影响。分析了面板门槛模型适用性基础上构建智能化影响制造业上市企业全要素生产率的非线性模型，实证检验了智能化对全要素生产率影响的门槛效应是存在的，验证分析了不同地区、不同行业以及不同要素密集度、所有权性质的非线性门槛影响作用是否存在以及分析差异性产生的原因。

第 8 章，智能化影响制造业企业管理效率的作用机制研究。本章采用结构方程模型进一步研究智能化对制造业企业管理效率的影响作为对企业效率的拓展检验。首先，阐述智能化影响管理效率的作用机制并提出相关假设模型；其次，根据研究实际进行量表设计并用管理统计的相关方法对问卷变量进行检验；再次，建立结构方程模型并实证检验智能化对制造业企业管理效率的影响效应；最后，分析劳动力结构、产品质量和资本使用效率在智能化影响制造业企业管理效率中的中介作用。

第 9 章，政策建议与研究展望。本章总结全书研究结论，结合研究结论并基于元治理理论从政府、产业、企业和市场等四个维度提出推动制造业企业智能化升级的对策建议，指出本书研究中存在的不足及未来研究的展望。

本书的技术路线如图1-1所示。

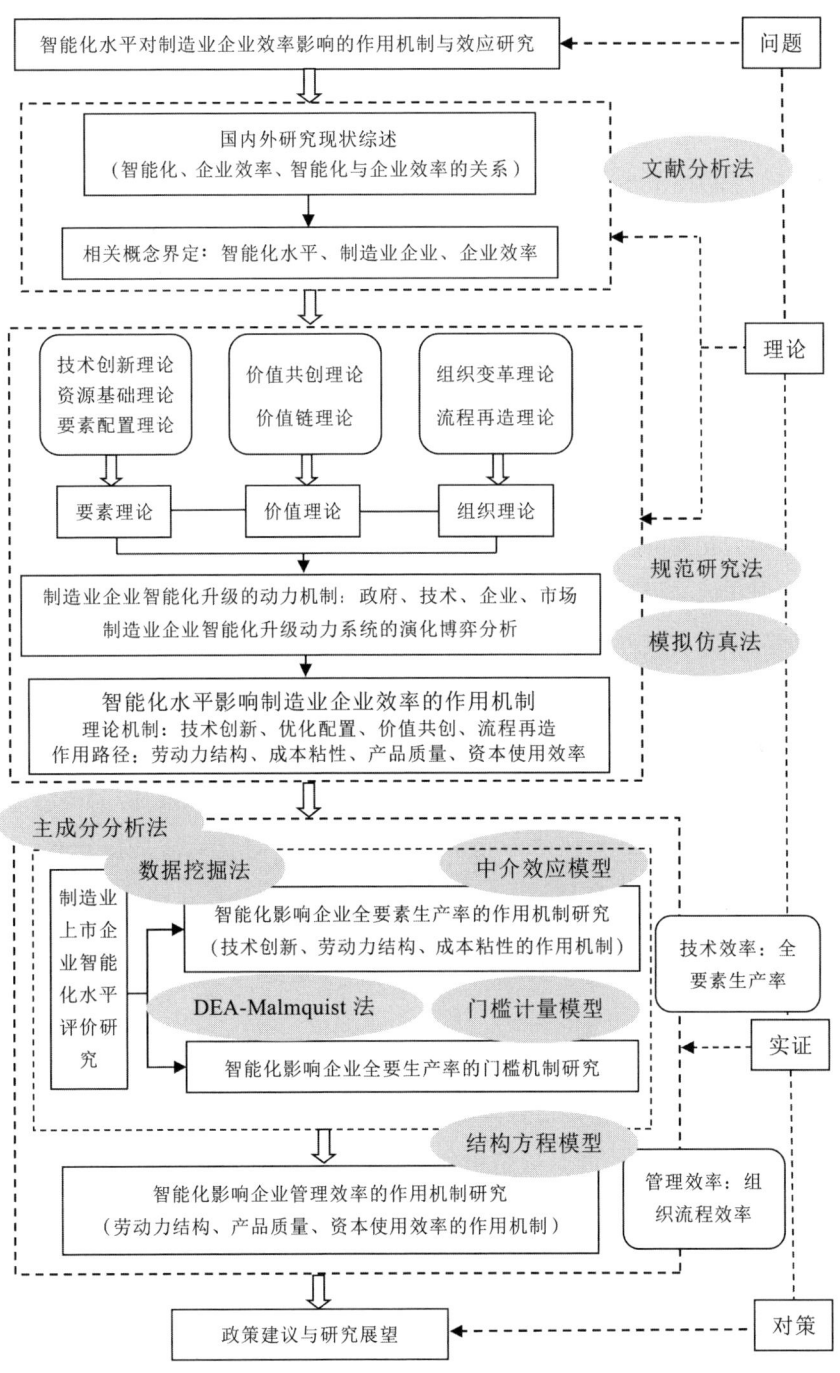

图 1-1　技术路线

### 1.2.2 研究方法

通过梳理文献总结了现有的研究成果,为进一步深入研究开辟思路并拓宽研究视野,本书主要研究方法有以下 6 种。

(1) 规范研究方法

在总结智能化与制造业企业效率关系的理论基础上,通过规范研究提出制造业企业智能化升级是由政府推力、技术驱力、企业压力和市场拉力综合作用驱动的结果,并指出智能化升级能够通过技术创新、优化配置、价值共创、流程再造等具体方式以提高生产率、优化劳动力结构、降低成本和提升产品质量和服务等具体路径提升企业效率,为实证研究奠定理论基础。

(2) 模拟仿真方法

运用演化博弈及 Matlab 仿真分析方法,构建企业、政府和市场三方非对称动态演化博弈模型,分析制约制造业企业智能化升级的因素,通过分析博弈主体的相互关系并模拟三方行为决策演化路径,验证了制造业企业智能化升级是由多种主体相互作用、相互影响和相互制约的动态演进过程。运用 MATLAB 软件对演化稳定策略进行了数值模拟仿真,数值模拟结果与理论分析一致,即博弈主体的决策与智能化升级的收益和成本,政府的罚款与补贴以及智能化产品与传统产品为市场带来的效用等关键参数有关,且关键参数取不同数值时会对主体向稳定策略演化的方向、速率及路径产生影响,为企业顺利开展智能化转型升级实现制造业高质量发展提供数理支撑。

(3) 管理统计方法

本书首先运用数据挖掘法识别出智能硬件与智能软件关键词频数来表示智能化发展水平强度并结合其他传统指标运用主成分分析法得出制造业上市企业智能化指数,同时运用相关性检验、探索性和验证性因子分析等方法检验制造业企业管理效率调查问卷内容和结构是否合理有效,为智能化影响制造业企业管理效率的研究提供可信的检验,以保证研究的可信性。

(4) DEA-Malmquist 指数法

采用具有连续可比性的非参数 DEA-Malmquist 指数法测算制造业上市企业的全要素生产率作为企业技术效率的代理变量,能够对企业在时间序列上进行多投入和多产出的技术效率评价,便于将不同时期的效率值以折线图的形式进行纵向对比,为智能化影响企业全要素生产率的作用机制检验奠定基础。

(5)计量模型方法

采用一般面板计量模型、广义矩估计(GMM)方法、中介效应模型、调节效应模型、门槛回归模型等多种计量方法对智能化影响制造业企业全要素生产率的作用机制和正负效应进行检验和分析,指出不同类型企业受智能化水平影响程度具有很大的差异性,为分类施策提供理论依据。

(6)结构方程模型方法

在研究智能化对制造业企业管理效率影响时构建了基于机制分析的结构方程模型,以验证智能化水平的直接效应以及劳动力结构、产品质量和资本使用效率的中介路径,指出智能化不仅能够正向提升制造业企业技术要素的投入产出效率,还能够赋能企业的管理和生产各运行经营流程,以提升企业的组织流程管理效率。

## 1.3 创新之处

本书拓展了现有文献的研究边界。首先,对企业智能化水平的评价与测量选用数据挖掘与主成分分析结合的方法能够弥补单一指标与虚拟变量的片面性限制。其次,从微观企业视角运用线性与非线性模型揭示智能化水平对全要素生产率和管理效率的作用机制,是对当前研究成果大多集中在企业财务绩效和宏观领域的有益补充,特别是对效率影响的门槛边际递减作用与当前大多采用交互项得出的倒"U"或"U"形结论提供了一种新视角。具体来说,本书的创新之处可以概括为以下四点:

一是基于信息物理系统(CPS)所倡导的关键技术能力视角构建制造业企业智能化水平评价指标体系,并运用数据挖掘法和主成分分析相结合的方法在传统机械化和信息化基础上识别制造业企业的智能硬件和智能软件发展水平以弥补现有智能化水平评价方法中单一指标和虚拟变量的片面性限制,能够较为全面和客观地衡量制造业企业智能化多维度发展程度和不同阶段。

二是构建智能化水平影响制造业企业全要素生产率的作用机制模型。验证智能化水平能够正向提升企业全要素生产率,并揭示"IT 生产率"悖论在技术效率层面不存在的原因,明确技术创新、平均薪酬和薪酬差距、成本黏性在智能化影响企业全要素生产率的作用路径,检验要素密集度、所有权性质、市场份额在智能化影响企业全要素生产率的调节效应。

三是建立智能化水平影响制造业企业全要素生产率的门槛效应模型。在智能化水平正向提升企业全要素生产率的基础上进一步验证其影响是非线性的,即智能化的影响作用存在门槛效应,智能化水平不是越高正向促进作用越强,越过一定门槛值后其提升作用具有边际递减效应,不同地区、行业、要素密集度、所有权性质企业智能化水平的门槛值具有较大差异。

四是构建智能化水平影响制造业企业管理效率的结构方程模型。验证智能化水平能够正向提升企业生产、物流、质量和销售等管理流程效率,并揭示"IT 生产率"悖论在管理效率层面不存在的原因,明确劳动力结构、产品质量和资本使用在智能化影响企业管理效率的作用路径。

# 2 文献综述与概念界定

本章主要梳理智能化、企业效率和智能化与企业效率关系的国内外相关文献,并评述其国内外研究现状,对书中所涉及的智能化水平、制造业企业、企业效率等基本概念进行界定。

## 2.1 智能化国内外研究现状

国内外关于智能化研究的侧重点不同,因此本节首先从智能化的概念、世界各国关于智能制造的政策与实践、智能化与传统产业的融合应用和智能化在企业价值链环节的应用等四个方面介绍国外对智能化的相关研究,接着从智能化的内涵、智能化发展水平测算与评价、影响智能化发展的主要因素和智能化带来的影响等四个方面来介绍国内对智能化的相关研究。

### 2.1.1 智能化国外研究现状

国外学者关于智能化的研究起步较早,其研究内容主要集中在智能化的概念、世界各国关于智能制造的政策与实践、智能化与传统产业的融合应用和智能化在企业价值链环节的应用等四个方面。

(1)智能化的概念

随着第四次工业革命、第六次技术革命浪潮的来袭,以新一代信息技术为引领的智能化逐步取代机械化、电气化、信息化成为更高层次的工业化形态,人工智能技术与制造业深度融合重塑生产关系,提高了生产力。学者 Wright 和 Bourne(1988)最先从智能制造的含义中概括了智能化的特征,认为智能化设备在小范围内替代人的体力劳动,并且能够在生产制造过程中进行自我控制、自我学习,从而优化制造过程,改善生产制造的环境。Kusiak(1990)指出智能化不仅能替代人的体力劳动,还能利用软件算法模拟人的大脑进行生产制造过程的自主决策。Dumitrache(2010)认为智能化系统集成了计算机硬件和软件的知识,能够识别生产过程中的问题,并基于算法找出造成问题的原因,并结合问题原因给出解决方案的多层行为决策模式。Dutra(2013)和 Silva(2014)认为智能化能适应场景的不同变化面对市场的多样性和不确定需求,将智能制造环节与智能服务环节相结合,使得生产资源合理配置,人与机器设备协同合作,促使生产方式更加柔性灵活。Chen(2015)和 Chaplin(2015)从经济与环境可持续的视角指出了智能工业化作为一种新的经济发展范式在推动大规模定制方面作用显著,是一种集约化可持续的绿色发展范式,在对经济效益产生正向影响的同时能带来可持续发展的社会效益。Pan(2016)指出信息环境发生了深刻的变化,智能化发展进入了一个全新的阶段 AI 2.0,这是一个由大数据驱动的深度学习阶段,智能化具有了互联网的群体智能和拥有人机混合增强智能的特征,使得处于此阶段的智能化具备了直觉感知能力。Ray Y(2017)重点分析了基于网络物理系统的物联网制造、依赖云计算和大数据分析技术的云制造以及基于信息与通信技术的智能制造等三种模式的特征,认为这三种模式最能代表工业4.0所倡导的未来发展方向。Lu(2017)、Lasi 等(2014)和 Wei 等(2017)指出智能化的两个重要特征是高度集成和互操作性,利益相关者通过集成工业自动化系统实现更大、更具创新性的功能,互操作性有助于企业边界内外的生产流程实现系统互联和知识与技能的广泛交流。Yildiz 等(2017)和 Cioffi 等(2020)指出智能化能够提供解决复杂问题的方案,基于机器学习的智能化能使系统和机器从自我体验中学习和改进,而无须事先明确编程,基于海量数据训练的机器学习能够在无监督情况下实现自主调整应对各种复杂的生产状况。Ozdemir & Hekim(2018)和 Alvarez 等(2021)指出工业

4.0是一种高科技制造智能化战略,采用物联网创建智能工厂进而实现万物互联,然而高度集成的系统容易受系统性风险的影响,为了避免整个网络崩溃带来的风险,基于对称创新的概念提出了工业5.0的理论框架,工业5.0采用新一代信息和人文社会科学知识等具有认知能力的智能技术用于全球治理,通过创新生态系统设计的3D对称性将人类大脑和计算机的知识整合后用于生产制造的安全生产。

(2)世界各国关于智能制造的政策与实践

近年来,各国政府都更加重视制造业的发展规模与地位,各发达国家纷纷重拾制造业优势,互联网、大数据等信息技术的发展推动制造业智能化实现,智能制造被各国视为国家战略的主导内容。21世纪以来作为第三次工业革命引领者和受益者的美、日、德等国尤其重视新一代信息技术与制造业的融合发展并颁布了一系列战略规划,如美国在2011年提出"先进制造伙伴计划",在尖端新兴技术领域加大对制造业企业的投资和支持,紧接着2012年又将其提升为"先进制造业国家战略计划",进一步细化加快推进智能化与先进制造业融合发展的具体措施。日本学者藤原洋早在其2010年的《第四次工业革命》一书中就着重介绍新一代信息技术在环境能源和工业发展中带来的变革,并建议大规模采用新技术和机器人构建超智能"社会5.0"以实现工业振兴与环境友好的可持续发展。德国在2013年提出以智能化技术进行产业变革的"工业4.0"概念,以加大建设基于物联网等信息技术的具有自适应能力的智慧工厂来巩固其制造业的优势地位。英国则基于"第三次工业革命"的概念提出"英国工业2050战略"和"产业振兴战略",指出未来制造业的智能化发展趋势,探索重振制造业,提升国际竞争力。韩国在精密和先进制造方面一直具有领先优势,在2014年和2015年先后推出"制造业创新3.0战略"及其实施方案和细则,期望在中小企业推行智能制造模式的标准体系建设,同时加大如新材料、系统级芯片等关键产业领域的投资力度替代只专注国内市场的"进口替代"和"出口赶超"战略,实现抢占智能工业革命制高点的"领跑战略"。意大利于2017年通过《国家工业4.0计划》,新加坡政府于2020年12月发布新一轮《研究、创新与企业计划2025》,这些产业计划旨在强化发达国家的研究与创新能力,认为随着制造业数字化、智能化的发展,制造业将回归发达国家。Robert Pollin 和 Dean Baker(2010)认为美国"再工业化"战略的实施可以重新确立制造业在本国经济发展中的重要地位、鼓励企业研发创新、推动高新技术的发展,甚至创造出数百万的新型工作岗位。Lalic 等(2017)研究发现智能工厂的应用对美国制造业转型升级有着显著影响,制造企业在使用智能制造等关键技术后,企业生产效率大幅提高,企业效益明显提升。Wu 等(2017)对德国西门子公司智能化发展进行了相关研究,指出该公司的智能制造系统可以提供大量生产过程中的数据,并进行生成数据的集成和分析,进而通过反馈来优化各种机器设备的运行能力。Thomas 等(2006)的研究指出英国许多大型制造业通过开发更精简、灵活、技术先进的智能化制造系统,应对外部环境的变化。D'antonio 等(2017)选择意大利制造企业作为研究对象,发现使用智能制造管理系统和制造执行系统管理的制造企业生产效率明显高于传统制造企业。Lee 等(2017)研究了大数据分析平台和智能系统对韩国制造业发展的影响,结果发现中小型企业利用大数据平台能够实现系统与平台之间的集成,并通过将分析模型应用于工厂生产解决质量问题。继发达国家大力发展智能化与制造业深度融合战略后,发展中国家也加快了智能化的应用步伐。我国于 2015 年和 2016 年陆续颁布《中国制造 2025》《智能制造发展规划(2016—2020 年)》,将智能化作为制造业迈向价值链中高端的重要举措和主攻方向,以摆脱代加工厂的低端生态位提高制造业附加值增强产品全球竞争优势。Kiliçaslan(2017)采用数据包络分析的研究方法,探讨了制造业智能化对土耳其制造业劳动生产率增长的影响,研究结果显示,智能化可通过提高劳动生产率增加企业效益。Gao(2017)研究了智能制造技术在中国的应用和发展,结果表明智能化技术能够促进制造业向高端化方向发展,加快要素的流动和生产要素的分配,降低企业生产成本,推动智能产业发展。

(3)智能化与传统产业的融合应用

智能化具有显著的技术渗透与外溢效应,人工智能技术的应用不仅衍生了智能产业,还与传统产业领域融合发展催生出许多新兴产业,如融合信息智能安全为一体的智慧建筑、运用遥感遥控进行的远程医疗、集成感知预警分析决策的智慧农业、网络信息赋能办公便捷化的电子政务、虚拟与现实交汇的云端旅游等,智能化技术在不同产业的应用过程中可以节省时间、能源和资金,提高服务效率。Gupta 等(2015)提出了智能电网中基于有监督的机器学习算法的主动停电预测模型,智能化技术的应用能提高智能电网的运行效率和故障精准监测。Zou 等(2018)和 Cheng 等(2018)开发了一种改进的机器学习算法,提出了一种创新的云物联网架构,以在智慧城市中提供物联网服务,增强智能城市安全的识别/入侵防御系统。Ning 等(2019)构建了一个三层车辆流计算模型,以实现分布式交通管理,从而最大限度地缩短收集和报告全市范围车辆事件的响应时间,提升了城市交通管理效率。Guo 和 Lu(2007)、Li(2011)指出智能化技术应用在政府公共服务事物中能够有效提升政府的在线服务质量和能力,从而改善了公众对政府机构作为服务提供者的积极看法。Piniewski 等(2010)和 Poongodi 等(2021)的研究指出 5G 和物联网(IoT)等新兴技术在医药开发、医疗器械研发和疾病诊断治疗中发挥着巨大作用,为患者和医生节约了宝贵的时间,为远程医疗、医疗参数传递、个性化服务提供了更简单和便捷的技术支持。Torquebiau(2017)和 Yakushev 等(2018)指出人工智能技术的应用能够使农作物生长适应并缓解气候变化,精准灌溉和土壤肥力监测技术的发展能够提高化肥和植物保护剂的回报率,同时减少农药对环境的负荷,农作物生产质量明显提高,可持续地促进粮食安全。Pan 等(2015)和 Minoli 等(2017)指出建筑节能对环境和全球可持续发展至关重要,利用智能算法开发了基于传感器的预测模型,并将该模型应用于多户住宅建筑,预测智能建筑的能耗水平,并使用智能手机平台和云计算技术实现多尺度能源比例,构建了概念验证的物联网网络和控制系统原型,验证结果表明,智能技术的广泛应用不仅在节能、改善家庭/办公室网络智能方面带来了显著的经济效益,而且在全球可持续发展方面带来了巨大的社会影响。Khatib & Barco(2021)和 Shee 等(2021)指出在物流领域,工业 4.0 技术用于实现敏捷供应链,降低了管理、能源和存储成本,网络技术的应用允许物流过程中发生的所有场景进行可视化连接,可以提高物流业的服务质量,降低交易成本。

(4)智能化在企业价值链环节的应用

在企业价值链的各环节优化过程中使用智能化技术,可以实现企业高效、绿色的高质量发展愿景,国外学者主要从企业价值链的原料供应、研发设计、生产制造、经营管理、产品销售和售后服务等阶段展开了相关研究。

从供应链智能化来看,智能化技术重塑企业供应链管理模式,有助于提升企业供应链管理能力,从而保证生产高效进行。Gunasekaran 和 Ngai(2012)指出智能技术使存在网络空间的虚拟企业成为可能,打破了实体企业在时间和空间上的限制,支持射频识别和互联网的供应链管理为企业原料供应和产品分销提供了可持续性,人工智能比人类判断决策在采购和择优供应商方面更具公平性。Keshetri(2018)指出智能化技术在供应链管理中的应用已经在世界各地成为现实,供应链智能化旨在增加成员之间的知识共享水平,提升产品可追溯性水平,从而减少涉及欺诈产品的重大问题,同时有助于重新配置整个供应链的安全和透明度水平,确保了产品的安全性提高了交易透明度。Sundram 等(2018)利用马来西亚 248 个制造业企业数据采用中介多元回归分析模型验证了供应链信息管理、供应链信息系统基础设施、供应链集成与制造绩效之间的关系,结果表明供应链智能化通过加强成员之间的信息沟通,支持管理者更好地做出决策,有助于整合组织供应链网络中企业的各种内部和外部价值链流程,从而提高企业绩效。Hahn(2020)通过研究 200 多个供应链智能化管理的案例发现,智能化从流程、技术和业务架构三个方面影响老牌公司和初创企业的供应链创新,老牌公司采用智能化只是为了维持其现有的业务架构,而初创公司则主要依赖智能化技术的数据分析能力和平台经济实现其运营模式的转变,因此老牌公司采用问题驱动方法,而初创公司采用"轻资产"的业务驱动方法,因而有两种不同的方法来智能化运营供应链流程:基于平台的标准流程众包和按需提供定制服务。Wamba 和 Queiroz(2020)通过分析智能化在印度和美国的供应链管理中的应用,开发了一个多阶段模型以研究供应链管理中区块链技术扩散的不同阶段,指出区块链扩散的每个阶段,变量的重要性都会发生变化,从一个国家到另一个国家的扩散阶段存在重大差异。Dev 等(2021)指出由于当今全球供应链网络日趋复杂和新冠疫情持续影响使企业供应链面临安全威胁,然而智能化技术使信息能够在供应链内以实时方式进行交流,通过使用云服务有效利用信息,使工作负载能够在供应链上合理分布,还可以通过采用准时生产,特别是在可持续性的背景下,在减少资源浪费方面发挥重要作用。

从研发设计智能化来看,Ruiz(2014)指出基于Agent的智能制造系统能够模拟实际生产中的各种突发状况实时动态调整设计方案,并能将不同的设计方案进行仿真模拟,在增强设计柔性缩短设计时长的同时减少实际生产制造过程中的次品率和故障率,提高企业效率。Alam等(2017)指出现代产品设计越来越倾向于以顾客为中心,加强顾客的参与,同时产品设计过程变得越来越虚拟化、网络化和可视化,现代大数据驱动的产品设计流程和云制造应运而生,人工智能技术对复杂产品的多物理、多尺度、概率综合模拟,使用最佳可用物理模型、传感器更新等可以正确地将产品的各种物理数据映射到虚拟空间,虚拟产品可以反映相应物理产品的整个生命周期过程。Tao等(2018)指出数字孪生等智能化技术的应用通过汇集物理和数字领域的必要信息来帮助设计和开发新产品,数字孪生的应用案例包括建立在本体论基础上的虚拟智能决策模型,以及物理产品在其整个生命周期中的实际使用模拟,以在产品研发设计阶段分析设计问题和优化设计方案。在传统的模型中,只有产品设计完成后进行小批量生产,才能评价设计方案的有效性和可行性,但是如果选择使用智能化的数字孪生模型,任何配件的质量都将在实际生产之前直接在模型中调试和预测,这种虚拟验证可以检测是否存在设计缺陷,并找出原因,从而快速方便地进行重新设计,可以避免烦琐的验证和测试,从而大大提高设计效率。Sallati(2019)认为智能化极大地改变了产品设计方案,工业设计师需要更全面的技能,不仅需要掌握产品开发过程、方法和工具的专业知识,还需要具备解决客户提出的创造性问题的分析和计算技能,应该具备综合多学科背景知识的能力,如信息技术、机械工程以及智能产品设计中的嵌入式设备硬件和软件设计。Nakayama等(2020)认为智能化为产品研发设计带来了机遇和挑战:一方面智能化通过引入新技术作为设计问题的解决方案可促进工程设计;另一方面,智能化引起了客户对具有自动化和数字化特征的高度个性化产品的需求,导致设计需求变得更加复杂,而且设计任务通常依赖多学科知识来实现各种功能需求。Aheleroff等(2020)认为智能化技术带来了产品开发的重大变化,叠加了各种新技术的智能产品的市场需求复杂性增加,多种边缘技术得以集成发展促进了新功能的扩展,使产品开发生命周期缩短,并以可承受的成本实现高度个性化的生产。

从生产制造智能化来看,Leitao 等(2009)认为智能化技术的扩散效应加快了企业内部各种组件的垂直集成,以实现灵活和可重构的制造工厂,提出了一个智能工厂的框架,智能工厂是整合网络的线上和实体的线下资源并借助集成的"中枢"控制器形成的智能生产线,智能体之间的自主决策和分布式协作带来了生产制造过程的高度的灵活性,此外,自组织系统利用中央协调器的反馈和协调来实现高效率。Thoben 等(2017)认为生产制造智能化的基础是将物联网和服务化的概念引入企业,从而形成纵向和横向集成的生产系统,由此产生的智能工厂能够满足动态客户需求,在小批量生产中具有高度可变性,同时集成了人类的创造力和机器设备的自动化,生产设备配备了 RFID、传感器、微处理器、远程通信或完整的嵌入式系统等技术,能够收集自身及其环境的数据,并处理和评估这些数据,与其他系统连接和通信,重塑了企业的生产制造过程。Khan 等(2018)指出由于人力的限制,目前的食品处理和包装装置在容量和产量方面受到限制,在自动化加工厂的各个阶段使用机器人等人工智能技术,可以获取食品生产环节的各种成分并在最终产品中成形,同时由于食品工业机器人在提高精度、可重复性、可靠性、精确性和效率方面的作用,确保生产的食品高质量和优化生产制造的卫生环境,可以降低直接人工成本并增强安全性。Mittal 等(2019)认为生产制造智能化是一种天生的、内在的、敏捷的智能,基于物联网、云计算和大数据分析相关的方法和系统在生产制造的不同流程中使用,如生产进度计划、制造工艺监测、生产故障诊断、预测性维护、生产质量管理等环节,支持生产制造过程中需求的快速响应,共同关注质量、生产力和可持续性。Gao 等(2021)指出智能化的生产制造过程集成了各种异构的先进技术和制造设备,实现了信息化技术在车间层面的广泛应用,使生产设备变得越来越智能,但也越来越难以监管,智能制造易受外部干扰和故障影响,严重影响其可靠性和快速可用性,因此基于智能化技术的信息物理生产系统(CPPS)提出了一种智能制造设备的健康诊断与维修决策方法,利用生产设备的脆弱性实施维修计划,该智能健康维护方法可帮助维修人员了解生产设备内部和整个设备之间的相互作用,通过强调如何根据设备的脆弱性和 CPPS 技术识别异常因素增强设备健康,从而减少生产制造过程中的故障率,提高生产效率。

从经营管理智能化来看,Choy(2004)认为智能化技术使企业增强了设备维护管理的能力减少生产过程中的无效浪费,同时各种数据库的应用提高了企业内部管理效率和应对外部环境变化的能力。Sheng Liu(2011)认为智能化技术能够增强制造环节和生产工艺的柔性为个性化敏捷制造奠定了基础,能够降低生产设备转换带来的管理难题和协调成本。Tso(2000)和 Hu(2010)指出各类基于智能化技术的共享平台加快了新产品的协同开发,智能系统能够重塑企业产品价值链的各个环节,因此对企业经营管理和组织管理模式也会产生重要影响。Grover(2020)指出随着智能技术的发展,企业的运营管理目标也发生了巨大的变化,由全面质量管理、准时制和流水线生产系统转向关注中等规模和多样化的目标再到转向为全球提供个性化产品和服务。智能化对经营管理活动的流程再造,影响从采购、供应商选择、物流安排到向客户发送商品和服务所需的管理活动。Eimassah & Mohieldin(2020)、Bordeleau 等(2020)指出智能化对组织流程和组织决策再造是必须的,组织管理可以运用智能技术进行商业智能分析,智能化使组织结构由金字塔型向扁平化组织加快转变,使信息传递更高效。智能化生产管理系统能精准监测生产设备运行情况,能快速发现及时处理设备故障,提升产品质量,同时及时监测仓储和物流系统,做到产品的专业管理和安全溯源。Manita 等(2020)通过对法国五大审计公司的审计师进行访谈,论证了智能技术在五个关键层面对审计事务产生影响,结果表明智能化能够通过提出新的服务来提高企业内部的审计质量,随着数字化的发展而出现新的审计形式从而在公司内部形成创新文化,审计过程的数字化使企业能够通过识别所有异常情况和提出突出问题的解决方案来改进风险评估和判断质量,通过评估当前的销售水平、计划订单预订分析等可以显著减少管理者的机会主义行为,使公司治理得到改善。

从产品销售智能化来看,Rust 和 Huang(2014)指出大数据和社交媒体的出现改变了公司获取信息的方式,企业的智能化转型提升了客户体验和中心性,对消费者和 B2B 环境下的营销实践产生了许多积极的影响,包括降低互动成本、改变信息交换结构和产生大量数据,这些变化有望带来更大的有形和无形价值,并以系统、可预测和不可撤销的方式影响营销科学。Bolton 等(2018)认为客户体验和参与推动了当今企业最先进的智能化转型战略,与智能化转型相关的数字、物理和社会领域的发展刺激了 B2B 和 B2C 环境中定制客户体验需求的增加。客户体验涵盖了客户对组织产品的认知、情感、社会和价值反映,产品价值的共同创造和互动服务、数字和社交媒体(增强和虚拟现实)和多渠道营销这些重塑了企业产品的销售过程。Taylor 等(2019)指出公司和客户互动的基本性质在智能技术的影响下朝着追求更个性化、更深层次的关系以及服务在营销中日益增长的影响力的方向转变,智能化发展催生了新的营销理念和商业模式,如客户价值共创、个性化服务、沉浸式互动体验等。Kumar 等(2019)研究了智能化技术在个性化参与营销中的作用,指出智能化是一种创建、沟通和向客户提供个性化产品的方法,人工智能可以提供无限的选择和信息,并将这些选择和信息以个性化的方式进行缩小和策划,同时为管理者提供了发达国家和发展中国家人工智能驱动的品牌环境和客户管理实践的预测。Davenport 等(2020)认为人工智能技术的应用会影响企业的营销战略,包括商业模式、销售流程、客户服务以及客户行为,智能化将影响各个行业的销售流程,比如传统的销售模式是由客户下订单然后在线零售商发货,借助人工智能在线零售商将提前识别客户偏好而在没有正式订单的情况下将商品发送给客户,当然客户也可以选择退货。Yang 等(2021)指出利用智能化技术可以从主要网络中消费者在线浏览记录和购物记录生成的数据库中分析消费者用户群体和消费者市场,找到需求点和最佳营销实践,并使用人工智能了解客户,从而实现精准智能营销,增强产品与顾客的匹配性提高营销效率。

从售后服务智能化来看,Petermans 等(2013)认为随着智能化技术的发展和新社交媒体的出现正在使商业服务向虚拟空间转移,在服务和零售环境中物理服务景观为客户提供身临其境的体验,邀请客户沉浸在自己的现象学体验中,可以提供持久的情感瞬间和记忆,通过使用文化制品、标志和符号,创造出顾客对品牌文化的归属感,丰富客户的服务体验。Lee(2016)提出随着物联网的出现和智能分析技术的发展,制造过程中的大数据应用成为实现智能制造的关键,它将系统预测信息生成不同的数据集,对这些产生自不同环节的数据进行整合与分析为智能决策提供多渠道信息支撑,从而减少交货时间,提高工作效率,实现弹性性能,灵活应对客户需求的变化,带来巨大商业价值。Farid(2017)认为智能制造系统主要是通过互联网面向客户的服务系统,为终端客户提供自助餐式定制化服务,使得智能工厂能够满足动态的客户需求,并将人力和智能化集成在一起,从而实现新的商业模式,使整个系统实现柔性、集约、持续发展。Ameen等(2021)认为智能化技术可以通过处理客户过去的购买和偏好有效地生成个性化风格和产品推荐。这对许多行业都有影响,如美容品牌根据其需求和偏好有效地生成个性化风格和产品建议,有利于提高自动化水平、降低成本、增加灵活性和简化客户交互。Puntoni等(2021)认为企业将智能化技术嵌入产品和服务可以为消费者提供价值,如可穿戴设备的健康监测、推荐系统的建议、智能家居产品的安心以及语音激活虚拟助理的便利,但是部署智能化设备时也可能发生社会和个人挑战,针对此种情况,结合社会学和心理学的研究成果,来考察消费者在体验智能化带来的各种服务时所花费的一些成本,最后给出了相应的解决对策。

## 2.1.2 智能化国内研究现状

我国关于智能化的研究起步较晚,王友发等(2021)通过研究2001—2020年我国学者以"智能制造"为关键词的文献发现我国智能化研究在2012年以前较少,自2013年"工业4.0"概念被明确提出之后相关文献显著增多,尤其是在2015年国家将智能制造作为制造强国的主攻方向后无论在自然科学还是社会科学领域其发文量呈现出井喷趋势,随着信息技术与制造业在更高层次和更广深度的融合,我国关于智能化的研究也向更多细分领域延伸。总体来说,国内关于智能化的研究主要集中在智能化的内涵、智能化发展水平测算与评价、影响智能化发展的主要因素和智能化带来的影响四个方面。

(1)智能化的内涵

智能制造概念及思想的出现激发了我国学者对于智能化的相关研究,我国于20世纪90年代开始研究智能制造,杨叔子和丁洪(1992)认为制造智能化是实现生产制造环节柔性化,智能机器可以对制造过程进行分析判断,对生产方案进行优化,具有独立性和自主性,能够适应多变的制造环境。林汉川(2015)认为智能化是具有高级知识的专家与智能机器组成的复合决策的生产制造系统,智能机器不但进行大数据收集与处理,还能辅助专家解决疑难问题,这个智能系统通过嵌入生产过程而发挥作用,通过智能系统来取代制造过程中的大部分人力活动。黄群慧和贺俊(2015)指出新一轮工业革命不仅是自然科学领域的前沿尖端技术的变革,还是与产业的深层次融合应用,是更高层级和多维度的创新,能够为制造业带来技术创新、组织创新与管理创新的巨大蜕变。王媛媛和宗伟(2016)认为智能化是将新一代信息技术渗透产品和服务价值创造的全环节,分析、处理产品在制造过程中出现的问题,提高资源利用效率和生产效率,建立一个柔性的、创新的制造环境,并能实时监控和优化生产的新型制造系统。左世全(2017)认为智能化是在制造过程中能够进行智能分析、智能决策,具有较高的柔性和自组织能力,从而提升生产能力、生产效率,节省生产资源,对市场需求的变换做出迅速的反映。随着新一代信息技术的发展,现阶段的智能化不仅仅是将智能技术简单的应用与制造过程,而是作为信息化、网络化和数字化发展的更高级形态,能够与传统产业融合产生新的智能产业。李辉(2017)详细界定了"智能"和"制造"两者的关系,认为未来会呈现"制造智能化"和"智能制造化"两种路径并存的情况。两者的侧重点不同即使在某些领域会有交叉应用但在内涵上仍具有很大的差异,如制造智能化的核心是强调制造,指的是借助于新一代信息技术的发展使得制造过程和生产工艺向智能化转变,而智能制造化则强调的是将虚拟的算法制造成具有实物形态的产品。李廉水等(2019)指出智能化是指制造业通过加强基础设施设备投入来提升生产效率、产生经济效益、满足社会需求的过程,表现形式为从体力劳动力的替代到脑力劳动力的替代。周梦祎(2020)认为智能化是指面向产品全生命周期的具有机器学习能力的智能制造系统能动态地适应环境变化,智能机器自主参与到产品设计到售后的全生命周期,通过收集参数发现问题并依赖智能分析技术解决问题而进行的一列智能活动。

(2)智能化发展水平测算与评价

为客观评价当前不同企业及行业的智能化水平,我国于2020年发布了关于智能制造能力成熟度评价的两项国家标准,用于识别智能制造能力的高低。2017年上线了涵盖31个制造业大类的智能制造评估评价公共服务平台,并定期发布《智能制造发展指数报告》,但是这些评价标准主要针对微观企业层面智能化的衡量指标,而关于区域制造业智能化的相关指标,如工业机器人等数据在公开资料中难以获得。虽然国际机器人联合会(IFR)每年定期发布不同地区分行业机器人安装量的相关报告,但是关于我国分地区的这些指标没有建立专门的数据库进行统计,因而造成智能化评价指标不统一,有些指标只能采用相近的指标替代,因此国内关于智能化发展水平测算与评价的研究比较分散。董志学和刘英骥(2016)以企业盈利能力、技术研发能力、基础设施能力和软件基础能力为一级指标的省级智能制造能力评价体系,运用因子分析法得出结论认为我国总体智能化发展水平较低的影响因素是供应链不畅通和产品创新不足,多数省份智能化的总体效能不高,同时存在明显的地区差距,存在发展不均衡的现象。王一鸣(2018)提出区域智能制造发展水平评估模型,并构建了基于主成分分析的网络层次分析法的评估指标体系,以厦门市140家企业为实证对象,验证了模型的适用性和可行性。孙早和侯玉琳(2019)在科学和合理性的基础上构建了智能基础、智能应用和智能效益为一级指标的评价体系并运用主因素分析法测度各省相对的智能化指数,指出我国2001—2015年智能化发展水平稳步提升,但也存在地区发展差异。万晓榆等(2020)基于质量、效率和动力等三大变革理念采用网络爬虫的数据收集方法构建了包含基础环境、产业发展、智能制造、融合应用和创新能力在内的智能化发展水平评价指标体系,并用基于熵权的模糊综合评价法测算我国省级智能化发展水平,指出我国各省域智能化发展水平呈现从东南沿海到西北内陆逐级递减的不平衡发展态势。吴敏洁等(2020)基于智能化的五维内涵特征构建结构方程潜因子测量模型对我国省级数据进行分析,结果显示大部省份智能制造发展水平呈现上升趋势,但是区域智能制造业空间极化进一步加大,得出的启示是完善配套环境,运用新技术模式改造传统产业,大力推进欠发达区域智能制造发展。陈永伟和曾昭睿(2020)根据各地区分行业劳动力数量和分产业工业机器人安装量构建了"工业机器人冲击指数"即各个行业每千人所使用的工业机器人数量作为衡量我国各省份智能化发展水平的测度指标。岳宇君和顾萌(2021)选取智能化指数和虚拟变量智能化程度指数衡量制造业上市公司的智能化水平的量和度,具体数据获取方式:首先,筛选出118个与智能化和智能技术相关的关键词。其次,通过Python文本分析法提取企业年报中关键词出现频次。最后,将企业智能化关键词频数作为衡量智能化发展水平的度量。王林辉等(2022)依据人工智能关键词,采用Python软件网络爬虫和文本抓取等技术,结合天眼查微观企业数据构建了工业智能化指标体系用于测度工业企业智能化发展水平。

(3)影响智能化发展的主要因素

孟凡生和于建雅(2017)在分析新能源装备制造企业在智能化转型中的关键能力中指出,技术创新、集成分析、整合共享和组织柔性是影响企业智能化发展的关键因素,但不同因素的影响效应具有异质性,其中对产品价值链环节产生的海量数的分析集成是基础性的关键作用,而由于技术的渗透和扩散效应使得技术创新的影响程度最小。孟凡生和赵刚(2018)通过对新能源装备制造企业进行问卷调查并建立结构方程模型研究影响传统制造向智能制造转型的主要因素中,有六种能够正向促进企业智能化升级,既有来自企业内部资源配置的数字集成和协同合作,也有来自外部资源的政策支持和环境限制,其中国家的产业支持政策和企业内部的数字集成能力的影响程度最大,因此应加强各层级的政策引导作用,助力企业加大人才引进力度,不断提升研发能力加快智能化升级步伐。尹明和尹成鑫(2019)以我国中小板智能制造领域的276家企业为研究对象,运用遗传算法优化BP(GABP)神经网络预测模型,研究得出产品市场需求、智能技术创新、智能装备资源、智能交互能力、数字化集成能力、智能服务平台等六大因素是产业结构升级背景下中国制造业智能化效率提升的主要影响因素。赵刚(2020)指出创新因素、数字化因素和传统资源因素是影响高端装备制造企业智能化发展的主要因素,其中创新因素包括创新柔性、技术创新、商业模式创新;数字化因素包括基础数据、运营数据和生产数据的采集与处理;传统因素包括智力资本、研发资金和设备规模等。另外,综合分析了三种影响因素对智能化转型的综合作用机制。李健旋(2020)指出智能化发展水平不但会受到产业内部发展情况和智能基础设施的影响,还会受当前政府产业政策和宏观经济环境的影响,其研究认为技术研发、成本压力和人力资本是内源影响因素,技术和资本的引进是外源影响因素,环境规制和政府干预是政府影响制造业智能化发展水平的政策因素,规模化和金融发展水平是影响智能化发展的市场因素。韩秋明等(2021)通过对相关行业专家访谈进行质性研究发现,技术成熟度、数据获取、数字化水平、成本制约、智能基础设施、人才缺乏是制约产业智能化发展的主要影响因素。

(4)智能化带来的影响

智能化对我国经济的影响是多维度全方位的,我国学者主要从经济发展、产业结构和企业发展三个方面分析智能化所带来的影响。

从智能化影响经济发展的角度看,杨虎涛(2018)认为弱的智能化只是进一步的自动化、标准化和机械化,虽然能对经济增长产生结构性的影响,但不会产生文明类型的质变;而强的智能化不仅是技术进步的延续更是颠覆性的技术革新,能引发奇点式增长,经济将呈现出一种爆发式的增长。陈晓等(2020)认为智能化能够用机器替代人简单重复的体力工作,从而使当前有限的智力资本专注于具有创造力的工作,即智能化对不同劳动力的"替代"和"创造"效应能够优化产业结构,提高经济发展质量,劳动力结构的改变促使资源合理配置能够促进经济增长。刘亮等(2020)以基础、技术和结果为指标通过熵权法衡量各省智能化水平并构建集约化经济增长模型,实证研究指出智能化对经济增长集约化具有促进作用,即智能化能提升全要素生产率对经济增长的贡献份额、减少对资源的依赖、改善生态环境,此外智能化对技术效率和技术进步都呈现出先抑制再促进的效果,然而对两者的影响程度具有显著异质性。王立平和李缓(2021)的研究表明智能化既能直接促进经济高质量发展,也能促进相同产业集聚和不同产业互补协同实现经济高质量发展,特别是不同特征和功能的生产性服务业协同具有较大的空间溢出异质性,在促进本地发展的同时也能够带动周边地区的经济增长,此外不同地区间发展不均衡现象显著,其中东部地区的智能化能显著促进经济高质量发展,而中西部地区智能化水平仍处于较低的初始阶段,其对经济的促进作用还不明显。赵军和姚笛(2021)认为随着我国面临低生育水平、人口老龄化的现实情况会倒逼企业采用"机器换人"策略来解决劳动力短缺和成本过高的问题,从而提升整体智能化发展水平,智能设备的大规模应用可以提升效率实现技术突破,提高生产工艺实现产品质量大幅提升,从而占据价值链高端能够扩大出口产品的市场份额正向促进我国经济发展。刘军等(2021)的研究结果显示智能化对中国经济增长具有显著且稳健的正向影响,智能化对经济更发达的东部地区促进作用更大,其中提高生产效率和技术创新能力是智能化促进经济增长的两种重要途径。

从智能化影响产业结构的角度看,招玉辉(2019)认为智能技术的发展促进产业创新能力和服务水平的提高,机器设备大规模与传统产业融合应用在提升产业效率水平外,还将第一和第二产业中富余劳动力转移至第三产业,从而优化产业结构高度化水平。此外,智能化的发展提高了资源利用效率,更合理地配置生产要素在产业间的分布调节,实现不同产业协同发展。郭凯明(2019)认为智能化技术是一种具有基础设施的外溢性特征的通用技术,能全面影响经济的各个产业进而催生新业态和新模式,将深刻改变传统生产方式,推动产业结构转型升级。付宏等(2020)认为随着智能化机器设备大范围应用于各种生产制造场景,其对机械重复劳动力的替代效应逐渐增强,迫使剩余劳动力向机械化程度较低的服务业转移会进一步推高制造业用工成本,倒逼产业加强技术创新并扩大"机器换人"规模应对人力成本上升间接实现转型升级。刘亮等(2021)认为智能化能促进我国全球价值链向中高端迈进,指出智能技术通过人机协同、机器学习,实现生产要素管理、生产制造过程的智能化,同时有利于个性化柔性生产,降低成本提升质量,实现生产的零浪费和零缺陷,提升产品技术含量和品牌价值有助于改善我国处于价值链中低端生态位的困境。宣旸和张万里(2021)认为智能化与产业结构之间存在不确定关系,并非智能化程度越高产业结构就越合理,指出智能化通过加快劳动力等生产要素流动、赋能关联产业和加强产业竞争效应以提升产业结构的高级化水平,同时智能化也会加剧资本、技术等生产要素的错配,形成劳动力和资本的极化现象,由于地区发展不平衡,容易造成产业发展与智能技术不匹配的情况,从而降低了地区产业结构合理化水平。李北伟等(2022)基于VOSviewer文献计量软件对国内产业智能化转型进行分析,认为数字技术的发展为产业高质量发展奠定基础,尤其是物联网、云计算和预测分析等智能技术促进工业企业服务转型进而改变产业结构。

从智能化影响企业发展的角度看,易开刚和孙漪(2014)指出智能化能助力民营制造企业打破"低端锁定"的困境,具体表现在智能设备能够精简劳动力,提高生产安全性,智能化使得适度规模定制打破规模收益不变的限制,从而实现民营制造质量和收益的提升。黄俊等(2018)认为智能化将带来企业的诸多要素变更,企业应根据不同发展阶段对原有的能力进行智能化赋能以适应技术发展和市场需求,并指出智能化在核心能力、升级战略方面影响汽车企业的转型升级路径。吕文晶等(2019)以海尔集团COSMO平台为研究对象指出工业互联网是企业进行智能化转型升级的方向,在智能化时代,企业组织不再是传统的金字塔型结构,而是以平台的形式获得相应的领导权力和收益。赵剑波(2020)认为不同类型的企业应对智能化带来的机遇和挑战时采取的措施是不同的,对于制造业企业来说要积极实施智能化改造,借助新一代信息技术实现制造过程的柔性和高效,以提升产品质量和降低成本;对于提供整套解决方案的企业来说,可以将各种设计、工艺、制造、服务等知识和经验创建云平台进行共享实现复用,为中小企业技术创新提供孵化土壤,从而为领先企业知识创造价值提供新途径;对于互联网企业来说,其自身具备强大的"数据+算力+算法"的智能化能力,能够借助领先的技术将基础设施、设备产品、业务应用"云化",助力制造业企业"上云",帮助中小企业实现业务综合集成与资源优化配置。何大安(2021)指出大数据、云计算、区块链等人工智能技术改变了企业投资和经营决策,提高企业预测和布局能力丰富管理和服务手段以满足顾客差异化的需求。企业运用新一代信息技术搜集和处理大数据将会影响产品产量和价格,从而改变整个竞争格局和路径。魏志华等(2022)认为依托大数据、云计算的税收征管智能化建设能够发挥数据要素的驱动作用,将实时监控企业财务和业务数据推动企业薪酬体系的完善,使得企业内部薪酬差距更趋合理。

## 2.2 企业效率国内外研究现状

本节主要介绍企业效率国内外研究现状,国内外学者主要从企业效率概念、企业效率水平衡量指标、企业效率影响因素三个方面展开。

### 2.2.1 企业效率概念的国内外研究现状

国内外学者结合各自专业领域从多维度和多层次展开了对企业效率的研究,但关于企业效率的概念没有给出统一的定义,传统意义上的企业效率包括运营效率、客户服务效率、创新效率、市场效率、财务绩效、战略绩效、管理效率等,近些年来组织效率、绿色绩效、全要素生产率、社会绩效等概念也被纳入企业效率的研究范畴。

从国外的研究来看,Buekert 等(1985)指出企业效率是企业实现价值的过程,包括效果、绩效及适应性三个方面的内容,效果是指企业为顾客提供产品和服务的各种效用价值的结果;绩效是指企业在实现产品和服务增值过程中的付出成本的高低;适应性是当环境变化时企业的应变能力。Wood(1991)认为企业是社会公共服务的主要承担者即在获取收益的同时应履行相应的责任,包括法律、道德、环境、慈善责任等,以及参与和影响政策规划、资源配置、志愿服务等的积极性,企业应在法律法规和道德标准约束下进行经营获得市场带来的收益并履行相应的社会责任和义务。Hensher(1992)提倡以全要素生产率增长指数来体现企业效率,因为全要素生产率能够考察剔除传统资本、人力等要素影响体现管理和技术进步带来的效率提升,是帮助组织提高整体生产力变革的一种方式,是衡量企业整体资源配置效率的指标。Pajogo 等(2006)认为创新效率既侧重于过程创新(即技术创新),也强调创新结果即产品创新的衡量,具体包括新理念的构建、新产品的研发、新的生产制造工艺、新的管理理念和工具等。Johnson等(2008)认为根据顾客的个性化需求进行变革并取得市场收益的行为才能称为商业模式创新，并将其定义为重新定位客户价值主张，包括重新设计利润公式并确定关键资源和流程，主要从客户满意度、产品质量、客户体验等方面考察客户服务绩效。Cho和Lee(2019)认为管理绩效指的是企业组织流程管理的效率，具体表现为管理者有效利用公司有形和无形资源以产生财务效果的具体能力。社会绩效是企业在社会责任方面的项目或投资的结果(或总体质量)，应由第三方评级机构或组织进行判断，而不是由利益相关者进行评估；财务绩效代表了金融(有形)或非金融(无形)价值驱动因素共同作用下的公司价值。Okafor等(2021)利用会计指标和市场指标的综合来表征企业的财务绩效，通常与会计相关指标依赖于事后结果统计而反映企业之前的经营状况具有滞后性，与市场相关的指标跟随当前市场的变化而具有实时性，市场绩效与市场行为相关，如资产总额、年销售额、利润和净利润率、员工人数、企业规模、营业收入和投资回报率等。

从国内的研究来看，杨国彬和李春芳(2001)认为企业在一定时期内各种经营效果的体现为经营效率，具体包括各种财务指标和社会业绩表现。陈伟等(2009)界定了管理效率指的是企业在不增加或减少原先的生产要素情况下，仅通过优化资源配置改进作业管理流程而带来的投入产出效率提升，是企业在现有条件下协调各种资源实现收益最大化能力大小的衡量。徐培源(2012)认为全要素生产率体现企业投入要素的平均产出水平，不仅能够反映企业技术水平的高低，还包含了难以测量的知识投入和制度保障等因素，同时能够反映企业应对市场变化的适应能力，是企业剔除传统有形生产要素后无形资源投入转换为产出效率的重要指标。蔡艳萍和朱红(2013)认为经济增加值是体现企业在扣除各种要素成本基础上的经营利润，是企业综合利用自身资源供给产品和服务创造价值的能力水平的反映。刘婷婷(2019)将企业绩效界定为在一定投入条件下企业产出的量，或者单位投入的净产出，可以反映出企业的盈利能力、偿债能力以及经营能力，综合反映了企业达到其组织目标的程度。张长江等(2020)认为企业不但要关注财务绩效，还要关注绿色绩效，对环境友好的可持续发展理念作为企业的价值观渗透到企业的经营中,使企业发展的同时兼顾生态平衡,绿色绩效是企业履行社会责任保护环境方面重要体现。吴芳和张岩(2021)指出创新绩效是指企业将各种创新资源综合应用于产品全生命周期并转化成创新成果的能力,这些创新资源的主体是具有创造力的高端人才,创新成果包括产品创新和服务创新等。

## 2.2.2 企业效率水平衡量指标的国内外研究现状

国外学者将企业效率水平的衡量指标分为三种类型。①考虑成本因素的衡量指标:Kaplan 和 Norton(1993)将 Activity-Based Costing(ABC)即作业成本法用于衡量企业向消费者提供产品和服务过程中产生的成本,在更快更好为顾客提供产品和服务下的成本越少体现为效率更高,这种会计衡量方法可以洞察整个供应链的低效率,释放过剩产能从而为企业创造更多价值,提高企业的制造、经营和财务绩效。Watson 等(2007)将约束理论即 Theory of Constraints(TOC)与企业运营管理结合起来,指出企业绩效的高低与关键的资源约束因素有关,这些因素包括生产流程、产品质量、资源库存和管理能力等作为企业最昂贵或稀缺的资源限制了整个组织和部门的绩效,因此这些制约因素常用来作为衡量企业绩效的指标。②将财务指标作为主要衡量指标:Cochran 和 Wood(1984)认为对于不同的利益相关者来说,企业财务绩效的含义是不同的,基于市场的财务绩效指标如股票表现、市场回报、市值与账面价值指标,基于会计的度量包括资产回报率、股本回报率或每股收益在某种程度上反映了企业的内部效率。Lu 等(2014)认为在通用的财务绩效衡量标准中,基于会计指标的衡量标准是客观且经过审计的,基于市场的衡量部分是客观的,而基于调查对象的衡量标准是主观的,而综合的指标可以克服各种指标中的缺点,有助于反映其对不同利益相关的不同含义。Fu 等(2016)认为托宾的 Q 值具有前瞻性,同时考虑了会计和市场的指标,不容易受管理层的操纵,且与公司价值正相关,因为它衡量了公司的投资和增长潜力,因此将其作为衡量企业绩效的指标。③将综合指标作为衡量指标:Porter(1985)从价值链的角度对企业绩效进行衡量,从价值链的每个环节收集有关运营和财务绩效,如总产值、可变和固定成本、运营和净利润率、增值创造等定量数据,来源于实际生产环节的多指标数据能够客观而全面地反映企业经营状况和企业效率。Talal 等(2014)基于企业战略多元化视角完善了企业绩效金字塔衡量模型,该模型包含了企业愿景、市场和财务指标、客户满意度、企业生产率、生产灵活性、产品质量、交货周期、成本损耗等指标,不但包含了与财务相关指标还有对一般价值链维度的各环节评价的定量综合效率指标。Deng 等(2020)以核电企业为研究对象,将绿色绩效界定为投资和发展两个维度,其中投资绩效通过构建体现投资情况的多投入与多产出的超效率 DEA 模型计算,发展绩效由营业利润增长率等四个体现增长情况的会计指标并运用熵权法综合计算得出,这有助于分析各企业不同时期的投资绩效和发展绩效的差异,还有助于深入分析影响企业绩效的因素。

我国自改革开放后,随着社会主义市场经济的发展,国内学者对企业效率水平衡量的研究越来越关注和重视,国内学者将企业效率水平的衡量指标分为单一指标和指标体系两种形式。①单一指标形式:王化成和刘俊勇(2004)指出直接采用财务报表中的单个指标能够反映企业的盈利、偿债、运营或发展等某项具体能力,能够方便有效地观察企业分项目标的实现情况,帮助企业改善决策。陈共荣和曾峻(2005)指出由投资者作为企业效率评价的主体时,只需采取利润率、销售额等单一产出指标对生产成果进行事后衡量,目的是寻找生产管理中的问题,总结经验,提高管理水平。李卫宁和张祎宁(2014)指出财务报表中的单个具体指标考察了企业不同经营时期的不同维度的发展情况,如每股收益率能够为企业在同行业的竞争优势和自身未来发展潜力提供决策依据;资产负载率用于检查企业债务是否处于财务风险可控范围内,为企业财务风险开展预警提示;资产收益率代表企业利用资本短期获取利润能力的高低,而托宾的 Q 值更关注企业自身长期发展情况等,在实际应用中可根据研究内容的不同选取更适宜的指标。王洪盾等(2019)指出受国内外复杂形势和传统要素报酬递减的综合影响,我国经济增速放缓趋势明显,以前单纯用财务等经济指标衡量企业发展做法将不适合高质量发展的评价要求,尤其是全要素生产率更强调企业在资源总量不变的条件下的综合协调配合能力,能够体现企业内部治理结构和组织模式的优化所带来的效率增长。②指标体系形式：张蕊(2001)指出由于经营环境的变化企业效率评价指标体系也应随之发生变化,将财务等经济指标与社会责任等非经济指标相结合,系统考察企业的发展情况,能够为企业未来发展方向提供更全面的决策参考价值。张琦和刘克(2016)将利益相关者理论应用于企业效率的评价,由于不同的利益相关者关注的侧重点不同,可以将指标体系根据研究需要,在通用性原则基础上进行个性化定制,如股东更关注资本报酬、债权人注重偿债能力、供应商关注履约情况、客户注重产品效用、员工关注薪酬福利、政府看重社会责任、公众关注环境保护等。王晓燕和李然(2017)认为单一的财务指标只能对企业已取得的经济成果进行衡量,且过于重视短期经营成果,具有滞后性和短视性,因此,为了弥补这些不足提出了拓展的价值链企业效率评价体系,并将该体系用于河北钢铁集团的财务盈利、运营服务、创新潜力和社会贡献等四个维度的业绩评价。姜旭和胡雪芹(2020)整合国内外领先物流企业效率评价标准,构建了以企业目标、内外环境和运作流程的评价体系,并吸收多种评价方法的优点确定不同指标的重要程度,测算我国不同类型的物流企业之间效率水平发展不均衡。

## 2.2.3 企业效率影响因素的国内外研究现状

国内外学者对影响企业效率因素的研究内容较为一致,大致围绕产业政策、人力资本和技术创新等三个方面展开。

从国外的研究来看,Crook 等(2011)指出虽然宏观和微观层面的理论都预测,对优秀人力资本的投资会产生更好的企业效率,然而人力资本的开发和获取需要时间和成本,这可能会抵消其积极效益,通过实证研究发现人力资本与企业绩效密切相关,但企业因所有权、规模和人力资本的背景、受教育程度等差异会带来效率的异质性表现。Camison 和 Villar-Lopez(2014)基于资源基础理论的框架分析了组织创新、技术创新与企业绩效之间的关系,以西班牙企业数据为研究样本,得出组织之间的协调与模式改进有助于实现生产工艺的技术创新而提升企业效率。Aghion 等(2015)研究了产业政策如补贴、免税期和关税保护在某个行业内企业之间的分散对企业生产率的影响程度,指出当政策分散配置给企业,而不是集中于一家或少数企业时,国家层面的产业政策往往在更大程度上促进生产率、生产率增长和产品创新。Criscuolo 等(2019)通过研究欧洲部分地区的产业投资政策发现,随着政策支持力度的增加能够刺激企业增加就业岗位从而提升运营效率,但这种效果只在小企业中显著,即政策的实施对企业投资和就业有积极影响,但对全要素生产率没有积极影响。Shamsuzzoha 和 Tanaka(2021)通过对孟加拉国制造业企业的样本数据分析认为,管理人员和基层员工的受教育和工作熟练程度对企业产出水平有较大的影响作用,但是受教育程度既对产出产生直接影响又通过技术效率产生间接影响,而工作熟练程度只对技术效率产生直接重要影响。Clauss 等(2021)认为企业应该发展战略敏捷能力(战略敏感性、领导统一性和资源流动性)为商业模式创新奠定重要基础,商业模式创新通过交付创新产品为企业创造竞争优势并为客户提供更高的价值,从而实现企业效率的提升。

从国内的研究来看,韩超等(2017)将产业政策分为直接提供人才、资金支持的生产补贴型政策,加强消费需求引导和补贴的市场需求型政策,进行环境保护和监管的环境规制型政策三种类型,不同类型的产业政策引导资源要素在生产、消费环节的分布不同导致其对效率的影响作用存在差异,其中依赖市场需求牵引的政策促进作用明显,生产补贴型的政策反而会抑制企业效率的提升,而规制型政策的作用在统计意义上不显著,因此在制定不同产业产业政策时,要充分考虑其适应性条件才能发挥正向的引导作用。周丹等(2019)指出随着技术扩散效应的增强,企业间的技术壁垒不再是其获取竞争优势的决定因素,在物质极大丰富且同质化严重的市场,能够提供差异化优质服务的商业模式更能为企业赢得消费者认可,同时技术创新和商业模式创新对企业效率的影响方式和效果具有差异性,其中技术创新能够改进设计制造流程提升生产效率,而效率型和新颖性服务商业模式能够提升企业服务效率,并通过利用式和探索式技术创新提升企业创新效率。汪明月等(2020)构建了一个系统的分析框架来测度政府市场规制对企业经济绩效、环境绩效和社会绩效的影响,结果显示某一类市场规制可能会产生较大的经济绩效,但却会降低环境绩效和社会绩效,反过来也成立,因此要做到分类施策,以实现政府市场规制下企业系统绩效最大化。傅国林

(2020)指出人力资本的合理优化配置是影响企业效率高低的核心,因为其他因素只有通过人力资本的作用才能发挥作用,如技术因素要通过高端人才的学习和吸收才能实现从理论到应用的转化,各种创新资源也需要企业内外的人力资本汇聚和扩散才能提升创新效率。陈艳等(2021)研究了光伏产业政策与上市光伏企业的经济绩效、创新效率之间的关系,认为对光伏产业的财政补贴能够弥补企业在研发中的投入不足和成本过高的缺陷,从而提升企业财务表现,即政府的补贴和奖励政策能够通过激发科研人员创新活力、降低企业研发成本等间接路径提高企业财务绩效,其中因区域发展不平衡导致影响存在较大的异质性特征。王学义和何泰屹(2021)认为企业效率增长对高级管理人才和技术人力资本具有高度依赖性,提升人力资本的薪酬水平可以提高企业组织绩效、管理绩效和执行绩效等增强企业的盈利能力。李梦雅和严太华(2020)的研究发现,风险投资和技术创新能够使企业充分利用行业溢出的研发资源,帮助企业有效地参与市场竞争,对企业创新效率产生积极的影响,从而能够在更大程度上提高企业未来的财务绩效。

## 2.3 智能化与企业效率关系国内外研究现状

学术界关于智能化对企业效率影响的研究结论有"IT悖论"和"增长论"两种截然不同的看法,主要分歧在于智能化转型过程中虽然利用智能化技术能够提升企业能力,但同时需要投入大量资金购置设备、招聘人才而造成短期内投入成本上升、利润等产出下降的现象,因此无法准确判断智能化对企业效率影响的总体效应是正向的、负向的抑或无相关性。此外,对企业效率的衡量没有统一标准,国内外学者相关研究的重点集中在对财务绩效和生产率的影响两个方面。

### 2.3.1 智能化对企业财务绩效的影响研究

从国外的研究来看,Bharadwaj(2000)认为企业智能化技术资源存在禀赋差异,如企业对信息和通信技术的更高投资和组合会增强组织能力(人力资源技能、经验和其他无形能力)并最终成就卓越的企业绩效。Bayo-Moriones 等(2013)通过对西班牙 276 家制造业中小企业的样本数据进行实证研究发现,智能技术的采用与绩效指标存在正相关性,同时这种影响存在时间滞后效应,智能化技术应用的规模、强度和年限会对企业财务指标呈现出不同的影响效果,智能化应用年限较短时不能对企业绩效产生积极影响,智能化技术应用时间越长对企业财务绩效的正向影响越大。Mithas 和 Rust(2016)对美国 300 多家企业进行研究发现,智能化技术投资水平较低的企业需要在收入扩张和成本降低之间做选择,而智能化技术投资水平较高的企业具有更高的市场价值和盈利水平,即不同的智能化投资战略和投资水平对企业绩效的影响效应是不同的,较低水平的智能化技术投入并不能提升企业财务绩效。Chen(2021)认为智能化技术的应用能够改善企业内部和外部沟通和合作,并根据战略目标有效监控企业运作,改进内部流程集成和外部跨职能集成,促使企业业务流程变革和提高企业响应客户需求的能力,进而提升企业财务绩效。Bahrami 和 Shokouhyar(2021)基于动态能力的视角指出企业大数据的管理、处理和分析能力在当前高度不稳定和不可预测的商业环境下,通过提高创新能力和信息质量,提升企业最大限度利用资源和组织能力,提高供应链弹性建立竞争优势,最终提高企业绩效。

从国内的研究来看,李晓宇和陈国卿(2019)认为智能化技术投入给企业带来了流程和组织变革,企业需要花费大量资金购置智能设备和招聘高端人才,企业员工需要花费时间与精力对智能技术进行学习、消化与吸收,因此在特定时期如设备引进初期和新知识消化吸收期,企业和个人绩效会出现下降的现象,只有经过长时间适应磨合才能达到人机协调发展的效益提升阶段,即智能化对财务绩效的影响呈现先下降再提升的 U 形特征。戴亦舒等(2020)构建了总销售额、市场份额和客户数量的企业绩效评价指标体系,并用结构方程模型对 172 家企业进行问卷分析后认为智能化通过提高企业的资源集成能力(包括内部集成、合作伙伴集成和客户集成)进而提升企业绩效。戚聿东和蔡呈伟(2020)从资源基础理论的视角考察了智能化程度对企业财务绩效的影响机理,认为智能化通过管理和销售两条路径影响企业绩效,然而销售的正效应与管理的负效应相互抵消导致智能化对企业绩效的影响不显著。应里孟等(2020)认为人工智能技术可以降低成本、促进销售增长,实现对个性化需求产品的大规模低成本定制,在保证产品质量的情况下提升资源配置效率,改善企业财务业绩。李婉红和王帆(2021)通过对沪深 A 股传统制造类上市公司进行研究发现,智能化能满足消费者的个性化需求、实现企业价值链协同而降低交易成本,顾客参与产品设计与生产的各环节加深了体验也强化了参与价值,从而购买产品的意愿增强,扩大产品的销售量和附加值,正向提升企业的盈利能力。杨志波等(2021)使用数据库和问卷调查结合的方式对河南省内 447 家企业进行调查研究,发现数字化通过增强企业服务模式的多样性和服务的深度获取竞争优势,进而对企业财务绩效有积极的影响。吴非等(2021)用股票流动性来刻画企业经营质效和活力,企业的智能化升级能够提高上市企业各项经营信息透明度,降低委托代理风险增强投资者信心提升股票交易流动性,提升企业运作效率和资源利用度以获得更大的产出绩效。

### 2.3.2 智能化对企业生产率的影响研究

从国外的研究来看,IT 技术投资与生产率之间看似明显却难以捉摸的关系,被称为"IT 悖论"或"索洛悖论",最早是由 Solow(1987)提出,随着技术的发展,企业投入越来越多的资金引进高端人才并购置先进设备却收效甚微,他通过研究 292 家美国企业的计算机设备投资回报率发现智能设备的投入与企业绩效两者之间并没有显著的因果关系。Weill(1992)使用阀门制造业企业的数据来测试 IT 投资与财务绩效、销售增长、ROA 和生产率之间的关系,表明尽管交易性 IT 投资被发现与表现强劲的公司相关,但长期来看战略性 IT 投资是中性的,短期内与表现不佳的公司相关。Yosri(1992)研究了 1987—1990 年 31 家食品公司在运营、战略等方面的 IT 支出发现 IT 投资与销售增长、市场份额增加、新市场渗透率、质量改进措施和生产率之间没有显著相关性。Acemoglu 等(2014)研究了美国 1980—2009 年的制造业全要素生产率,认为智能化在不同类别制造业间的影响效应不同,智能化对信息通信技术行业的全要素生产率提升作用不明显。Brynjlofsson 等(2017)梳理了2010年以来新一代人工智能技术取得的新发展和新成就,并考察了人工智能技术对生产力的影响,研究结果表明较短时间内和较小规模智能设备的应用并不能有效提高生产力,不能带来生产率的提升,智能技术对经济发展的影响存在相应的时滞效应和规模经济性。近年来,随着强大的人工智能技术发展和经济复苏,越来越多的学者认为"IT悖论"不复存在,更倾向于"增长论"。Ballestar等(2020)通过对2008年1515家和2015年1380家西班牙制造业中小企业(SME)样本进行测试得出的结论为机器人设备的应用能为企业带来知识密集的价值增值,提高企业生产率,2015年机器人技术使中小企业生产率水平提高了5%,而2008年为2%。Opazo等(2021)智能技术的应用可以提高分类知识源的效率,增强了系统、人和机器之间知识流的连通性、互动性和协调性,使得全球价值链越来越相互关联和数字化,促进了创意与产品、流程和服务开发的整合,进而提高了企业生产率。

从国内的研究来看,王兵和王启超(2019)实地调研广东599家制造业企业研究发现企业实施智能化升级的经济价值体现在改进内部资源错配,促使人力和资本等创新资源向高端制造行业转移,减少在低值落后产业的投入比例而实现要素投入产出率的提升。韩会朝和徐康宁(2020)认为企业进行智能化改造通过"机器换人"带来劳动力成本的节约效应能够抵消设备的投入成本,同时智能算法可以优化企业生产活动,推动生产过程更为精准高效,加强企业质量控制提升生产效率。王开科等(2020)认为智能化时代企业生产率下降的原因可能是核算方式滞后造成的,因此引入数字经济效率系数的核算方法是必要的,并实证验证了智能化发展对改善我国企业生产效率有积极影响。温湖炜和钟启明(2021)通过研究认为新一代信息技术的高渗透作用能够缓解生产率测量的滞后和误差使得索洛悖论不再成立,即智能化与服务创新的深度融合向价值链下游升级,缓解用工成本上升实现企业经营脱困,从而提高企业全要素生产率。刘淑春等(2021)通过对全国首个两化融合示范区内1950家企业的智能化投入产出效率研究中发现,企业智能化投入和产出之间存在先下降、再加速下降到拐点后上升的非线性关系,只有经过"阵痛期"后智能化投入的优势才会显现。赵宸宇等(2021)认为智能化技术应用可以通过改进生产工艺、增强制造柔性等方式提高产品质量,此外,便捷的互联网技术提高了服务的响应速度增强顾客满意度,推动制造企业由单纯的产品生产商向服务商转型。池毛毛等(2022)基于企业资源观和IT能力视角,运用整合必要条件分析(NCA)与结构方程模型(SEM)的方法,对我国制造企业的调查数据进行分析认为,智能化转型能够提升企业的流程和产品创新效率。

## 2.4 智能化与企业效率国内外研究述评

国内外学者对智能化与企业效率的研究系统而全面,取得了很多有价值的成果。经过梳理可知,国内外学者对智能化研究的侧重点不同,国外学者主要从概念内涵、各国政策、产业融合和企业实践等角度展开研究;国内学者主要从概念定义、发展水平测算、影响因素分析和带来的影响等方面展开对智能化的研究。国内外学者对企业效率以及智能化与企业效率的关系的研究重点大致相同,主要从概念界定、衡量指标和制约因素三个层面展开对企业效率的研究,从财务绩效和生产率两个方面展开智能化与企业效率的关系研究。已有众多研究成果为未来研究提供了启发性的思路和借鉴,但仍存在一些不足。

从研究内容来看,囿于企业数据多而庞杂导致难以统计,研究智能化对宏观经济影响的文献较多,重点关注国家和区域层面经济增长、价值链攀升和产业结构优化等方面,而对企业微观层面的研究较少,此外对企业的研究也大多集中在动态能力构建、组织流程变革、产业政策制定等相关研究领域,而较少涉及企业效率。

从研究视角来看,智能技术对企业效率的影响不只体现在财务绩效和生产率上,更是对企业运营管理流程的全面变革,而现有文献对企业全运营管理流程绩效的研究较少。同时智能化对不同类型的企业影响效应也是不同的,已有研究大多未做系统细致的异质性分析,据此提出的政策建议也缺乏相应的针对性。此外,关于智能化影响企业效率的作用机制的研究较少,得出的研究结论也较为分散,缺少全面系统的分析和总结,有待进一步展开深入的研究。

从研究方法来看,因为仍处于智能化革命浪潮的初期,已有文献中大多成果侧重理论与政策研究,相关的质性研究和理论分析较多,且大多研究仅选取特定企业作案例分析而缺乏一般代表性。尤其是相关定量的实证研究较少,同时现有的研究大多采用线性模型,而智能化对企业效率的影响效应可能是非线性的,因此采用非线性模型进行研究是必要的。此外,现有实证研究文献中关于智能化和效率衡量指标不统一也造成研究结果缺乏可信度。

综上可以看出,虽然智能化对企业效率的影响越来越受学界关注,但大多数企业仍处于智能化转型升级的前期,同时智能化影响企业效率的作用机制尚不清晰,导致智能化对企业效率的影响效应呈现相互矛盾的现象。因此,厘清智能化影响企业效率的具体作用路径,使智能化技术真正赋能企业实现提质增效,对于实现经济高质量发展具有重要的意义。

## 2.5 基本概念界定

国内外学者对智能化、企业效率等概念和衡量指标大多根据自身研究领域的实际需要给出了不同定义,因此有必要对本书所涉及的基本概念进行界定,主要包括智能化水平、制造业企业和企业效率三个概念。

### 2.5.1 智能化水平

新一代信息技术赋能的智能化是一种更新型和更高级形态的工业化,与之前历次工业革命"机械化""电气化"和"信息化"的特征具有显著不同,属于"制造智能化"的范畴,是用智能技术赋能传统制造实现机器替代人体力劳动向替代人脑力劳动转变的新型制造范式。

从微观层面来说,智能化需要企业具备将智能技术与实体设备高效集成的能力,这也是信息物理系统(CPS)所倡导的关键技术能力,因此基于CPS技术能力的视角结合研究实际,本书将智能化水平定义为企业运用智能技术对实体设备进行数据采集和数字化处理的能力,进而推动数据资源从"物理空间"转移到"网络空间",逐步实现设备的自我感知、自我诊断和自我控制,消除企业内外部信息孤岛推动资源集成效率提升,形成高价值的算法库、数据库从而为顾客提供精准优质的服务,实现企业业绩和效率提升。可以看出企业在构建智能化技术能力时,数字化阶段的主要任务是设备管理、生产数据的收集和整理,将连续的模拟信息变成离散的计算机能够处理的数字化信息;信息化阶段的任务是增强机器设备的感知能力,将设备数字化阶段收集的海量数据进行分析,监测异常数据实现设备正常运转;智能化阶段的任务是计算机设备的感知能力向认知能力转变,借助工业互联网等智能分析技术,实现企业内外部信息互联互通消除断点,综合分析内外部多种主体产生的海量数据,而形成厂商、供应商、服务商和消费者等利益相关方共赢的局面。因此,企业的智能化发展是由数字化、信息化再到智能化的技术能力逐步升级,以及以人工智能为代表的技术和设备参与决策的广度和深度不断增强的渐进过程,同时这三个阶段也是相辅相成、互相促进的,数字化和信息化是智能化的基础阶段,企业应在这两个阶段完成技术和数据的累积,进入智能化阶段后,企业更能充分利用数字化和信息化阶段的各种技术实现人机协同的决策分析。

### 2.5.2 制造业企业

制造业是实体经济的基石,在经济高质量发展由脱虚向实转变的关键时期,保持制造业发展的优势地位是我国建设制造强国的根本要求。

"制造"在我国数据统计标准中的含义是将某种物质资源按照特定的物理或化学方式加工成满足市场需要的产品,包括动力机械制造和手工制造,而制造业是将各种生产要素组合,并根据市场需求生产具有使用价值的工业品、消费品等的行业,是所有加工产品企业的集合,从事制造业产品生产加工的企业称之为制造业企业。制造业可以按不同的分类标准有不同的划分方法,本书中行业分类依据是《上市公司行业分类指引(2012年修订)》,

剔除样本数据较少的大类代码为 16 和 43 的两类行业，将其余 29 个大类行业作为研究对象。此外，《高技术产业(制造业)分类(2017)》的分类标准将 R&D 投入强度作为判断是否为高技术产业的依据，由于制造业分类标准不是一一对应的关系，因此将上市公司行业指引中的化学制品制造业、医药通用设备、专用设备等 7 类行业划分为高技术产业，其余的 22 类则划为非高技术产业，另外按照要素密集度的不同将行业分为资本和劳动密集两种类型，其中大类代码为 13—20 的 7 类行业为劳动密集型，剩余的 22 类其他行业为资本密集型。

## 2.5.3 企业效率

企业效率是用来衡量所有投入要素转化为产出的效率，具体包括技术效率和管理效率两个层面的含义。

技术效率是指要素的投入产出达到帕累托最优的理想状态，与配置效率相对应，剔除市场规模带来的效率改变时企业在获得一定产出情况下的最小投入成本，能够反映企业综合利用自身资源的能力。本书用全要素生产率来衡量企业的技术效率，全要素生产率是剔除企业全部有形资源后的无形资源转化成产出的生产率，与技术效率的概念是吻合的且有较为便捷成熟的测量方法，能够动态反映企业合理资源配置实现集约化发展和适应市场变化的能力，也反映企业技术要素生产率高低的主要指标。

管理效率用来衡量企业经营管理流程的效率水平，包括研发设计流程、生产管理流程、流通管理流程、质量控制流程、销售管理流程等的运行效率，是反映企业组织管理能力强弱的指标。

用技术效率和管理效率两个层面分别来刻画企业效率，能够更全面地衡量企业的业绩，也有利于多维度全方位准确地评估智能化给企业带来的影响，对实现制造业高质量发展具有重要意义。

# 3 理论基础与机制分析

技术创新、资源基础和要素配置等与要素相关的理论和强调顾客参与的价值共创、企业价值链等与价值有关的理论,以及组织变革、流程再造等与组织有关的理论是智能化影响企业要素生产率和管理效率的重要理论基础,因此,本章梳理了相关的基础理论,分析了制造业企业进行智能化升级的动力机制及智能化影响制造业企业效率的作用机制,并给出全书的理论研究框架。

## 3.1 相关理论基础

本节主要介绍智能化影响企业效率的基础理论,包括技术创新理论、资源基础理论和要素配置理论等与要素相关的理论和价值共创理论、价值链理论等与价值有关的理论,以及组织变革、流程再造等与组织有关的理论。

### 3.1.1 要素理论

依据不同分工将生产要素转化成产出并进行交换才能实现经济发展,不同经济形态所依赖的核心要素也在不断拓展与演化,随着智能化工业革命新时代的到来,数据被列为继土地、劳动、资本、技术、管理、知识之后的第七大生产要素,数据对智能化的重要性可以比肩石油在工业时代的"血液"

地位。然而数据与传统生产要素相比具有显著的不同特征,如高渗透、强技术创新、可再生、易复制等特性与相关的要素理论结合呈现新的演化特点。智能化影响企业效率的与生产要素有关的理论主要包括技术创新理论、资源基础理论和要素配置理论。

(1)技术创新理论

早在 1776 年亚当·斯密在《国富论》中就指出借助于机械工具的发明和采用促使生产过程出现了分工,提高劳动生产率实现了国家富裕。马克思经济学中虽然没有明确提出技术创新的概念,但是马克思也在著作中指出机械化的机器、高效的化学品、便捷的铁路、轮船和电报等的使用是资本主义经济增长的动力,认为在生产中用机器代替人的劳动,同时通过机器改良实现市场需要的产品创新和新产业的建立,深化了社会分工,创造了价值增长的新源泉。技术创新作为正式的学术研究概念其核心思想由约瑟夫·熊彼特(1934)在其再版的著作《经济发展理论》中做了系统完整的阐述,指出技术创新与科技创新的显著不同在于技术创新强调要将科学方法、技术、理念等转化为市场认可的产品与服务并创造经济价值,是经济发展的重要驱动力,技术创新代表着一种全新的生产函数的构建,包含五种具体形式的创新,以创造市场收益作为衡量的重要标准。熊彼特(1942)在另一本著作《资本主义、社会主义与民主》中指出新生产力的产生打破了原有的生产关系,强调技术创新对原有生产关系的重塑是一种颠覆性改变,形成对落后生产力的淘汰对经济发展的影响呈现非线性的阶跃提升作用。随着信息技术与产业融合的不断融合与发展,国内外学者也将技术创新理论内涵与外延进行了详细而系统的拓展,形成了多个有影响力的研究流派。不同流派关注的重点各有侧重,如新古典学派更关注宏观因素的影响,在强调技术对经济的内生影响的同时也应注重政府的调控与引导;新熊彼特学派更关注企业本身的资源利用与合理配置,强调企业家精神对经济发展的独特推动作用;制度学派的学者关注企业微观组织流程和管理制度的完善,强调组织与个人的协调配合,建议加强产权保护与激励等制度建设激发创新活力;国家创新系统学派从系统论的视角强调,从区域和网络层面协调多种创新主体合理配置创新资源,以及要素的集聚与扩散效应对经济发展的影响。

在人工智能、大数据、云计算、物联网等新一代信息技术引领的智能化时代,技术创新不断取得重大突破,催生新模式、新业态和新场景等的健康发展,激活消费市场扩大就业机会,打造发展新优势和新机遇实现经济高质量发展。智能化带来的技术创新与各行各业深度交融赋能传统产业焕发出新的活力,催生管理与经营模式变革实现利润增长,为经济发展提供新动力。新业态是智能化技术创新赋能传统行业通过技术改造、渗透融合、细分分化等手段形成的新型企业、商业和产业,如互联网教育、互联网医疗、智慧政务、智慧物流、智能交通和即时零售等。智能化技术创新的新场景是新一代信息技术催生出的新的应用孵化场景和平台,成为改变人类生产生活方式的新实验空间,如居家云健身、虚拟旅游、云端展览等数字消费新场景带给消费者沉浸式感官体验,提升了产品的价值认同,能够更好地满足消费者的情感需求。

(2)资源基础理论

与资源基础理论相近的理论有资源依赖理论、要素禀赋理论,其核心思想是企业提供的产品与服务依赖于所投入的资源,包括自然资源、劳动、技术、人才等。资源是稀缺的、独占的和不可复制的,因此,企业所拥有的有限和稀缺的资源塑造了企业独特的竞争优势,使得竞争对手不能复制自己的发展路径。一个企业或地区依据自身独特的资源禀赋制造产品或提供服务以满足市场需求完成价值创造,这些独特的资源可以是能够建立技术壁垒的创新等,也可以是先进的管理流程能够有效降低组织内低效的内耗为顾客提供更优质的服务等,掌握或占有这些独特的资源是获取领先优势的基础要素。随着企业所面临的市场竞争和外部环境越来越复杂且难以预测,资源基础理论的热点研究也在不断调整,并先后经历了初创、成长、完善、创新四个阶段,使资源基础理论在实践性和科学性上取得了蓬勃发展。学者们在初创阶段的研究重心在于厘清资源的概念,强调资源与企业产业的关系,认为有些资源能从企业外部获取而有些资源只能从组织内部获得;随着研究的深入学者们将资源的获取提高到总体战略的高度,并依据不同的资源类型制定相应的战略以规划指导企业获取优质资源获取领先优势。在资源基础理论的完善阶段,学者们的重点被拓展到知识、组织能力、动态能力的研究范畴,Teece等(1997)的动态能力理论与企业实际发展情况吻合,其核心观点是随着技术和形势的快速发展,仅仅依靠"静止"的基础资源越来越难以实现企业的持续创新和发展,必须调整内外部资源、整合资源组合方式来适应外部环境的变化,构建动态适应能力获取新的竞争优势;在资源基础理论的创新阶段,学者们将目光转向资源的微观机制上,重点关注微观个体的心理差异、行为机制以及关系网络等方面,也更加注重各种资源影响组织绩效的机制分析和实证研究。

智能化技术与社会生产生活的深度融合:一方面为企业整合内外部资源提供了更加高效便捷的工具;另一方面高技术不断发展加剧了竞争,使得企业原来所拥有的资源和能力受到挑战,企业若不能及时进行智能化改造升级将落后于时代发展,甚至面临被市场淘汰的风险。智能化技术将企业研发、生产、销售等环节以及产品和服务数字化后形成的数据资源与传统的实体物理资源不同,数据资源几乎可以零成本分享、吸收、扩散,改变了资源的形态和属性。在智能化时代要注重无形资源的获取,尤其应激发高端人才的创新活力,突破技术障碍,提升产品附加值,增强市场竞争力。智能技术的发展能够有效降低企业整合内外部资源成本,高效的互联互动打破企业间地理和时间界限,组织开始向开放化、平台化、网格化方向发展,使企业更容易与其他主体建立连接,获取隐性知识等无形资源,提高了企业敏捷生产、产品创新和服务终端客户的能力。

(3)要素配置理论

要素配置理论也称为资源配置理论,该理论认为将稀缺的资源合理分配和利用,能够减少要素资源消耗,以最低成本获取最大的效益。要素配置理论的实质是最优控制的目标实现,即在有限的资源条件下,寻求合适的经济机制,使资源合理分配以达到最佳收益。恰当的经济机制是实现资源最优配置的基础,要素的合理配置能够促进企业进行资源优化和信息共享,提升资源利用效率,获取更多的经济效益和社会效益。西方主流经济学中资源配置理论基础是供求决定理论和边际生产力理论,强调市场需求引导着资源配置的方向,同时因为生产力和资源的有限性与市场需求的无限性对资源配置产生重要影响。马克思基于劳动价值论的资源配置理论提出截然不同的观点,认为决定商品价值的是无差别的一般劳动,而不是某个个体具体的劳动,这隐含着物质资源的生产和商品价值创造是相互独立的过程,而不重视资源的有限性分析。然而,无论是西方经济学还是马克思的资源配置理论,其主要研究工具都是生产函数和市场需求,将企业的投入和产出建立对应关系,在效益最优的目标下,实现对生产要素的合理配置。

企业、政府和市场等主体在现有要素资源约束下可以利用相应的手段将有限的资源配置在需要实现突破的关键领域实现跨越发展,而资源配置的表现形式主要是要素集聚和要素流动。

1)要素集聚理论。要素集聚是指资本、技术、人才、数据等各种生产要素相互联系、相互作用形成地理空间上的集中并以有机方式聚合在一起而形成的网络系统。要素集聚具有空间性、外部性和规模性三个特征,具体表现为生产要素在地理位置上靠近,空间相近的经济主体相互服务互联互通实现互惠互利,生产要素的集聚能够使企业生产出现规模经济性,降低单位产出的投入,提高经济效益。要素集聚除了具有规模经济性的特征,还能发挥集聚要素的比较优势和竞争优势,比较优势理论指出自由贸易对所有经济主体都有利,只有形成分工合作才能实现外部经济性,企业、产业因合作集中于特定空间形成集中集聚,因分工而形成分散集聚。迈克尔·波特在其钻石体系中指出,生产要素在空间上集聚而形成高度专业化分工有利于保持竞争优势,提高区域和国家竞争优势。要素集聚是经济集聚的微观体现,是现代经济活动中实现资源配置最显著的表现形式之一,因集聚效应带来的竞争优势带动周边整个地区快速发展。

2)要素流动理论。要素流动是指资本、技术、人才、数据等各种生产要素在实体和网络空间自由流动与迁移,从而优化配置企业或产业的要素结构,促使分工扩大产生集聚形成企业规模经济和产业规模经济,提高要素生产率。生产要素的流动超过传统分工成为贸易经济最显著的特征,即要素流动是贸易发生的基础原因,也是要素实现集聚的前提条件。古典增长理论认为分工不同是造成要素产生流动的根源,这与农耕时代几乎无分工显著不同,农耕时代要素流动的现象不显著,而进入工业时代产业分工深化所带来的要素流动显著加快,要素逐渐流向效率更高的地区和部门,要素的集聚实现各项成本的大幅降低实现该地区和产业的经济发展,可以看出要素的流动可以加快经济收敛,消除人均产出的差距。为克服古典增长理论中未考虑技术、制度等因素的缺陷而提出的新增长理论认为不应完全依赖市场机制来实现要素流动,更应注重政府的调控作用,加大基础设施建设,出台激励政策等措施加快技术、资本和高级人才的流动,才能提高资源配置效率实现经济增长。

数据作为智能化时代一种最重要的生产要素,数据的利用、流动和集聚本身就能够产生巨大的价值,如各种智能产品、服务机器人、无人驾驶等,是数据和算法的实体化,满足了人们多样化的物质和精神需求。同时数据要素可以与传统要素嵌入协同,嵌入各种数字化基础设施中,与人才、资本、创新等生产要素融合应用解决企业经营中的信息不对称问题。数据要素具有规模性、共享性、可复制和无限性等与传统要素显著不同的特征,尤其是单一个体的数据是无价值的,只有经过特定算法长时间积累的大数据才具备应用价值。此外数据的流动、分享带来分工机制的变革,能够提高生产力,转变生产方式,"海量数据+超强算力+智能算法"的运用可以更加准确地识别消费者偏好,使精细化分工和个性化定制成为可能,使得以前小众的"长尾市场"需求被满足,提升了企业服务顾客的能力。新一代信息技术不仅使生产生活中产生的海量数据采集与利用成为可能,还使传统要素的流动方式发生了深刻变革,提升了要素集聚的效率。智能化技术打破了传统生产要素流动和聚集的物理时空界限,使得人才、资本、技术等要素实现了网络虚拟空间的协同与共享,智能工具的使用解放了人力资本的体力和脑力,缩短了价值创造的时间,空余时间的产生使得企业拥有富余资源而向平台企业转型成为可能,如海尔、航天科工、三一重工、沈阳机床等龙头企业搭建的工业平台为中小企业提供整体技术封装与解决方案,实现信息互联供需精准对接,降低了交易成本,创造了新的需求,实现经济增长。

## 3.1.2 价值理论

自人类劳动有分工开始经济学家对价值的研究就从未停止,价值理论的研究是经济学理论的起点和动力源泉,关于价值理论的研究流派众多,且形成了两大价值体系:一是以无差别的人类劳动衡量价值的劳动价值论,二是以边际效用衡量价值的效用价值论。劳动价值论从企业视角强调劳动的一般性特征,认为价值创造是企业利用具体人力劳动和凝结智力劳动的设备制造产品的一般劳动,而商品使用价值是在企业完成价值创造并实现交换的自然结果。效用价值论是基于顾客的视角来衡量商品的价值,因而具有主观评价的个体差异性,同时容易随着内外环境的变化,顾客对价值的感知可能也会改变,造成价值具有动态性的特点。制造业企业将低价值的原材料经过设计制造形成具有高价值的产品并满足顾客特定需要的过程实现了企业价值增值,同时也为其他相关者提供了政府税收、员工发展、股东收益和环境保护等社会价值,因此价值是企业获得的增值、顾客的使用价值与其他相关者的社会价值的综合体现。与智能化影响企业效率关联紧密的价值理论包括价值共创和价值链理论。

(1)价值共创理论

传统意义上的价值创造系统的主体是企业(即生产者),企业利用各种有形资源(土地、设备、原材料、资本等)和无形资源(人才、知识、技术和信息等)经过生产制造环节形成具有价值的商品,顾客只能被动接受制造商生产的现成商品而不能将对商品的改进意见反馈给制造商,或者个人消费者需求不具备规模经济性而不被重视和采纳。随着市场需求的变化,价值创造的主体由制造企业转向顾客、企业互动创造,以及顾客、企业与其他相关经济主体协同创造,商品价值的内涵也不再局限于企业与顾客的二元对立视角,而是转向企业为顾客提供多元化服务的视角,即向"服务生态系统"逻辑转变,实现了价值由多个经济主体共同参与创造的过程。价值创造系统也由单一企业构成的系统向由企业、供应商、顾客、商业伙伴等组成的共创价值网络转变,能够满足顾客多样化的个性需求,增进参与主体的体验价值,提升了企业的动态适应能力,获得强大的竞争优势,最终实现所有参与主体的价值增值。因此,价值共创可以定义为由多个社会经济主体打破原来封闭的界限,加强互动,通过整合内外部各种资源而共同参与完成价值创造,以提高产品效用和价值,满足顾客个性化需求的动态过程。

智能互联时代相关经济主体的互动比任何时候都更频繁、快捷和高效,企业间的竞争也由传统的依赖能力、成本和技术的产品竞争转向依赖共享资源平台的服务竞争。基于网络空间和社交媒介,大大提高了企业与供应商、企业与顾客、顾客与顾客等不同主体间的互动机会,不同主体都可以在网络虚拟空间沟通和交流,并分享个人体验。实时便捷的万物互联技术和即时充分的互动使得顾客多样化的个性需求更易感知和传递,企业与供应商的协同互动缩短了原材料协商和供应时间,企业自身的敏捷柔性制造协同系统降低了个性化定制产品生产风险和成本,新兴的电子销售渠道如各大电商平台、网络直播等协同应用也拓展了市场份额,从而实现企业价值最大化、顾客体验丰富化,完成了网络情境下的价值共创模式。

(2)价值链理论

一般价值链的概念首次由迈克尔·波特于1985年提出,其将企业采购、设计、生产、经营、销售和服务等创造和传递商品价值的九类活动划分为两大类:基础价值活动和辅助价值活动。其中基础价值活动与价值创造直接相关,购买原材料加工生产制造产品,将产品包装运输并销售给顾客以获取利润,具体包含内部后勤协调保障、生产经营、外部后勤保障、市场营销和售后服务等五类活动;辅助价值活动包括原材料的购入、员工的激励管理、产品的运输、销售与服务等,不直接参与价值创造但却是保障基础活动顺利进行的必要性活动。价值链理论基于要素禀赋的比较优势认为,应加强贸易全球化协作企业只需专注优势,化解舍弃不能创造价值的经营活动,企业只要具有某一环节的竞争优势,同时与其他环节具有竞争优势的企业合作进行战略整合能够降低产品生产成本、提高经营利润进而增强竞争力。全球化贸易加剧了分工深化,使得一个企业越来越难以独自完成全部的价值创造过程,制造企业应加强价值网络的生态建设,与供应商、商业伙伴和顾客等相关价值链相互交叉、互相影响,进行信息传递、能量交换进而形成企业价值网络系统。企业价值网络理论不再将自身的价值创造设定为唯一的目标,而是追求所有经济主体价值的最大化,原来以产品生产驱动的传统价值链也向以客户需求驱动的现代价值链转变。

新一代信息技术重新定义了产品制造销售和顾客消费模式,重塑了企业价值链治理模式,如企业资源计划系统(ERP)、供应链管理系统(SCM)和客户关系管理系统(CRM)等大数据分析系统的广泛应用实现了企业产品升级、价值链升级和商业模式升级,从而提升我国产业在全球价值链的地位。具体来说,智能化技术通过网络连接、成本节约和价值创造等效应实现了企业价值链的升级。互联互通的高效网络使得企业以较低成本快捷连接各种资源要素,如新兴的融资渠道降低了融资成本,新型基础设施减少了价值创造中投入的固定成本、大数据分析系统的精准预测降低了目标顾客的搜寻成本等。智能化便捷高效的技术能够有效降低企业在交通运输、信息搜集、渠道建设和声誉验证时的交易成本。基于物联网和云计算的工业互联网平台实现了虚拟生产和现实生产的结合,重新定义了企业的研发设计、生产制造、运营管理、采购销售等环节,通过对价值链各环节改造和融合发展发掘新的增长源泉,为价值创造提供了新动能。

### 3.1.3 组织理论

"组织"在管理学中的含义包括两个方面:一是指各种资源尤其是特定成员按照一定结构和功能组成的机构或系统,工业革命的发展催生出了企业组织,组织成员基于契约关系按照某种结构为达成系统的特定目标而聚集,组织成员为达成总体目标需付出自己的时间、知识和经验等成本而获得报酬等收益,此时的组织是一种客观存在的物理实体。二是作为动词的组织,其含义是管理者为实现一定的目标而协调成员进行活动的一切工作的总称,"协调"是动词组织的核心。管理学的核心研究对象就是组织及其成员之间相互激励、控制与影响的科学,组织理论伴随着管理理论的发展而不断演化与完善。企业组织理论中关于组织系统观、资源观、边界模式、竞争行为、核心能力和流程变革也随着内外环境的变化经历了多种状态的演变,其中智能化水平对企业的影响主要表现在组织变革和流程再造。

(1)组织变革理论

与组织变革理论说法相似的理论有权变理论和组织创新理论,组织作为一个系统要不间断地与内外部其他成员进行资源交换才能维持正常运转。组织变革是当资源交换发生变化时组织管理者所采取的应对措施适时进行系统改进与创新,采用机动灵活的架构形式开展经营活动以提高组织的适应能力。组织变革一直是学者们关注的热点研究领域,从变革内容上来看,包括组织制度变革、组织结构变革、组织工作的变革、组织人员的变革、组织技术的变革、组织文化变革等多种类型。企业进行组织变革的动力可能来自外部环境的变化,如激烈的市场竞争压力、科学技术的发展推动、顾客消费需求的变化等;变革的动力也可能来自企业内部,如企业组织战略调整、价值导向变化、员工需求升级等。企业进行组织变革能够实现管理方式改进、新产品开发、新工艺产生、新需求创造、新商业模式形成等,组织变革对于实现员工价值、提高企业的竞争力、促进社会的发展和进步具有重要意义。

(2)流程再造理论

组织流程是组织将投入要素经过相互作用、相互影响转化为产品产出的一组有序活动的过程,与价值链相比更强调活动本身的具体运作流程,价值链侧重活动的价值创造和价值传递。业务流程是企业通过完成某项业务而获得利润的有序过程,企业通过完成一系列流程实现有效经营运作,具体包括研发流程、生产流程、财务流程、采购流程、销售流程、质量控制流程、服务流程等。Hammer & Champy(1993)在其著作中界定了流程再造的内涵,指出流程再造是为实现组织目标而将组织结构形态和业务运营模式进行重塑的过程,是进行组织变革的最高级形态,其中组织结构形态是指内外部成员之间按照一定逻辑组合在一起的方式,如管理与被管理的垂直关系构成的传统金字塔层级结构向强调分工协作的扁平式结构转变,能够减少中间层级的信息流失而使指令的上传下达更顺畅高效;业务运营模式是组织实现目标的具体作业流程的协同模式,包含产品价值创造的研发、生产、监管、销售和服务等各环节;而组织的总体目标是为市场提供具有竞争力的产品和服务实现价值增值。因此,流程再造是为应对环境所带来的不确定性而对组织运营模式全过程的重构与变革,以占据未来竞争的制高点。

工业化进入智能新时代以来,顾客个性化需求增加、产品更新迭代周期缩短等加剧了内外部环境的不确定性使得企业间竞争更加激烈,企业必须做出迅速、灵活的反应,并借助新一代信息技术对组织结构、组织流程和组织模式等进行全面彻底的变革才能获得新的竞争优势。智能化技术为组织模式变革和流程再造提供了新动能和新方法,使得组织模式和组织流程都发生了根本性变革,其中组织模式变革主要体现在商业模式、竞争模式、组织结构等方面,流程再造体现在产品由原材料到商品所经历的基础和辅助环节,包含研发制造、质量控制与销售服务等。具体来看,智能化技术改变了企业与消费者的互动方式,使得传统的"企业—企业(B2B)"商业模式向"企业—顾客(B2C)""顾客—制造(C2M)"模式再到"线上—线下(O2O)"模式转变,新商业模式在满足顾客特定需求和体验的同时,还能通过大数据累积实现自我学习和预测分析。智能化技术打破了企业和行业界限,加快知识的扩散和溢出效应,使得企业突破技术和行业壁垒形成了大量异质竞争者,促成了跨界竞争改变了传统的竞争模式。传统的层级制组织结构具有高度理性、严格等级和严密制度等特点,容易造成组织效率的损失,智能化技术的发展重新定义了组织形式和结构,如等级界限松散的项目组织、跨越时间和空间束缚的虚拟组织等类型,通信技术与智能设备促进了组织成员沟通和协作,提高了组织灵活性而更加适应快速变化的环境。智能化技术的泛在特性对企业各项业务流程都产生了深刻的影响,在研发流程使用数字孪生和仿真技术缩短了产品开发时间;在生产流程借助于数据采集和集中控制设备实现无人车间的智能工厂,提高了生产效率和产品质量;智能化技术能够实现线上线下销售联动,提高销量实现利润增长;智能交互技术的应用便于顾客和生产者直接沟通以获取市场信息动态反馈,真正实现为顾客提供个性化优质服务。

## 3.2 机制分析与研究框架

本节在厘清历次工业革命不同阶段特点的基础上,分析了制造业企业进行智能化转型升级的动力机制,具体包括政府推力、技术驱力、企业压力和市场拉力,进行了智能化影响制造业企业效率的机制分析,并构建本书的总体研究框架。

## 3.2.1 制造业企业智能化升级的动力机制

制造业企业智能化升级是智能工业化的微观体现,分析制造业企业进行智能化转型升级的动力机制就需要厘清智能工业革命与前几次工业革命的根本不同,在韩江波(2017)和贾根良(2016)研究成果的基础上归纳总结历次工业革命的主要特征,如表3-1所示。

表3-1 历次工业革命的主要特征

| 工业革命 | 主要标志 | 重大突破 | 核心要素 | 制造模式 | 生产方式 | 关键技术 | 领先国家 |
| --- | --- | --- | --- | --- | --- | --- | --- |
| 工业1.0 | 机械化 | 水力棉纺车到蒸汽机车 | 棉花、煤炭 | 分工生产 | 人力与机械协作 | 机械和蒸汽机技术 | 英国 |
| 工业2.0 | 电气化 | 内燃机的出现 | 石油、天然气 | 流水线制造 | 机器设备替代人类体力 | 化工和内燃机技术 | 由英国扩散至欧洲和美国 |
| 工业3.0 | 信息化 | 微处理器问世 | 芯片、电力 | 分布生产—集中控制 | 机器体力与人类脑力协作 | 信息通信技术 | 美国和德国超越英国 |
| 工业4.0 | 智能化 | 智能机器人、信息物理系统等 | 数据、新能源 | 数字化、网络化、智能化的智能制造 | 机器智能与人类智力结合 | 新一代人工智能技术 | 美国、德国、中国 |

从表3-1可以看出,历次工业革命都会带来生产力的巨大飞跃和生产方式的新突破,前三次工业革命是技术发展量的积累,是对简单重复的体力劳动的取代,而第四次工业革命则是技术发展有了质的改变,体现为机器智能具备自主学习能力而能够与人类脑力劳动结合,不仅提高了体力劳动生产率,也提高了智力劳动的效率。因此,智能工业化相比信息工业化发生了根本性的质变飞跃发展,不仅体现在机器对各种体力劳动的大规模替代,而

且开启了对脑力劳动替代的高级形态。智能化将对所有传统产业进行改造和控制,大幅提高体力和智力劳动生产效率,而尚未实现智能工业化的国家、产业和企业则会因产品价格过高,受贸易冲击进而失去竞争优势。制造业是经济发展的源动力和压舱石,其产生的海量数据和丰富多样的应用场景一直是技术创新理想的试验田,制造业生产过程的智能化相对来说容易实施,然而即使作为发达国家的美国和德国现在仍处于智能化的前导初始阶段,我国作为后发展中国家甚至有些传统制造业企业仍处于机械化、初级电气化和信息化阶段,因此对制造业企业进行智能化升级是迫切和必要的。

结合前文关于智能化水平的概念,得出制造业企业智能化升级指的是制造业企业采用新一代人工智能技术赋能生产制造和经营管理各环节,实现产品个性化定制与经营流程变革以满足市场需求获取可持续竞争优势,而对企业软件、硬件等资源进行数字化改造以及员工数字适应能力培训的举措和手段。

战略规划权威专家迈克尔·波特在其经典的"钻石模型"网络中认为企业自身所拥有的资源禀赋,如独特的物质要素和富有活力的组织结构等形成了两大内在先天因素,而顾客对产品效用的需要和产业链完整协同形成了外在的两大后天因素,此外随机出现的机会和政府的调控支持是两大辅助因素,在"钻石模型"中,四大关键因素相互影响、相互制约,机会和政府的辅助因素则与四大关键因素呈现单向影响关系,具体如图3-1(a)所示。可以看出,影响企业竞争优势的因素既有来自企业内部的资源获取、组织结构等,也有来自企业外部的产业支持、市场需求条件、发展机会和政府的支持与宏观调控等,而智能化升级是利用新一代信息技术对企业内外部各种资源进行智能化改造,以获取市场认可的重要途径与举措,同时也是一个多主体复杂的动态博弈演进过程,由企业内外各种作用因素的多种驱动合力而成,本书在"钻石模型"的基础上提出制造业企业智能化升级的动力机制是政府推力、技术驱力、企业压力和市场拉力综合作用的结果,如图3-1(b)所示。

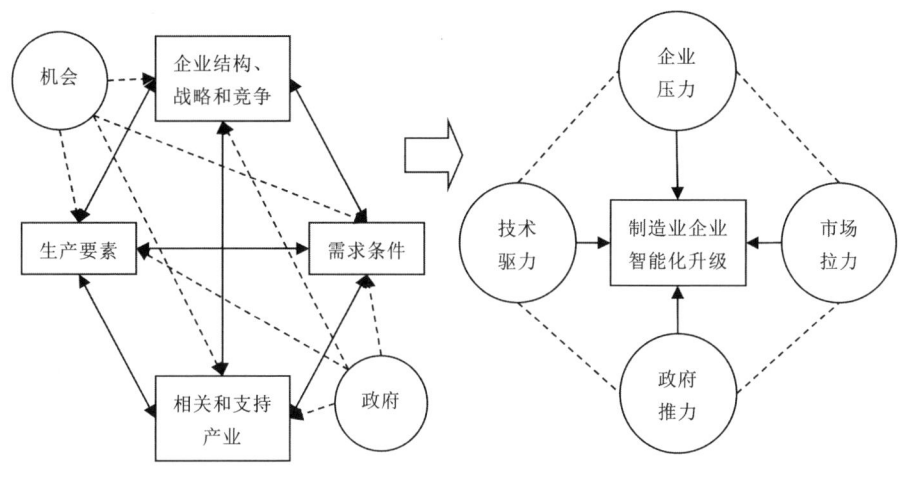

"钻石模型"单向影响关系(a)　　制造业企业智能化升级动力机制(b)

图3-1 "钻石模型"网络及其应用

(1)政府推力

自德国明确提出工业4.0战略以来,美国、德国、日本和韩国等各发达国家都积极地出台了促进制造业企业智能化升级的战略支持政策,以加大对实体经济的扶持,扭转产业空心化现象以重塑制造业竞争优势。我国高度重视智能技术与产业融合应用,相继出台了一系列自上而下与自下而上融合的配套政策措施,以强化政府的激励引导、宏观调控的推动作用,赋能传统行业,激发新业态,实现制造业企业智能化升级。我国制造业缺乏核心技术,长时间嵌入全球价值链低端生态位且利润微薄,而智能化升级所需的智能设计软件、数据采集处理高端软件和高级人才引进要投入巨额资本,而因外部市场不确定性增加导致收益未知,因此智能化升级具有高投入和高风险的特征,可能存在市场机制失灵,若缺少政府的战略政策支持和强化引领作用将很难取得成功,政府的支持作用表现在产业和人才政策的推动力以及环境规制的反推力等三个方面,如图3-2所示。

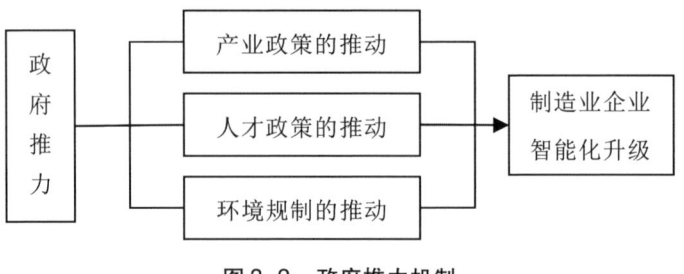

图 3-2　政府推力机制

1）产业政策的推动力。依据迈克尔·波特的"钻石模型",制造业企业智能化升级离不开相关产业的支持发展,智能时代的制造业向智能经济和数字经济转变需要产业政策营造积极宽松的创新环境和氛围,引导传统产业和企业利用智能化技术提升管理水平,产业政策是政府影响经济长期发展、完善要素配置和调节供需平稳的重要手段,产业政策对企业智能化升级起到催化助推的作用。我国构建了完善的国家、区域和地方多层联动组合的产业干预政策,引导产业的人才、技术、金融、基建等要素投入,注重不同部门层级间的相互作用,以推动制造业企业智能化升级。2015 年颁布的《中国制造 2025》战略拉开我国智能化产业政策支持的序幕,自此我国相继出台了一系列政策举措以推动制造业企业提质增效实现智能化转型升级,对相关典型的产业政策整理,如表 3-2 所示。

表 3-2　我国关于智能化升级的产业政策

| 发布时间 | 政策名称 | 主要内容 |
| --- | --- | --- |
| 2015 年 5 月 | 《中国制造 2025》 | 明确了智能制造的重要地位,是指引制造强国建设首个十年纲领性规划,旨在十个关键领域推动五大核心工程达到国际领先。各省市也相继出台了地方版的行动纲领,尤其是宁波、广州等地入选城市试点示范,以期打造可复制推广的经验 |

续表 3-2

| 发布时间 | 政策名称 | 主要内容 |
| --- | --- | --- |
| 2015 年 12 月 | 《国家智能制造标准体系建设指南（2015 年版）》 | 确定了智能制造关键领域的标准评价，并在后续的 2018 年、2021 年等版本中进行了完善和补充，有利于降低成本、统一市场、抢占先机 |
| 2016 年 4 月 | 《关于开展智能制造试点示范 2016 专项行动的通知》和《机器人产业发展规划（2016—2020 年）》 | 全面开启传统制造业智能化改造升级试点项目，典型项目和应用场景更灵活易于推广复制，省级层面的试点项目也纷纷开展，并对入选项目给予补贴 |
| 2016 年 12 月 | 《智能制造发展规划（2016—2020 年）》 | 明确"十三五"时期智能制造发展的重点方向和关键领域 |
| 2017 年 1 月 | 《大数据产业发展规划（2016—2020 年）》 | 明确并规范数据作为生产要素的应用场景和重要地位，以及大数据产业在智能化时代的创新引领作用 |
| 2017 年 7 月 | 《新一代人工智能发展规划》 | 指出大数据的积聚、算法的革新和算力的提升驱动人工智能进入了新发展阶段，并详细规划了未来十年的发展路线图以推进人工智能技术取得实际广泛的应用 |
| 2017 年 11 月 | 《关于深化"互联网+先进制造业"发展工业互联网的指导意见》 | 指出工业互联网与先进制造业融合应用能够构建不同主体之间相互联系的网络并打破相互之间的地理界限，强化资源整合，实现平台化效率改善，通过明确各主体责任，加强数据安全管理与防护能力 |
| 2017 年 12 月 | 《促进新一代人工智能产业发展三年行动计划(2018—2020 年)》 | 是细化的具有实际操作性的指导计划，力争包括无人机、医疗影像、生物特征识别、语音交互等智能产品实现普及应用；传感器、网络芯片和开源平台等实现自主量产；在线诊断、人机协同、远程运维等智能制造能力提升 |

续表 3-2

| 发布时间 | 政策名称 | 主要内容 |
| --- | --- | --- |
| 2018年8月 | 《推动企业上云实施指南（2018—2020年）》 | 加大对企业智能化改造的支持力度,加强资源调配规范企业上云过程中的数据监管,按照企业规模制定适合上云的路径:私有云和云平台 |
| 2018年12月 | 《关于加快推进虚拟现实产业发展的指导意见》和《车联网（智能网联汽车）产业发展行动计划》 | 指出全景相机、图像识别和近眼显示、触觉反馈等新一代信息技术不断拓展人类感知能力,使产品的形态和服务供给的方式发生变革,重塑人们生产、消费等行为方式 |
| 2019年10月 | 《关于加快培育共享制造新模式新业态 促进制造业高质量发展的指导意见》 | 指出共享制造是生态文明建设的必然要求,尤其是设备工具、智力资源、仓储物流等重点方向的共享复用,能够减少浪费,降低成本,实现协同集约发展 |
| 2019年11月 | 《"5G+工业互联网"512工程推进方案》 | 5G通信技术的高速低延时特性使得大规模数据采集与处理更为高效便捷,有助于组建复杂且安全的工业服务网络,筛选出工业互联网新应用的标杆示范场景 |
| 2020年4月 | 《关于深入推进移动物联网全面发展的通知》 | 指出5G、物联网等新型基础设施建设和应用能够加速传统产业智能化转型,拓宽智能技术在产业、治理和生活等场景的应用 |
| 2020年6月 | 《关于深化新一代信息技术与制造业融合发展的指导意见》 | 指出技术创新带来的制造业模式变革是经济发展的新动能,工业互联网是新型制造模式孵化的土壤,特别是能够为中小企业发展提供新机遇 |
| 2021年5月 | 《关于加快推动区块链技术应用和产业发展的指导意见》 | 指出区块链去中心化能够增强数据收集、传输与交换的安全性,可通过隐私计算有望解决网络空间的信任和安全问题,重构智能产业体系 |

续表 3-2

| 发布时间 | 政策名称 | 主要内容 |
|---|---|---|
| 2021 年 9 月 | 《"十四五"新型基础设施建设规划》和《物联网新型基础设施建设三年行动计划（2021—2023 年）》 | 指出在城市加快推进全面感知、泛在连接的智能终端的建设和应用，同时加大农村地区传统基础设施如物流、交通、水利、医疗等改造力度，提升公共治理与服务能力。各地方版新型基础设施规划也密集出台 |
| 2021 年 12 月 | 《"十四五"智能制造发展规划》 | 指出智能制造能够提升生产效率、减少产品不良率并缩短研制周期等优势，围绕系统创新、推广应用和产业体系等重点任务加快构建智能制造发展生态 |
| 2022 年 1 月 | 《"十四五"数字经济发展规划》 | 指出数字经济发展具有速度快、辐射广等特点，是重塑生产、生活和治理方式的变革力量，是继农业经济、工业经济后的主要经济形态 |
| 2022 年 7 月 | 《关于加快场景创新以人工智能高水平应用促进经济高质量发展的指导意见》 | 鼓励在制造、农业、物流、金融、商务、家居、治理等重点行业深入挖掘人工智能技术应用场景，促进智能经济高端高效发展 |

从表 3-2 可以看出，自 2015 年我国将智能化作为制造业发展的主要方向以来，各部门密集出台了多项相关的产业政策，政策内容全面且兼具操作性，包括机器人、大数据、人工智能、虚拟现实、车联网等智能产业的发展规划，也有云计算、物联网、区块链、工业互联网等新一代信息技术和新型基础设施建设的长期规划和短期实现目标；还有关于智能机器人、共享制造、无人经济、自动驾驶等新产品、新模式和新业态的战略发展规划。这些政策能够形成长效激励机制，引导企业将关键生产要素集聚和优化配置在国家扶持引导的产业和技术上，与市场主体的配置机制相结合，企业能够获得更多政策资源支持如税收减免、信贷优惠、财政奖励等，通过加大研发投入、减低成本推动制造业企业将新技术与关键设备、核心软件的集成协同创新，制定重点行业的智能制造标准，使人工智能技术与不同行业、领域扩散融合发

展,分行业、分步骤有规律、有计划地推动制造业企业智能化升级。

2)人才政策的推动力。我国经济的飞速发展不仅依靠中国特色市场机制的高效配置,还依赖党和国家对人才的高度重视,我国一直重视培养人才、团结人才、成就人才,尤其是科教兴国、人才强国战略的深入实施是保持制造业竞争优势的关键力量,党的二十大报告多次指出人才是技术创新产生的主体,是实现国家强盛的根基,并对人才的全方位培养、引进、使用和激励等作了相关部署。在智能工业革命时代,人才是科技创新的主要动力,传统生产要素的作用相对被削弱,而知识和技术等高端生产要素是由高级人才的创造性劳动凝结而成的,制造业企业智能化升级更离不开高素质的人才,人才的智力资本是智能化发展的基础和核心,无论是新型基础设施的开发和建设,还是关键核心技术、智能软件和高级算法的研发都依赖人才对知识的掌握和累积。因此,需要注重人才政策的制定实施并深入推进创新人才激励考核体制机制改革,充分发挥人才第一资源的推动作用。

人才对自主创新和经济发展起着不可替代的作用,然而人才是稀缺和不可复制且受人脑控制的独特资源,人才的培养、引进与使用是一个有机整体。我国自提出科学技术是生产力发展的第一核心要素的科学论断后,不断加强对人才的培养与引进,注重对人才的科学评价与需求满足,激发人才的创新活力,加快推动智力知识向产业收益转化。尤其是2001年将人才战略纳入国家总体战略后,相关人才政策的制定和发布也进入快速发展期,将我国自2010年以来发布的具有代表性的人才政策列举,如表3-3所示。

表3-3 我国颁布的有关人才政策

| 发布时间 | 政策名称 | 主要内容 |
| --- | --- | --- |
| 2010年6月 | 《国家中长期人才发展规划纲要》 | 是我国首个关于人才的国家战略,围绕实现社会主义现代化的目标列举了不同类型人才的投资、培养、流动、扶持等各项人才管理与发展的政策 |

续表 3-3

| 发布时间 | 政策名称 | 主要内容 |
|---|---|---|
| 2011 年 3 月 | 《专业技术人才队伍建设中长期规划(2010—2020年)》 | 指出随着分工深化,掌握关键领域核心技术的人才是推动技术进步的支撑力量,从优化选拔高层次人才体系、加强青年人才培养、提升知识更新工程和加大海外人才引进等举措为经济发展提供保障 |
| 2011 年 7 月 | 《高技能人才队伍建设中长期规划(2010—2020年)》 | 指出高技能人才具有创造性的经验和知识在推动技术创新和传统产业改造升级等方面具有重要作用,是实现智能化不可或缺的战略力量 |
| 2011 年 7 月 | 《国家中长期科技人才发展规划(2010—2020年)》 | 指出科技人才是抢占新一轮经济和科技竞争战略制高点的关键因素,是开展基础研究实现原始创新的中坚力量,重点从经费保障、评价考核、项目管理、创业扶持、激励措施等方面激发创新活力 |
| 2015 年 3 月 | 《关于深化体制机制改革加快实施创新驱动发展战略的若干意见》 | 指出重视市场导向,完善科技成果转化机制,发挥企业家和技术人才的创新作用,激发全社会的创新活力,注重人才素质与岗位要求的匹配,实现价值最大化 |
| 2016 年 3 月 | 《关于深化人才发展体制机制改革的意见》 | 明确了人才管理、培养支持、人才流动、激励、引进使用和发展保障等机制改革 |
| 2017 年 4 月 | 《"十三五"国家科技人才发展规划》 | 指出优化科技人才队伍结构,打造有层次分梯次的人才分布格局,促进不同类型人才的协调发展 |
| 2018 年 2 月 | 《关于分类推进人才评价机制改革的指导意见》 | 指出不同岗位、职业所需人才具有较大的差异性和特殊性,应分类优化人才评价考核的手段与方法 |

进入经济发展新常态和新时代以来,习近平总书记多次强调人才建设的重要性,要求深入实施新时代人才强国战略,更加重视人才自主培养,加

快塑造人才资源竞争优势,加快建设世界重要人才中心和创新高地。我国虽然没有出台专门的人工智能人才政策,但在智能化相关产业政策中也对智能化人才的培养、引进、使用、激励和评价等方面做了很多规划和引导。这些人才政策有利于智能化基础人才培养、人才发展环境建设、智能产业人才供给和智能学科体系建设,为制造业企业智能化转型升级提供人才保障。

3) 环境规制的反推力。随着工业经济的发展,我国商品由短缺的供不应求转向极大丰富甚至产能过剩,人们在满足基本物质需求后转向对高层次的精神满足,其中重要的体现就是公民环境意识的提升,倡导绿色低碳的生产生活方式成为社会的新风尚。我国历来注重人与自然的发展关系,在不同的发展阶段提出了适宜的环境保护措施,尤其是在"双碳"目标指引下,我国大力发展清洁能源、转变生产方式,有效地限制了企业对环境的破坏。政府颁布的环境规制实现对企业生产等环节进行监管,如要求采用清洁能源、改造升级污染生产线和减少有害污染物排放等,倒逼企业加大研发投入,通过绿色技术创新、工艺改进和废物循环利用等手段开发绿色产品,提升产品质量和企业治污能力,实现企业绿色发展和转型升级,智能化升级是制造业企业绿色发展的必然选择,环境规制在制造业企业智能化发展中发挥着重要作用。随着制造业的发展带来日益严峻的环境保护问题,我国环境保护类立法和政策工作也明显加快,环境保护类政策法规由原来的"边缘"地位向"中心"地位发展,各级政府对企业环保考核的指标更加细化,相应的处罚措施更加严厉,淘汰了一部分污染严重的落后产能。同时,政府也加大了对采用先进技术与工艺进行绿色制造的企业进行资金补贴和颁发荣誉等激励政策,在"有形的手"一罚一奖的反馈下,推动制造业走向集约绿色的转型路径。我国出台的绿色制造相关政策,如表3-4所示。

表3-4 我国颁布的绿色制造相关政策

| 发布时间 | 政策名称 | 主要内容 |
| --- | --- | --- |
| 2015年9月 | 《生态文明体制改革总体方案》 | 突出生态文明的优先地位,给出了市场、政府、企业和公众多主体参与下的体制机制改革总体路线图 |

续表 3-4

| 发布时间 | 政策名称 | 主要内容 |
|---|---|---|
| 2016 年 6 月 | 《工业绿色发展规划（2016—2020 年）》 | 明确工业领域的绿色指标有能耗、电耗、碳排放、固废利用和绿色产值等，大力推进技术改造，推广新技术、新装备和新产品 |
| 2016 年 8 月 | 《绿色制造工程实施指南（2016—2020 年）》 | 指出公众对绿色产品的追求，倒逼企业摒弃粗放的发展方式，推行清洁生产、低碳能源、绿色工艺等，缓解环境压力 |
| 2016 年 9 月 | 《绿色制造标准体系建设指南》 | 构建了体系指标具体而完备的绿色制造标准，并在化工、建材、稀土等重点领域推行适宜的绿色发展模式 |
| 2016 年 11 月 | 《关于开展绿色制造系统集成工作的通知》 | 重点解决机械、电子、食品、纺织、化工、家电等行业的绿色设计能力、工艺流程和供需环节的系统集成改造 |
| 2017 年 10 月 | 《高端智能再制造行动计划（2016—2020 年）》 | 指出再制造是绿色技术的孵化地，将智能技术应用于再制造行业，能够推动绿色发展，实现绿色增长 |
| 2021 年 11 月 | 《"十四五"工业绿色发展规划》 | 提出以实施工业领域碳达峰行为作为引领，完成资源循环、制造绿色、消费低碳、工艺清洁等任务，实现工业绿色发展 |

政府的环境规制促进制造业企业智能化升级体现在三个方面：一是环境法规虽然增加了制造业企业的生产成本，企业会寻求利用人工智能技术进行传统设备改造和工艺改进，实现绿色生产、绿色工厂和绿色供应链，以生产绿色环保的新产品来弥补环境保护而增加的成本；二是命令型和监督型环境规制提高了行业的资本和技术进入门槛，加剧了企业间的竞争，为了维持生存和发展，制造业企业更有动力进行智能化升级改造；三是经济奖励型环境规制正向激励制造业企业主动进行智能化升级，以获取经济补贴、提高收益。因此，环境规制能够通过倒逼企业绿色技术创新、设置进入壁垒和经济激励等方式进行智能化改造，是制造业企业智能化升级重要的反向推动力。

### (2)技术驱力

自工业革命以来,技术带来的增长抵消人类消耗达到发展的临界点后对经济发展呈现爆发式推动作用,技术与其他生产要素都是经济增长的内生变量,技术反映了人对自然的改造能力,是人力资本的扩展和延伸,从工业革命的演变历程可以看出,生产力的发展和进步依赖关键技术的重大突破,关键技术的出现改变了劳动力和资源要素的组合方式,实现了生产方式的巨大飞跃,带来了生产效率的快速提升。进入智能工业化时代以来,智能技术渗透到企业变革的全方面,企业必须具备相关的技术能力,拓展丰富原有产品的功能,以及采用先进工艺流程以较低成本开发生产新产品,有利于提升产品的附加值,获取较高利润。因此,制造业企业智能化升级是新一代信息技术发展到特定阶段的自然结果和表现。

技术对制造业企业智能化升级的驱动力表现在两个方面:一是技术扩散驱动力,指的是企业借助技术扩散,获取人工智能技术,突破人的体力和脑力极限,实现产品的智能化升级,提升产品使用价值和体验价值;二是协同创新驱动力,随着分工的深化和要素资源禀赋差异,以及技术的基础性和外部性特征,使得企业需要与不同的主体进行协同创新,以进行资源整合依靠外部创新网络获取较低成本的互补资源才能获得持续的竞争优势。制造业企业智能化升级的技术驱动力机制,如图3-3所示。

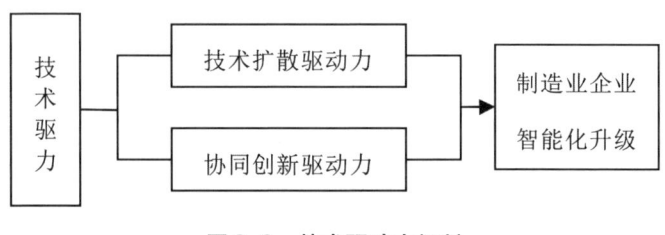

图3-3 技术驱动力机制

1)技术扩散驱动力。后发优势理论指出经济落后的国家(称为后发国家)或地区可以进行引进、模仿和创新先发国家的先进技术,同时学习先发国家成功的经验、避免失败的教训以减少自主创新的风险,实现本国或地区产业升级和快速发展。新一代信息技术作为一种新的通用目的技术(CPT)先在局部的某个企业使用带来生产率提高和成本降低,从而吸引多个地区和主体使用的过程称为技术扩散。技术扩散有学习引进、模仿吸收等方式,如通过引进掌握核心技术的人才对其他人员培训和购买先进设备进行逆向研发是落后企业追赶领先企业,实现技术创新、提高产品的附加值,增加经济效益,实现企业的智能化转型升级。

2)协同创新驱动力。协同创新致力于打破传统的组织的边界,实现各种创新要素的优势互补和资源整合优化,各创新主体通过组成创新生态系统相互协作,实现技术进步和产业智能化升级。工业互联网、云计算、5G和区块链等交叉融合的新一代信息技术高度复杂,研发难度高,需要巨大的人才、资金投入和跨学科的知识整合且市场回报周期长,使得依靠单一组织的独立创新难以胜任。因此,在企业内部资源受限的情况下,寻求对外部资源的整合利用,嵌入包含产学研的外部创新网络或智能化云平台,开展协同创新,将越来越决定着企业的竞争力。协同创新拓宽了企业利用资源的边界,弥补自身的短板,达到利益最大化。企业是协同创新的核心和媒介,将高校、科研院所的发明创造、创新成果转化生产成满足市场需求的个性化智能产品,坚持市场导向保障技术创新持续进行,提高协同创新效率并取得市场收益。同时,制造业企业要生产满足市场需求的个性化智能产品,需要建立柔性生产线,实现敏捷生产和精益生产就需要行业龙头企业的工业互联网平台赋能,工业互联网平台整合了企业、用户和科研机构等多主体的跨领域和跨行业的创新资源,能够实现大规模定制服务带动制造业企业向智能化制造转型升级。此外,包含多个主体的协同创新有助于推动共性标准、技术标准和行业应用标准等智能制造标准体系的建设和制定,有利于实现企业建立智能车间、智能工厂,而实现制造业企业智能化改造升级。

(3)企业压力

我国制造业近年来取得快速发展,能够创造大量就业岗位和提供税收保障,是经济健康发展和社会稳定的基石,但整体发展仍处于全球价值链中低端生态位,存在能耗过高、产品附加值低、产业结构不合理、关键核心部件卡脖子和资源利用效率不高等问题,迫切需要借助新一代信息技术的高渗透赋能作用于制造业生产各环节实现生态位的攀升。随着人工智能、大数据、区块链、云计算等新一代信息技术与制造业的深度融合应用,促使制造业生产方式、经营方式和管理模式发生了重大改变,制造业企业纷纷加快智能化转型升级的步伐以期提高产品质量和资源使用效率。然而与发达国家相比,我国制造业智能化仍处于较低水平,面临着成本上升、要素资源短缺、创新能力弱和竞争愈加剧烈等困境,制约着制造业企业智能化转型升级,因此,制造业企业智能化升级的企业内部压力主要表现为成本上升、创新能力弱和竞争加剧,如图3-4所示。

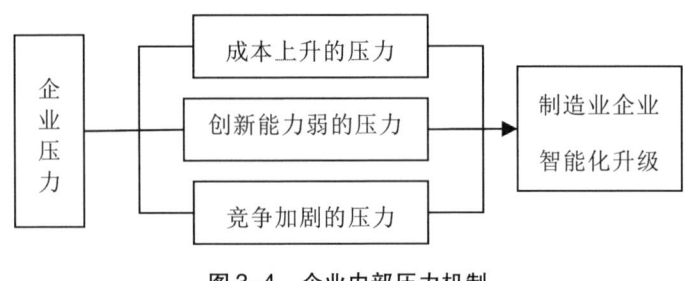

图3-4　企业内部压力机制

1)成本上升的压力。在过去效率优先的发展理念主导下,我国发挥廉价劳动力的规模能动性,实现了制造业规模跃居第一的伟大成就,然而随着全球经济不确定因素增加和人口老龄化带来的生产要素成本大幅增加,居高不下的制造成本会倒逼企业采用资本和人工智能替代传统的劳动力,即实施"机器换人"策略来应对劳动力短缺和成本上升带来的生产率下降,实现制造业企业智能化升级。制造业智能化升级能够从多方面降低企业成本,提升市场竞争力,具体表现为:首先,智能化技术和智能设备的应用使得无人车间和无人工厂成为可能,使企业摆脱了对大量劳动力的依赖,降低了直接劳动力成本;其次,智能化技术在产品和服务提供的各流程应用能够减少错误发生,降低制造和沟通成本;最后,新一代信息技术能够使制造业企业原料供应链、产品生产线、管理流程链、营销渠道链间的沟通更加顺畅、柔性,减少了库存压力和原材料浪费,降低了交易成本,节约了运营和管理成本。

2)创新能力弱的压力。在改革开放初期,我国制造业企业受"贸工技"思想影响,较为注重技术引进的"市场换技术"发展策略,导致在芯片、高端装备和工业软件等关键领域核心技术的研发投入和创新能力不足,大多是劳动和资源密集型的工业体系,从而将我国制造业锁定在低端"代工"和"加工"生态位。同时逆全球化思潮的冲击加剧了西方国家在卡脖子领域的技术封锁,使得以往依靠模仿创新取得发展的模式难以持续,要求制造业企业必须依靠自主创新进行智能化升级取得颠覆性原始创新成果,才能促使制造业向价值链中高端迈进。凝聚多种新一代信息技术为基础的智能化升级本身就是自主创新成果的体现。此外,智能化还能够通过产品、技术、工艺等的渐进式创新和突破式创新提升制造业企业自主创新能力。

3)竞争加剧的压力。竞争是市场中各主体为了获取最大利益而展开的优胜劣汰,存在强有力的竞争对手是企业能够取得持续竞争优势的关键因素,竞争能够激发企业的创新活力。各种生产要素具有逐利性,高利润部门能够吸引更多要素流入,为了追求超额利润企业将更多要素投入研发部门,以技术创新驱动生产力变革,生产出顾客需要的新产品获取更高收益逃离旧市场竞争,开辟新的市场领域,实现企业转型升级。智能技术的应用催生出大量的跨界融合打破原先企业的优势地位,加剧了该行业的竞争,促使原有企业进行改革创新获取更多利润。同时传统领导企业反击挑战者竞争时需要进行适应性调整和重新规划,需要与互联网、云计算厂商合作建立联盟伙伴关系来进行智能化改造,这也改变了传统的竞争模式,呈现出跨界经营和异质性竞争的形态,使企业由原来所属的同业"红海"竞争转向"蓝海"战略以应对剧烈的市场竞争带来的风险挑战。

(4)市场拉力

生产、分配、交换和消费四个环节相互作用、顺畅运转是维持经济健康发展的内在要求。在波特的"钻石模型"中,市场需求条件是企业获取竞争优势的关键因素之一,没有市场需求驱动技术变革,就不能持续产生生产力并带来经济增长。新兴消费理念借助智能技术得以快速传播和推广,更多个性化和高品质的消费需求被发掘和满足又推动市场规模扩大和消费结构升级。市场规模和消费升级分别从需求数量和需求质量两个方面构成了推动制造业企业智能化升级的重要拉力,如图3-5所示。

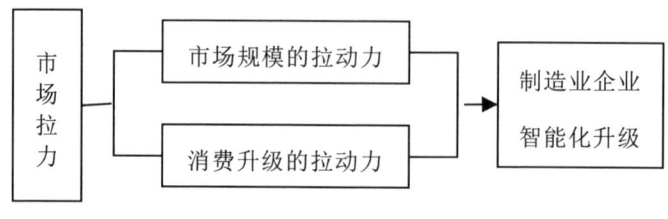

图 3-5 市场拉力机制

1)市场规模的拉动力。本地市场效应理论认为存在报酬递增和贸易成本的市场中,有效市场规模足够大的时候生产者具有明显的成本优势,能够促进产业升级,而当市场规模较小时则会导致研发投入不足,产业升级阻力较大。同时有较大市场需求的国家将占有更大的产业份额,并获取竞争优势成为该产业的净出口国,实现产业价值链向高端升级。本地市场效应的本质是随着市场规模的扩大,顾客会对产品的质量、服务等供给方式提出更高的要求,促使企业优化生产方式,取得技术和品牌的进步,最终实现转型升级。基于新一代互联网技术的交互平台扩大了市场需求规模:一方面形成规模经济性能够降低生产成本,提升交易效率实现收益增加;另一方面互联网平台打破了生产者与消费市场的时空界限,更容易从市场获取反馈信息,对消费者需求具有更高的敏锐性,同时互联网平台的无限连接性能够不限地域地吸纳全球用户的加入,进一步扩大市场规模,对制造业企业智能化升级具有正反馈推动作用。

2)消费升级的拉动力。随着经济水平的提高,人民在基本物质生活满足的基础上转向对高层次和更好生活的追求,产生了消费升级的动力,制造业企业智能化升级是对居民消费需求升级的适应、调整和必然要求。新一代人工智能技术满足居民消费升级体现在创造了新的消费需求和提升消费结构上。首先,企业利用智能化技术挖掘客户潜在需求创造新消费需求,创造和生产出原来不存在的产品和服务,如智能手机和网约车等新产品和新服务;其次,新一代信息技术通过对现有产品进行改造升级使产品质量和功能更加优质化、个性化和智能化,改善了用户的使用和体验价值,满足了客户由低层次功能需要向高层次精神需要升级的需求,促使原来部分流向国外的中高端非生存性消费逐步回流,同时智能化升级拓宽了乡村居民的消费渠道和消费结构,从而派生了新的消费需求能够在有效扩大国内消费规模的同时也促进消费向更高层次转变。消费者需求和习惯的转变升级促使企业必须进行智能化升级,以生产具有差异化、个性化和高品质的产品,以获取持续的发展动力。

## 3.2.2 智能化水平影响制造业企业效率的机制分析

智能化是驱动我国制造业迈向全球价值链高端实现经济高质量发展的新引擎和新动能,自2015年《中国制造2025》战略颁布实施以来,我国制造业企业开启了规模宏大的智能化转型升级之路。智能化技术与企业的采购、研发、生产、销售和服务等运营管理各环节深度融合,使得制造业企业的采购供应更加柔性和便捷;研发设计更加节约和高效;生产制造更加绿色和智能;质量管控更加精准和快捷;销售和服务更加优质和个性化,实现企业组织向扁平化和网格化方向发展,从而降低生产、交易、维护和运营成本,提高研发、制造和管理等流程效率,扩宽了企业边界提升了资源利用能力。然而,由于智能化升级是一个需要较高投入但回报产出不稳定的过程,是一项复杂多因素影响的长期和系统性工程,同时现在仍处于智能工业革命的初级阶段,智能化对于提升制造业企业效率的作用机制、具体路径和影响效应都还不明晰,使企业面临"不升级"可能遭遇市场淘汰,而"升级"则可能入不敷出的艰难困境。因此,打开智能化水平与企业效率之间的"黑箱",明确两者之间的作用机制,能够为制造业企业转型升级指明发展方向和具体路径,为智能化应用实践提供理论依据。

结合智能化影响企业效率的理论基础和企业进行智能化升级的动力机制,本书认为智能化升级通过技术创新、优化配置、价值共创、流程再造等理论机制以优化劳动力结构、降低成本和提升产品质量和服务等作用路径提升企业的全要素生产率和管理效率,如图3-6所示。

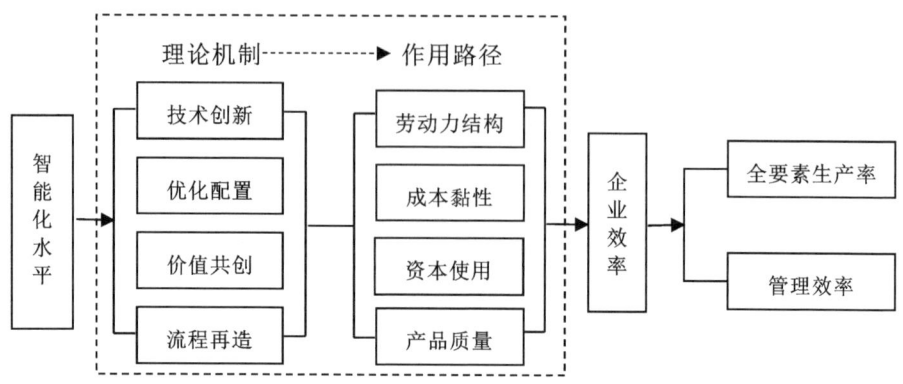

图 3-6　智能化水平影响制造业企业效率的作用机制

首先,智能化能够通过技术创新对制造业企业效率产生影响,具体表现在智能化技术创新能够加强创新组织间的协同合作,实现产品创新和商业模式创新,以提升产品质量和服务,降低沟通和交易成本,提高企业绩效。由技术创新理论可知,原始的基础创新要转换成市场收益才算完成价值创造过程,即技术创新只有通过产品和服务的创新和改进获得消费者认可才能实现商业价值,获取垄断利润,保持企业竞争优势,因此消费者偏好、感知和行为是技术创新的源泉和动力。智能工业时代的产品具有迭代速度快的特点,企业通过智能化升级利用大数据分析技术建立顾客关系管理系统等方式更容易捕捉消费者潜在的需求变化,大数据技术形成的分析结果能够为企业管理者正确决策提供洞察参考依据,从而降低消费市场供需的不确定性带来的风险,同时利用技术创新改进生产工艺,增强生产各环节的柔性动态调整能力,减少资源浪费,节约成本,提高企业技术创新效率,不断为顾客提供超出预期体验的新产品,提高企业效率。

其次,智能化能够通过优化资源配置,实现对制造业企业效率的影响,表现在智能化能够改善要素错配现象,提升资源配置效率,从而提升了企业全要素生产率。体制机制不完善和信息不对称,导致要素流动受限,降低了配置效率。在智能化时代,除了作为第七大生产要素的数据本身具有高流动性、易复制的特性,高渗透性的人工智能技术将传统的劳动力、技术、管理等生产要素数字化,能够有效促进传统要素不受时空限制,而自由流动和扩散到效率更高的产业领域,有效地解决信息不对称,从而降低要素错配水平,实现资源的优化配置。同时,智能化是用智能机器替代人的体力和脑力劳动,只要不出故障和充足的能量供应,就能保证机器设备不受时间和地点的限制而通过人机协同和深度学习辅助人类高效地工作,尤其在资本密集型和劳动密集型制造业行业,通过实施"机器换人"策略改善劳动力结构替代了大规模可重复性的人类体力劳动,避免了可能带来的产品质量缺陷,能够使较少的劳动力成本实现较高收益,实现企业效率的提升。

再次,智能化通过相关市场主体对价值的共同创造,赋能增值价值链各环节,实现对制造业企业效率的影响,主要表现在智能化升级有利于形成"顾客—服务主导逻辑"的创新商业模式,提升企业的动态适应能力,从而塑造核心竞争优势,还能提高相关市场主体的共同效益。消费者体验贯穿在产品和服务供给的全过程,智能技术使得消费者体验可视化,促进商业模式变革,在消费者体验升级的压力下智能技术又降低供应商和产品制造商创新门槛,实现体验价值,改进促进使用价值再提升的正反馈,具体表现为"顾客改进创意—智能技术供应商软硬件技术改进—产品制造商研发生产改进—产品使用价值提升—激发顾客新的创意"的螺旋式上升过程。新一代信息技术使需求、研发和供给资源能够实现动态实时匹配而减少资源的浪费,降低了彼此的互动和搜寻成本,提升了供应链衔接效率,更有利于产业链之间的企业形成战略联盟,联盟企业因与顾客体验共同创造出的互补性资产和个性化产品增强了顾客黏性从而形成专业壁垒,难以被同行企业或新进入者模仿形成竞争优势,进而提高联盟企业效率和市场竞争力。

最后,智能化能够对企业的组织结构和流程重塑实现对制造业企业效率的影响,表现在人工智能等新一代信息技术重塑了企业内部的管理流程,重新定义并改变了企业组织结构和边界,计算和通信成本的下降形成的组织跨界改变了组织内外部环境的变化,使得组织结构向扁平化和网格化方向发展,组织结构更加灵活、组织界限更加模糊、资源协同更加多元,同时智能化技术赋能企业管理各流程降低了成本、提高了效率,实现制造业企业管理效率的提升。集合了智能研发平台、信息管理平台、仿真和预警平台的智能化研发设计流程能够优化配置设计环节的资源,提升研发的质量和效率;智能化赋能的生产制造流程能够通过工业硬件设备、软件算法和工业互联网实现生产制造环节的实时动态监控、自主决策柔性生产和故障诊断解决，实现精益生产并节约生产制造成本，从而提高生产效率；智能化技术在企业物流管理中的应用能够提高供应链的柔性并降低产品运输费用，实现物流运输流程的动态高效管理；智能化技术也催生了互联网营销、智能销售终端和社群营销等新的产品销售模式，销售和服务更加快捷和便利，能为消费者提供更加个性化和优质的体验服务，提升销售额，增加企业利润。

此外，由于现实数据与理论机制中相应指标难以完全一一对应，因此在本书第六章以技术创新、员工平均薪酬和薪酬差距（劳动力结构）、成本黏性分别作为技术创新、优化配置等代理变量研究智能化对制造业企业全要素生产率的作用路径；本书第八章以劳动力结构、产品质量和资本使用效率作为优化配置、价值共创等代理变量研究智能化对企业管理效率的作用路径。

### 3.2.3 实证研究框架

虽然作用机制部分指出智能化能够通过技术创新、优化资源配置、价值共同创造和组织流程变革等机制提升制造业企业效率，但由于智能化水平和企业效率都受多种复杂因素的影响，多种因素所带来的影响效应相互叠加作用可能导致最后呈现的总效应是不确定的结果，且"IT生产率悖论"也表明智能化不一定能够取得理想的效果，弄清智能化水平对企业效率的影响到底是正向的、负向的抑或没有相关性是很有必要的，因此本书实证部分将检验智能化水平对制造业企业效率的影响效应。此外，囿于数据资料获取的困难和企业效率指标的差异，如全要素生产率自身就是一个多变量合成的指标，无法与管理效率整合统一，再如制造业上市企业披露的数据中无适宜的指标来衡量管理效率，因此不同章节将分别展开对企业全要素生产率和管理效率的研究分析，其中第六章采用面板计量模型和中介计量模型展开对制造业上市企业全要素生产率的中介效应研究，第七章采用门槛计量模型展开对制造业上市企业全要素生产率的门槛效应研究，第八章采用结构方程模型展开对制造业企业管理效率的影响效应研究，以实证检验智能化水平对制造业企业效率影响的作用机制，具体框架如图3-7所示。

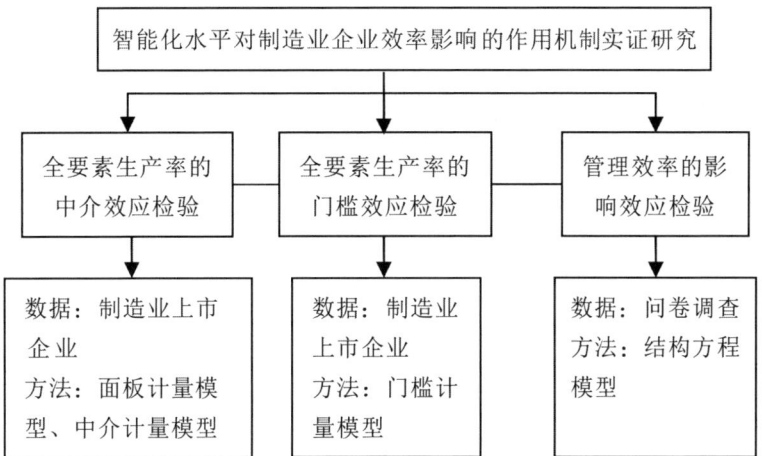

**图 3-7 智能化水平对制造业企业效率影响的作用机制实证研究框架**

# 4 制造业企业智能化升级动力系统的演化博弈分析

第3章的理论分析中指出制造业企业智能化升级是由政府推力、技术驱力、企业压力和市场拉力综合作用的结果,是政府、企业和市场(消费者)等相关主体在衡量约束条件和预期收益下进行动态博弈的过程。本章基于主体的有限理性假设,运用演化博弈及 Matlab 仿真分析方法,构建企业、政府和市场(消费者)三方非对称动态演化博弈模型,分析制约制造业企业智能化升级的因素,通过分析博弈主体的相互关系,模拟三方行为决策演化路径,为企业顺利开展智能化转型升级实现制造业高质量发展提供数理支撑。

## 4.1 演化博弈的基本理论

本节介绍了演化博弈的相关概念和演化稳定策略与复制动态方程,并分析了演化博弈理论对制造业企业智能化升级动力系统的适用性。

### 4.1.1 演化博弈的相关概念

博弈是一种特殊类型的决策,指的是局中人按照一定规则,在充分考虑其他局中人可能采取的策略的基础上,从自己的策略集中选取相应策略,从中得到回报并反过来影响其他主体决策的稳定均衡问题。任何一个博弈问题至少包含三个要素:一是局中人,指的是参与竞争的各方是具有决策权的主体,参与主体可以有两方、三方或多方;二是策略集,是指局中人所拥有的手段、方案或策略的集合;三是收益向量,指的是一次博弈后各参与主体的输赢得失。博弈中参与主体的策略集、收益向量等构成了博弈的信息,按参与主体掌握信息的情况分为完全信息博弈或非完全信息博弈;按参与主体采取行动的次序,将同时采取行动的情况称为静态博弈,若参与主体采取行动有先后,则属于动态博弈。

虽然在社会生活和经济、军事中经常会碰到博弈主体的利益相对抗行为,但经典博弈论的形成则以1944年Von Neumann和Morgenstern合著的《博弈论与经济行为》一书为标志,其提出了博弈模型、解的概念和分析方法。在1950年Nash开辟了经典博弈研究的新领域,在非合作博弈中提出了"纳什均衡"的概念。经典博弈理论具有严格的假设,假设参与主体都是完全理性的且具有完备的知识,即主体在限定的条件下将自己置身于其他参与人的位置,预测他们可能的行为决策,决定自己最理想的行为,最大化自己的偏好。然而现实情况中,由于受信息和环境的约束,参与主体往往难以满足完全理性和完备知识的假设,因此生态学家Maynard Smith(1982)在研究生态演化的基础上系统地提出了演化博弈理论,其强调参与主体是有限理性且不具备完备知识,但能通过重复博弈不断模仿学习和调整以达到最优策略的动态均衡,演化博弈自诞生至今在管理学、经济学和生态学等领域获得了广泛的关注和应用。

## 4.1.2 演化稳定策略与复制动态方程

演化稳定策略与复制动态方程构成了演化博弈理论最核心的基本概念,演化稳定策略是表征系统经过多次博弈后达到的稳定状态,复制动态方程表明系统达到稳定状态的动态收敛过程。

(1)演化稳定策略

生态学家Maynard Smith和Price在其著作 *The Logic of Animal Conflict* 研究生物系统遗传演化的过程中首次提出了演化稳定策略(Evolutionary Stable Strategies,简称ESS)的概念,演化稳定策略是演化博弈理论中关于均衡的基本概念,指的是种群内部的所有个体都选择同一种策略,种群内任何个体或小群体的突变都不能改变种群的策略选择,这个策略选择被称为种群的演化稳定策略。演化稳定策略刻画了该策略面对突变时的稳定性,即在生物种群中若不选择稳定演化策略的突变个体或小群体,将难以适应内外部环境变化而面临淘汰,甚至灭绝。

假设包含 $m$ 个个体的单群体演化博弈是从该群体中随机抽取两个个体进行博弈,个体的纯策略集为 $S_1 = S_2 = \{s_1, s_2, \cdots, s_m\}$,则该群体的混合策略集为 $X = \{(X_1, X_2, \cdots, X_m) / \sum X_i = 1, X_i \geq 0\}$,其中 $X_i$ 表示群体采取第 $i$ 个纯策略的概率。如果群体中的一部分 $\varepsilon$ 个体产生了突变而会选择另外的策略 $Y \in X$,其余的 $1-\varepsilon$ 仍采用原策略 $X$,如果个体所使用策略 $X$ 所获得的收益大于使用 $Y$ 所获得收益,则定义策略 $X$ 是演化稳定策略。

(2)复制动态方程

Taylor 和 Jonker 于 1978 年提出的复制动态(Replicator Dynamics)方程描述了群体策略随时间演化的规律,刻画了种群基于不同策略选择的概率变化所达到稳定状态的动态轨迹、速率、方向和路径的变化情况。因此,动态复制方程能够反映群体内个体通过评估不同策略选择的收益情况,以此来调整自身的策略选择,即逐步趋向于选择收益更高的策略,并达到演化稳定的动态博弈均衡。

假设时间 $t$ 时,群体中采用纯策略 $s$ 的个体数为 $P_s(t)$,群体的个体总数为 $\sum_{i=1}^{m} P_i(t)$,则采用纯策略的比例为 $x_s(t) = \dfrac{P_s(t)}{\sum_{i=1}^{m} P_i(t)}$,群体在 $t$ 时的混合策略为 $X(t) = (x_1(t), x_2(t), \cdots, x_m(t))$,求 $\mathrm{d}x_s(t)/\mathrm{d}t$ 得到

$$\dot{x}_s(t) = \frac{\dot{P}_s(t) \sum_{i=1}^{m} P_i(t) - P_s(t) \sum_{i=1}^{m} \dot{P}_s(t)}{\left(\sum_{i=1}^{m} P_i(t)\right)^2} \tag{4-1}$$

假设使用纯策略 $s$ 的个体的增长率为 $E(s, X(t)) = \dfrac{\dot{P}_s(t)}{P_s(t)}$,此时 $E(s, X)$ 表示群体在状态 $X(t)$ 时所获得收益,将其代入式(4-1)得到式(4-2)即是复制动态方程的表达式:

$$\dot{x}_s(t) = \mathrm{d}x_s(t)/\mathrm{d}t = x_s \cdot [E(s,X) - E(X,X)] \quad (4\text{-}2)$$

式(4-2)为单群体演化稳定策略的复制动态方程,其中$E(X,X)$为策略$X$的期望收益,同理可得多群体演化稳定策略的复制动态方程,本书不再赘述。

### 4.1.3 基于演化博弈的智能化升级动力系统适用性分析

由制造业企业智能化升级动力机制分析可知,智能化升级是在第四次工业革命带来的技术扩散和协同创新的技术驱动背景下,企业面临成本上升、自主创新能力弱、竞争加剧的压力,各级政府颁布产业、人才和环保政策推力和消费规模和消费升级的市场拉力等构成的由企业、政府和市场(消费者)等主体综合作用的动力系统。智能化升级动力系统的主体是有限理性的,在掌握不完全信息和有限知识的情况下根据其他主体采取的行为策略,通过不断学习、模仿后调整自身的行为决策,以实现自身利益最大化,可以看出智能化升级动力系统满足演化博弈理论的有限理性博弈主体、主体通过多次博弈(不断学习和调整策略的复制动态过程)、达到演化稳定状态(ESS)的三个关键特征,因此,采用演化博弈方法分析智能化升级系统的动态演化路径,能够更全面、真实地反映企业、政府和市场在多种因素和压力驱动下,追求自身利益最大化过程中的动态博弈和交互作用的过程,为智能化升级动力机制的理论分析提供了数理支撑依据。

## 4.2 智能化升级演化博弈模型的假设与建立

本节首先给出制造业企业智能化升级的动力系统中的相关假设,并根据假设分析了制造业企业、政府和市场(消费者)三方的行为策略,并分析了不同策略组合下各主体的收益情况,列出了"企业—政府—市场"三方的收益矩阵,并依据复制动态方程的理论建立了制造业企业智能化升级的演化博弈模型。

## 4.2.1 智能化升级演化博弈模型的假设

在智能化升级动态博弈中涉及的主体有制造业企业(以下简称企业)、政府和市场与消费者(以下简称市场)三个参与群体,且都是有限理性群体,各群体从自身利益出发,选择最有利的行为决策,在多次博弈过程中,通过动态调整行为决策不断寻找最优策略。

在当前环境下,假设企业面临智能化升级与保持传统方式生产两种策略选择,对于主动进行转型升级的企业接受政府给予的政策激励及税收等财政补贴,需要投入资金购置智能化的硬件设施、算法软件以及引进高端技术和人才而付出成本,而大规模的"机器换人"也会带来劳动力和管理成本的下降,将企业选择智能化升级策略时的成本记为$C_1$,获得智能化升级且被市场接受所带来的经营收益$R_1$,此外智能化升级加强了企业与消费者的联系,能够更好地为消费者服务以及增强了企业跨界经营的能力并提升企业形象和品牌价值,实现智能化转型升级,将此部分额外收益记为$R_2$;企业的另一种策略是对处于机械化、电气化阶段的企业而言,因为智能化升级需要投入大量的资本和技术存在创新的风险而选择维持现有的生产模式,将企业维持现有生产模式的成本记为$C_2$,现有的收益记为$R_3$,此外企业维持现状可能面临一些其他风险如产品质量不达标、安全和环境等损失,将此部分成本记为$C_3$。

假设政府可以选择的一种策略是通过政策激励给予制造业企业财政补贴、税收减免引导企业展开智能化升级实行绿色节约生产,同时对购买绿色生产和智能产品的消费者实行消费补贴,以实现产业转型升级提高社会整体效益和国家竞争力,将政府因实施补贴策略获得的政府形象、公信力提升的收益记为$P_g$,将政府制定激励政策、推广评审、宣传等所花费的成本记为$C_g$,当企业进行智能化升级且消费者购买智能绿色产品时政府给予的各种补贴记为$S$,其中补贴给企业的比例记为$b$,政府因为企业智能化升级、市场购买清洁安全产品而带来的产业升级和环境改善的社会效益记为$P_s$;政府的另一种策略是不采取补贴政策支持企业的智能化升级,但因为环境目标、安全生产等要求,政府要对企业实行监管和考核,以维持社会和市场秩序稳定,因此对不符合清洁和安全生产以及侵犯知识产权的传统企业和市场实施罚款,将政府采取补贴政策而不进行智能化升级的企业和市场征收排污费、环保罚款及附加费,将此费用分别记为 $F$ 和 $Q$。

假设消费市场可以选择的一种策略是购买智能化升级企业所生产的高质量个性化的智能产品,将其获得产品的功能和服务体验效用记为 $U_1$;另一种策略是市场不购买智能化升级企业的产品,采取观望的态度应对智能化升级,将其采取不购买智能化升级企业的产品和服务所获得效用记为 $U_2$。需要注意的是企业、政府和市场是作为一个群体采取的行为决策,其群体内部的决策类型在本书中未做进一步区分。

将"企业—政府—市场"三方动态演化博弈模型的相关参数及其含义,如表 4-1 所示,根据现实情况假定各参数取值为大于零的正数。

**表 4-1 "企业—政府—市场"三方博弈模型相关参数及含义**

| 主体 | 参数代号 | 含义 |
| --- | --- | --- |
| 企业 | $R_1$ | 企业采取智能化升级策略时市场接受带来的经营收益 |
| | $R_2$ | 企业采取智能化升级策略时带来的额外收益 |
| | $C_1$ | 企业采取智能化升级策略时付出的生产、设备购置、技术和人才引进等成本 |
| | $R_3$ | 企业采取传统模式生产时获得的经营收益 |
| | $C_2$ | 企业采取传统模式生产时付出的生产、劳动力、管理等成本 |
| | $C_3$ | 企业采取传统模式生产时付出的环境、安全、质量等额外成本 |
| 政府 | $P_g$ | 政府补贴时获得的公信力、形象的提升 |
| | $C_g$ | 政府补贴时付出的政策制定、推广、宣传等成本 |
| | $S$ | 当企业升级且市场购买智能产品时政府给予升级企业和市场的财政补贴 |
| | $b$ | 政府补贴时,智能化升级企业获得的补贴占比 |
| | $P_s$ | 当企业升级且市场购买智能产品时政府获得的社会效益 |
| | $F$ | 政府补贴时对不升级企业的罚款 |
| | $Q$ | 政府补贴时对不购买清洁安全产品市场所征收的附加费 |
| 市场 | $U_1$ | 市场购买清洁安全高品质的智能产品获得的效用 |
| | $U_2$ | 市场不购买智能化升级企业的产品和服务所获得效用 |

### 4.2.2 智能化升级演化博弈模型的建立

(1)博弈主体行为策略

企业的行为策略集 $S_1 = \{K_1 升级, K_2 不升级\}$,"$K_1$ 升级"是制造业企业采用物联网、人工智能、大数据和云计算等智能化技术对企业的软硬件基础设施进行改造,并对设计、生产、管理、销售和服务等作业流程实施智能改进以实现企业智能化升级;"$K_2$ 不升级"是指制造业企业维持现有状态组织生产,不采取新一代信息技术优化生产和组织流程而采用传统粗放式的生产制造模式。政府的行为策略集 $S_2 = \{M_1 补贴, M_2 不补贴\}$,"$M_1$ 补贴"是指政府制定优惠补贴政策激励制造业企业进行智能化升级,"$M_2$ 不补贴"是指政府不出台相关政策对企业进行智能化升级进行补贴和奖励。市场的行为策略集 $S_3 = \{N_1 购买, N_2 不购买\}$,"$N_1$ 购买"是指消费者青睐并购买智能化升级企业带来的品质更高、更个性化的产品和服务,"$N_2$ 不购买"是指市场上消费者不购买智能化升级企业的产品和服务。根据企业、政府和市场的行为策略可以得出三方的博弈组合共有 8 种,即 $E_1 = \{K_1 升级, M_1 补贴, N_1 购买\}$、$E_2 = \{K_1 升级, M_1 补贴, N_2 不购买\}$、$E_3 = \{K_1 升级, M_2 不补贴, N_1 购买\}$、$E_4 = \{K_1 升级, M_2 不补贴, N_2 不购买\}$、$E_5 = \{K_2 不升级, M_1 补贴, N_1 购买\}$、$E_6 = \{K_2 不升级, M_1 补贴, N_2 不购买\}$、$E_7 = \{K_2 不升级, M_2 不补贴, N_1 购买\}$、$E_8 = \{K_2 不升级, M_2 不补贴, N_2 不购买\}$,三方主体的行为策略组合,如图 4-1 所示。

(2)博弈模型的三方主体收益矩阵

假设在企业、政府和市场三个群体博弈的初始阶段,企业选择"$K_1$ 不升级"的概率为 $x$,则选择"$K_2$ 不升级"的概率为 $1-x$;政府选择"$M_1$ 补贴"的概率为 $y$,则选择"$M_2$ 不补贴"的概率是 $1-y$;市场采取"$N_1$ 购买"的概率为 $z$,则选择"$N_2$ 不购买"的概率为 $1-z$,其中 $x, y, z \in [0,1]$,且是时间 $t$ 的函数。结合实际情况分析,可以计算出企业—政府—市场三方博弈模型的收益矩阵,如表 4-2 所示。

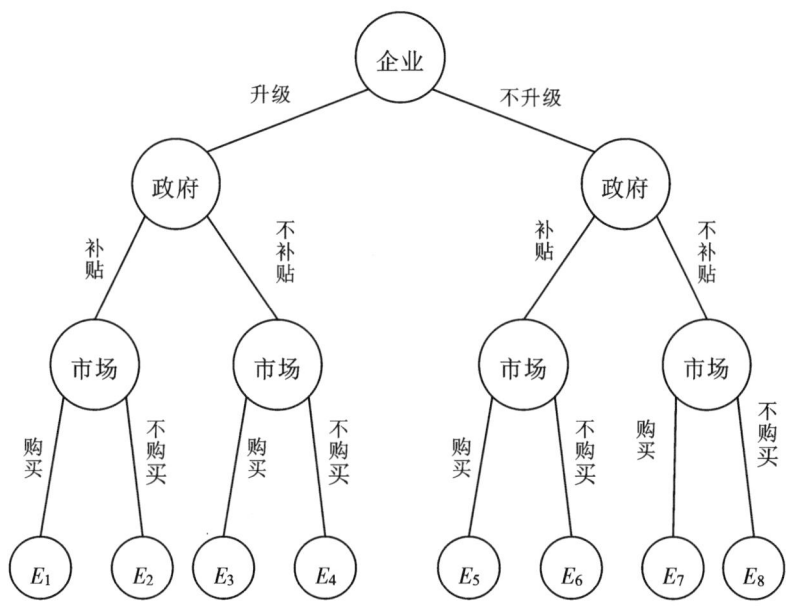

图 4-1 博弈主体行为策略组合

表 4-2 "企业—政府—市场"三方博弈模型收益矩阵

| 主体行为策略(概率) | | | 市场<br>(购买 $N_1$)<br>$z$ | 市场<br>(不购买 $N_2$)<br>$1-z$ |
|---|---|---|---|---|
| 企业<br>(升级 $K_1$)<br>$x$ | 政府<br>(补贴 $M_1$)<br>$y$ | | $R_1 + R_2 + bS - C_1$<br>$P_g + P_s - C_g - S$<br>$U_1 + (1-b)S$ | $R_2 + S - C_1$<br>$P_g + Q - C_g - S$<br>$-Q$ |
| | 政府<br>(不补贴 $M_2$)<br>$1-y$ | | $R_1 + R_2 - C_1$<br>$P_s$<br>$U_1$ | $R_2 - C_1$<br>$0$<br>$0$ |
| 企业<br>(不升级 $K_2$)<br>$1-x$ | 政府<br>(补贴 $M_1$)<br>$y$ | | $-C_2 - C_3 - F$<br>$P_g + F - C_g$<br>$0$ | $R_3 - C_2 - C_3 - F$<br>$P_g + F + Q$<br>$U_2 - Q$ |
| | 政府<br>(不补贴 $M_2$)<br>$1-y$ | | $-C_2 - C_3$<br>$0$<br>$0$ | $R_3 - C_2 - C_3$<br>$0$<br>$U_2$ |

(3) 建立"企业—政府—市场"三方博弈模型

1) 构造企业行为决策的复制动态方程 $F(x)$：设企业选择"升级"策略的期望收益值为 $V_{11}$，选择"不升级"策略的期望收益值为 $V_{12}$，企业的平均期望收益为 $V_1$，则有

$V_{11} = \sum$ 企业升级时的收益值×政府对应策略概率×市场对应策略概率
$= y \times z \times (R_1 + R_2 + bS - C_1) + y \times (1-z) \times (R_2 + S - C_1) +$
$(1-y) \times z \times (R_1 + R_2 - C_1) + (1-y) \times (1-z) \times (R_2 - C_1)$

$V_{12} = \sum$ 企业不升级时的收益值×政府对应策略概率×市场对应策略概率
$= y \times z \times (-C_2 - C_3 - F) + y \times (1-z) \times (R_3 - C_2 - C_3 - F) +$
$(1-y) \times z \times (-C_2 - C_3) + (1-y) \times (1-z) \times (R_3 - C_2 - C_3)$

$V_1 = x \times V_{11} + (1-x) \times V_{12}$

则可以构造企业行为决策的复制动态方程为

$F(x) = dx/dt = x \times (V_{11} - V_1) = x \times (1-x) \times (V_{11} - V_{12})$
$= x(1-x)[C_2 - C_1 + C_3 + R_2 - R_3 + (F+S)y +$
$(R_1 + R_3)z - (1-b)Syz]$

2) 构造政府行为决策的复制动态方程 $F(y)$：设政府选择"补贴"策略的期望收益值为 $V_{21}$，选择"不补贴"策略的期望收益值为 $V_{22}$，政府的平均期望收益为 $V_2$，则有

$V_{21} = \sum$ 政府补贴时的收益值×企业对应策略概率×市场对应策略概率
$= x \times z \times (P_g + P_s - C_g - S) + x \times (1-z) \times (P_g + Q - C_g - S) +$
$(1-x) \times z \times (P_g + F - C_g) + (1-x) \times (1-z) \times (P_g + F + Q)$

$V_{22} = \sum$ 政府不补贴时的收益值×企业对应策略概率×市场对应策略概率
$= x \times z \times P_s + x \times (1-z) \times 0 + (1-x) \times z \times 0 + (1-x) \times (1-z) \times 0$
$= x \times z \times P_s$

$V_2 = y \times V_{21} + (1-y) \times V_{22}$

则可以构造政府行为决策的复制动态方程为

$F(y) = dy/dt = y \times (V_{21} - V_2) = y \times (1-y) \times (V_{21} - V_{22})$
$= y(1-y)[P_g + Q + F + C_g xz - (C_g + F + S)x - (C_g + Q)z]$

3）构造市场行为决策的复制动态方程 $F(z)$：设市场选择"购买"策略的期望收益值为 $V_{31}$，选择"不购买"策略的期望收益值为 $V_{32}$，市场的平均期望收益为 $V_3$，则有

$V_{31} = \sum$ 市场购买时的收益值×企业对应策略概率×政府对应策略概率
$= x \times y \times [U_1 + (1-b)S] + x \times (1-y) \times U_1 + (1-x) \times y \times 0 + (1-x) \times (1-y) \times 0$
$= x \times y \times [U_1 + (1-b)S] + x \times (1-y) \times U_1$

$V_{32} = \sum$ 市场不购买时的收益值×企业对应策略概率×政府对应策略概率
$= x \times y \times (-Q) + x \times (1-y) \times 0 + (1-x) \times y \times (U_2 - Q) + (1-x) \times (1-y) \times U_2$

$V_3 = z \times V_{31} + (1-z) \times V_{32}$

则可以构造市场行为决策的复制动态方程为

$F(z) = \mathrm{d}z/\mathrm{d}t = z \times (V_{31} - V_3) = z \times (1-z) \times (V_{31} - V_{32})$
$= z(1-z)[Qy - U_2 + U_1 x + U_2 x + Sxy - Sbxy]$

4）"企业—政府—市场"动态博弈模型：将企业、政府和市场三主体的行为决策复制动态方程联立，则得到了制造业企业智能化升级的三维动力系统，系统的动态博弈模型即

$$\begin{cases} F(x) = x(1-x)[C_2 - C_1 + C_3 + R_2 - R_3 + (F+S)y + (R_1 + R_3)z - (1-b)Syz] \\ F(y) = y(1-y)[P_g + Q + F + C_g xz - (C_g + F + S)x - (C_g + Q)z] \\ F(z) = z(1-z)[Qy - U_2 + U_1 x + U_2 x + Sxy - Sbxy] \end{cases} \quad (4\text{-}3)$$

## 4.3 智能化升级演化博弈模型的求解与稳定性分析

本节对制造业企业智能化升级的动力系统，即式(4-3)的联立方程组进行求解，并分别对主体混合策略及纯策略进行稳定性分析。

## 4.3.1 混合策略稳定性分析

由微分方程稳定性定理可知,当企业、政府和市场选择不同的行为策略的期望相等时,三维动力系统能维持在稳定状态,据此可以进行企业、政府和市场各主体混合策略的稳定性分析,下面将对不同主体的复制动态方程进行稳定性分析。

(1)企业决策的复制动态分析

由企业的复制动态方程 $F(x)$ 可以得出

当 $y = y^* = \dfrac{R_3 - R_2 + C_1 - C_2 - C_3 - (R_1 + R_3)z}{(F + S) - (1 - b)Sz}$ 时,$F(x) \equiv 0$,即无论取何值,企业选择"升级"的概率 $x$ 与时间无关,都是稳定策略。

当 $y \neq y^* = \dfrac{R_3 - R_2 + C_1 - C_2 - C_3 - (R_1 + R_3)z}{(F + S) - (1 - b)Sz}$ 时,又可以分为两种情况

1)当 $0 < y < \dfrac{R_3 - R_2 + C_1 - C_2 - C_3 - (R_1 + R_3)z}{(F + S) - (1 - b)Sz}$ 时,因为 $F'(x)|_{x=0} < 0$,$F'(x)|_{x=1} > 0$,则 $x = 0$ 是演化稳定策略,即当政府选择"补贴"策略的概率低于

$$\dfrac{R_3 - R_2 + C_1 - C_2 - C_3 - (R_1 + R_3)z}{(F + S) - (1 - b)Sz}$$ 时,企业最终会做出"不升级"的决策。

2)当 $\dfrac{R_3 - R_2 + C_1 - C_2 - C_3 - (R_1 + R_3)z}{(F + S) - (1 - b)Sz} < y < 1$,因为 $F'(x)|_{x=0} > 0$,$F'(x)|_{x=1} < 0$,则 $x = 1$ 是演化稳定策略,即当政府选择"补贴"策略的概率大于

$$\dfrac{R_3 - R_2 + C_1 - C_2 - C_3 - (R_1 + R_3)z}{(F + S) - (1 - b)Sz}$$ 时,企业最终会做出"升级"的决策。当政府补贴的概率为 $y = y^*$,$0 < y < y^*$,$y^* < y < 1$ 的三种情况下,企业行为决策演化相位图,如图4-2所示。

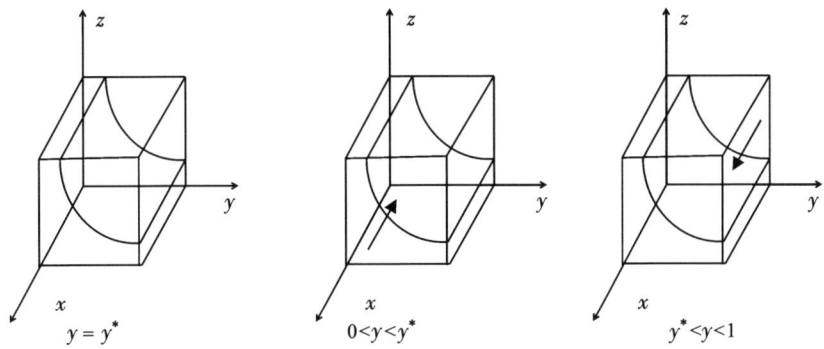

图 4-2　企业行为决策演化相位图

(2) 政府决策的复制动态分析

由政府的复制动态方程 $F(y)$ 可以得出

当 $z = z^* = \dfrac{P_g + Q + F - (C_g + F + S)x}{(C_g + Q) + C_g x}$ 时，$F(y) \equiv 0$，即无论取何值，政府选择"补贴"的概率 $y$ 与时间无关，都是稳定策略。

当 $z \neq z^* = \dfrac{P_g + Q + F - (C_g + F + S)x}{(C_g + Q) + C_g x}$ 时，又可以分为两种情况：

1) 当 $0 < z < \dfrac{P_g + Q + F - (C_g + F + S)x}{(C_g + Q) + C_g x}$ 时，因为 $F'(y)|_{y=0} > 0$，$F'(y)|_{y=1} < 0$，则 $y = 1$ 是演化稳定策略，即当市场选择"购买"策略的概率低于 $\dfrac{P_g + Q + F - (C_g + F + S)x}{(C_g + Q) + C_g x}$ 时，政府最终会做出"补贴"的决策。

2) 当 $\dfrac{P_g + Q + F - (C_g + F + S)x}{(C_g + Q) + C_g x} < z < 1$，因为 $F'(y)|_{y=0} < 0$，$F'(y)|_{y=1} > 0$，则 $y = 0$ 是演化稳定策略，即当市场选择"购买"策略的概率大于 $\dfrac{P_g + Q + F - (C_g + F + S)x}{(C_g + Q) + C_g x}$ 时，政府最终会做出"不补贴"的决策。

当市场购买的概率 $z = z^*$，$0 < z < z^*$，$z^* < z < 1$ 三种情况下，政府行为决策演化相位图，如图 4-3 所示。

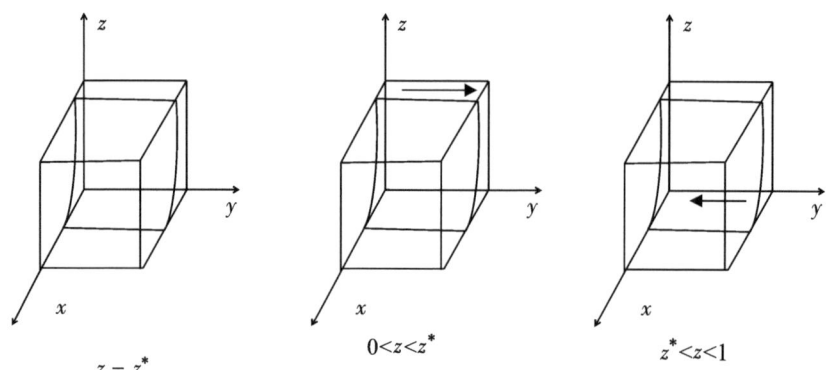

图 4-3　政府行为决策演化相位图

(3) 市场决策的复制动态分析

由市场的复制动态方程 $F(z)$ 可以得出

当 $x = x^* = \dfrac{U_2 - U_1 - Qy}{(1-b)Sy + U_1 + U_2}$ 时，$F(z) \equiv 0$，即无论取何值，市场选择"购买"的概率 $z$ 与时间无关，都是稳定策略。

当 $x \neq x^* = \dfrac{U_2 - U_1 - Qy}{(1-b)Sy + U_1 + U_2}$ 时，又可以分为两种情况：

1) 当 $0 < x < \dfrac{U_2 - U_1 - Qy}{(1-b)Sy + U_1 + U_2}$ 时，因为 $F'(z)|_{z=0} < 0$，$F'(z)|_{z=1} > 0$，则 $z = 0$ 是演化稳定策略，即当企业选择"升级"策略的概率低于 $\dfrac{U_2 - U_1 - Qy}{(1-b)Sy + U_1 + U_2}$ 时，市场最终会做出"不购买"的决策。

2) 当 $\dfrac{U_2 - U_1 - Qy}{(1-b)Sy + U_1 + U_2} < x < 1$，因为 $F'(z)|_{z=0} > 0$，$F'(z)|_{z=1} < 0$，则 $z = 1$ 是演化稳定策略，即当企业选择"升级"策略的概率大于 $\dfrac{U_2 - U_1 - Qy}{(1-b)Sy + U_1 + U_2}$ 时，市场最终会做出"购买"的决策。当企业升级的概率 $x = x^*$，$0 < x < x^*$，$x^* < x < 1$ 三种情况下，市场行为决策的演化相位图，如图 4-4 所示。

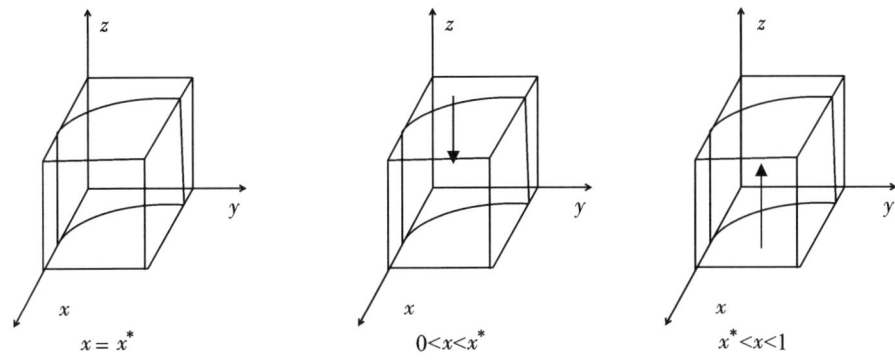

图4-4 市场行为决策演化相位图

由以上分析可知当 $x^* = \dfrac{U_2 - U_1 - Qy}{(1-b)Sy + U_1}$

$$y^* = \dfrac{R_3 - R_2 + C_1 - C_2 - C_3 - (R_1 + R_3)z}{(F+S) - (1-b)Sz}$$

$$z^* = \dfrac{P_g + Q + F - (C_g + F + S)x}{(C_g + Q) + C_g x}$$ 时,"企业—政府—市场"三维动力系统处于稳定状态,企业进行智能化升级的概率与政府的补贴概率、市场是否接受智能化升级带来的绿色安全的产品、政府对非清洁产品征收的附加费以及对升级企业的财政补贴有关;政府对智能化升级补贴的概率与市场是否接受智能化产品、政府财政补贴的金额、企业智能化升级前后的经营收入与成本以及政府是否对不升级企业进行处罚有关;市场购买智能化升级产品的概率与企业智能化升级的概率、政府补贴、政府补贴时花费的成本、政府罚款和政府收益等参数有关,同时主体的相关行为决策不是一成不变的,而是随着这些条件的变化而动态改变,这也再次验证了制造业企业智能化升级是由多种主体相互作用、相互影响和相互制约的动态演进过程。

## 4.3.2 纯策略稳定性分析

根据曾德宏(2012)的结论可知,群体中个体的随机选择或混合策略不是群体的严格纳什均衡状态,多群体演化博弈中纯策略组合才可能是演化博弈的渐进稳定策略组合(记为ESS),即对应于动态复制系统平衡点所对应的策略或策略组合是一个均衡。令 $F(x) = F(y) = F(z) = 0$,用软件

MATLAB 中的 solve 函数求得"企业—政府—市场"三维动力系统一共有 16 个均衡点，但只有 8 个纯策略均衡点，即 $D_1(0,0,0)$、$D_2(0,0,1)$、$D_3(0,1,0)$、$D_4(1,0,0)$、$D_5(0,1,1)$、$D_6(1,1,0)$、$D_7(1,0,1)$、$D_8(1,1,1)$ 是可能的渐进稳定状态，这 8 个均衡点对应 8 个严格纳什均衡过程，只需要在这几个均衡点中找出均衡稳定点即可。

均衡点的稳定性分析可以根据雅克比矩阵(Jacobian)进行，计算雅克比矩阵，如式(4-4)所示：

$$雅克比矩阵 = \begin{bmatrix} \dfrac{\partial F(x)}{\partial x} & \dfrac{\partial F(x)}{\partial y} & \dfrac{\partial F(x)}{\partial z} \\ \dfrac{\partial F(y)}{\partial x} & \dfrac{\partial F(y)}{\partial y} & \dfrac{\partial F(y)}{\partial z} \\ \dfrac{\partial F(z)}{\partial x} & \dfrac{\partial F(z)}{\partial y} & \dfrac{\partial F(z)}{\partial z} \end{bmatrix} \quad (4-4)$$

$$\begin{bmatrix} (1-2x)[C_2-C_1+C_3+R_2-R_3+x(1-x)] & [(F+S)-(1-b)Sz]x(1-x) & [(R_1+R_3)-(1-b)Sz] \\ (F+S)y+(R_1+R_3)z-(1-b)Syz & & \\ y(1-y)[C_gz-(C_g+F+S)] & (1-2y)[P_g+Q+F+C_gxz-y(1-y)[C_gx-(C_g+Q)] & \\ [(C_g+F+S)x-(C_g+Q)z] & & \\ z(1-z)[(U_1+U_2)+(1-b)Sy] & z(1-z)[Q+(1-b)Sx] & (1-2z)[Qy-U_2+U_1x+U_2x+Sxy-Sbxy] \end{bmatrix}$$

根据李雅普诺夫(Lyapunov)第一法可知，当把均衡点代入上式(4-4)后，若矩阵的所有特征值均具有负实部，则该均衡点为 ESS 渐进稳定点；若矩阵至少有一个具有正实部，则该均衡点为不稳定点，若矩阵的特征值至少有一个为零时，则均衡点处于临界状态。将各均衡点代入雅各比矩阵，分析各点的稳定性。以 $D_1(0,0,0)$ 为例，将 $(0,0,0)$ 代入式(4-4)得到矩阵，如式(4-5)所示。

$$\begin{bmatrix} C_2 - C_1 + C_3 + R_2 - R_3 & 0 & 0 \\ 0 & P_g + Q + F & 0 \\ 0 & 0 & -U_2 \end{bmatrix} \quad (4-5)$$

易知式(4-5)是对角矩阵,因此其特征值就是其对角线上的元素,可知其第二个特征值为正数,因此 $D_1(0,0,0)$ 是不稳定点,同理可以求出其他 7 个均衡点的稳定性,如表 4-3 所示。

表 4-3 均衡点稳定性分析

| 均衡点 | 特征值 | 稳定条件 | 稳定性 | 状态编号 |
|---|---|---|---|---|
| $D_1(0,0,0)$ | $C_2-C_1+C_3+R_2-R_3$ | $C_2-C_1+C_3+R_2-R_3<0$ | 不稳定 | |
| | $P_g+Q+F$ | $P_g+Q+F>0$ | | |
| | $-U_2$ | $-U_2<0$ | | |
| $D_2(0,0,1)$ | $C_2-C_1+C_3+R_1+R_2$ | $C_2-C_1+C_3+R_1+R_2<0$ | 不稳定 | |
| | $P_g+Q+F-C_g-Q$ | $P_g+Q+F-C_g-Q<0$ | | |
| | $U_2$ | $U_2>0$ | | |
| $D_3(0,1,0)$ | $C_2-C_1+C_3+R_2-R_3+F+S$ | $C_2-C_1+C_3+R_2-R_3+F+S<0$ | ESS | ① |
| | $-P_g-Q-F$ | $-P_g-Q-F<0$ | | |
| | $Q-U_2$ | $Q-U_2<0$ | | |
| $D_4(1,0,0)$ | $-C_2+C_1-C_3-R_2+R_3$ | $-C_2+C_1-C_3-R_2+R_3<0$ | 不稳定 | |
| | $P_g-Q-C_g-S$ | $P_g-Q-C_g-S<0$ | | |
| | $U_1$ | $U_1>0$ | | |
| $D_5(0,1,1)$ | $C_2-C_1+C_3+R_2+F+R_1+bS$ | $C_2-C_1+C_3+R_2+F+R_1+bS<0$ | 不符合 | ② |
| | $C_g+F-P_g$ | $C_g+F-P_g<0$ | | |
| | $U_2-Q$ | $U_2-Q<0$ | | |
| $D_6(1,1,0)$ | $-C_2+C_1-C_3-R_2+R_3-F-S$ | $-C_2+C_1-C_3-R_2+R_3-F-S<0$ | 不稳定 | |
| | $C_g-P_g+S$ | $C_g-P_g+S<0$ | | |
| | $Q+U_1+(1-b)S$ | $Q+U_1+(1-b)S>0$ | | |
| $D_7(1,0,1)$ | $-C_2+C_1-C_3-R_2-R_1$ | $-C_2+C_1-C_3-R_2-R_1<0$ | ESS | ③ |
| | $P_g-C_g-S$ | $P_g-C_g-S<0$ | | |
| | $-U_1$ | $-U_1<0$ | | |
| $D_8(1,1,1)$ | $-C_2+C_1-C_3-R_2-R_1-bS$ | $-C_2+C_1-C_3-R_2-R_1-bS<0$ | ESS | ④ |
| | $C_g-P_g+S$ | $C_g-P_g+S<0$ | | |
| | $-Q-U_1-(1-b)S$ | $-Q-U_1-(1-b)S<0$ | | |

由表4-3可知,均衡点 $D_1(0,0,0)$、$D_2(0,0,1)$、$D_4(1,0,0)$ 和 $D_6(1,1,0)$ 是不稳定状态,即不管企业、政府和市场初始如何决策,动力系统最终都不会在这些均衡点达到稳定;而均衡点 $D_3(0,1,0)$、$D_5(0,1,1)$、$D_7(1,0,1)$ 和 $D_8(1,1,1)$ 在满足一定条件下是演化稳定点,本书假设 $R_3 - C_2 - C_3 > 0$,即企业在智能化升级之前采用传统模式生产取得的经营收益大于其付出的成本,这也是符合现实情况的,只有收益大于成本时企业才可能盈利,才能在市场上具有生存空间。下面结合不同的稳定条件和状态,分析均衡点动力系统的稳定性。

状态①对应的策略是企业不升级、政府补贴和市场不购买,稳定的条件是 $C_2 - C_1 + C_3 + R_2 - R_3 + F + S < 0$、$-P_g - Q - F < 0$ 和 $Q - U_2 < 0$,因为各参数都是正数,因此 $-P_g - Q - F < 0$ 恒成立,只需考虑 $C_2 - C_1 + C_3 + R_2 - R_3 + F + S < 0$ 和 $Q - U_2 < 0$ 成立时即可,又因 $R_3 - C_2 - C_3 > 0$,因此当企业进行智能化升级所付出的人力、技术和资金等成本超过其升级后获得的额外收益与政府罚款和补贴,即 $C_1 > R_2 + F + S$,并且市场购买传统产品获得的效用大于政府对非清洁产品征收的附加费时即 $U_2 > Q$,企业会趋向于维持现状不进行智能化的改造与升级,政府的最终决策是补贴,而市场也不购买智能化的产品与服务。

状态②对应的策略是企业不升级、政府补贴和市场购买,稳定的条件是 $C_2 - C_1 + C_3 + R_2 + F + R_1 + bS < 0$、$-P_g - Q - F < 0$ 和 $Q - U_2 < 0$,因 $-P_g - Q - F < 0$ 恒成立,所以当企业智能化升级的成本大于企业升级带来经营收益、额外收益与采用传统方式生产时的成本和政府的补贴与罚款之和,即 $C_1 > C_2 + C_3 + R_2 + F + R_1 + bS$,且市场购买传统产品获得的效用大于政府对非清洁产品征收的附加费,即 $U_2 > Q$ 时,企业最终会选择不进行智能化升级,政府对智能化升级进行补贴,市场购买智能化的安全清洁产品。

状态③对应的策略是企业升级、政府不补贴、市场购买,稳定条件是 $-C_2 + C_1 - C_3 - R_2 - R_1 < 0$、$P_g - C_g - S < 0$ 和 $-U_1 < 0$,其中 $U_1 > 0$ 恒成立,因此当企业智能化升级带来的收益之和减去智能化升级成本的数值大于企业采用传统模式生产时的生产成本和额外成本,即 $R_2 + R_1 - C_1 > C_2 + C_3$,政府补贴成本与给予升级企业的财政补贴之和大于政府公信力提升,即

$C_g + S > P_g$ 时,企业最终会选择智能化升级策略,而政府决定进行智能化升级的补贴,市场接受智能化升级企业带来的个性化产品。

状态④对应的策略是企业升级、政府补贴、市场购买,稳定的条件是 $-C_2 + C_1 - C_3 - R_2 - R_1 - bS < 0$、$C_g - P_g + S < 0$ 和 $-Q - U_1 - (1-b)S < 0$,因 $-Q - U_1 - (1-b)S < 0$ 恒成立,因此,当企业采用传统模式生产时的生产成本与额外成本之和大于企业智能化升级的成本减去智能化带来的收益与政府补贴,即 $C_2 + C_3 > C_1 - R_1 - R_2 - bS$,政府因补贴智能化升级而带来公信力和形象的提升大于政府支出的成本与财政补贴之和,即 $P_g > C_g + S$ 时,企业最终会进行智能化升级,政府也会增大对智能化的补贴力度,市场也普遍接受智能化升级带来的更优质的产品。

结合实际情况和文中假设企业、政府和市场三个种群内部的决策不做区分,即企业升级与市场购买相对应,企业不升级与市场不购买相对应,因此只有状态①、③和④是现实情况的渐进稳定状态即 ESS,而状态②当企业不升级时,政府补贴和市场购买不符合实际情况,因此下一节的数值仿真分析仅针对状态①、③和④。

## 4.4 智能化升级动力系统数值仿真分析

本节运用 MATLAB 软件对智能化升级动力系统的三个均衡点的稳定性进行进一步检验,同时分析某些参数变化对系统演化策略的影响,即对系统的关键参数进行灵敏度分析。

### 4.4.1 智能化升级动力系统稳定均衡点数值仿真分析

由上节内容可知,制造业企业智能化升级的动力系统有四个稳定均衡点,但只有 $D_3(0,1,0)$、$D_7(1,0,1)$ 和 $D_8(1,1,1)$ 符合现实假设条件,由于当前我国企业的智能化升级水平处于初级阶段,企业进行智能化升级投入的技术引进、人才培养和软硬件基础设施建设需要付出的成本大于其能够带来的收益,且智能产品不能形成有效的规模市场,因此大部分企业因为风险厌恶而拒绝智能化升级,而各级政府会对少数进行智能化改造升级的企业实行税收减免或财政补贴的支持政策以提高竞争力,因厂商较少导致市场上的智能化产品稀缺其所占据的市场份额可以忽略不计,此阶段对应的是智能化早期的状态①;状态④是智能化升级的过渡阶段,此时智能化升级企业仍需要政府补贴以抵消高昂的成本,此时智能产品也逐渐被市场接受。而状态③所对应的情况是智能化升级的高级阶段,随着智能化升级的深入实施,企业种群中的大部分已经完成智能化改造,智能化升级的企业因智能技术带来的极致生产力提升引起智能产品的大规模供应,从而产生了规模经济和范围经济并存的状态,其智能化产品价格大幅度降低而被市场广泛接受,智能化升级的成本大大降低,此时不需要政府补贴,其智能化升级带来的收益远大于其付出的成本,智能化升级的动力系统形成了良性的正反馈,因此制造业企业智能化升级由初级阶段到高级阶段需要经历状态①→状态④→状态③。

现将用 MATLAB 软件对企业、政府和市场的交互行为过程的稳定状态进行数值仿真检验。首先结合实际情况,将企业、政府和市场行为决策的初始概率 $(x_0,y_0,z_0)$ 赋予不同值,分别将其赋予 0.1、0.3、0.5、0.7、0.9 和 1。

赋予数组 1: $P_g=16, C_g=6, S=4, R_1=12, R_2=3, C_1=13, b=0.6, R_3=10, C_2=6, C_3=2, U_1=8, U_2=4, F=4, Q=3$;数组 1 既满足状态①的稳定条件 $C_1>R_2+F+S$,$U_2>Q$ 又满足状态④的稳定条件 $C_2+C_3>C_1-R_1-R_2-bS$ 和 $P_g>C_g+S$,三方经过多次博弈后的稳定策略是在均衡点 $D_3(0,1,0)$ 和 $D_8(1,1,1)$,如图 4-5 所示。

赋予数组 2: $P_g=9, C_g=6, S=4, R_1=12, R_2=3, C_1=6, b=0.6, R_3=10, C_2=6, C_3=2, U_1=8, U_2=4, F=4, Q=3$;数组 2 满足满足状态③的稳定条件 $R_2+R_1-C_1>C_2+C_3$ 和 $C_g+S>P_g$,三方经过多次博弈后的稳定策略在均衡点 $D_7(1,0,1)$,如图 4-6 所示。

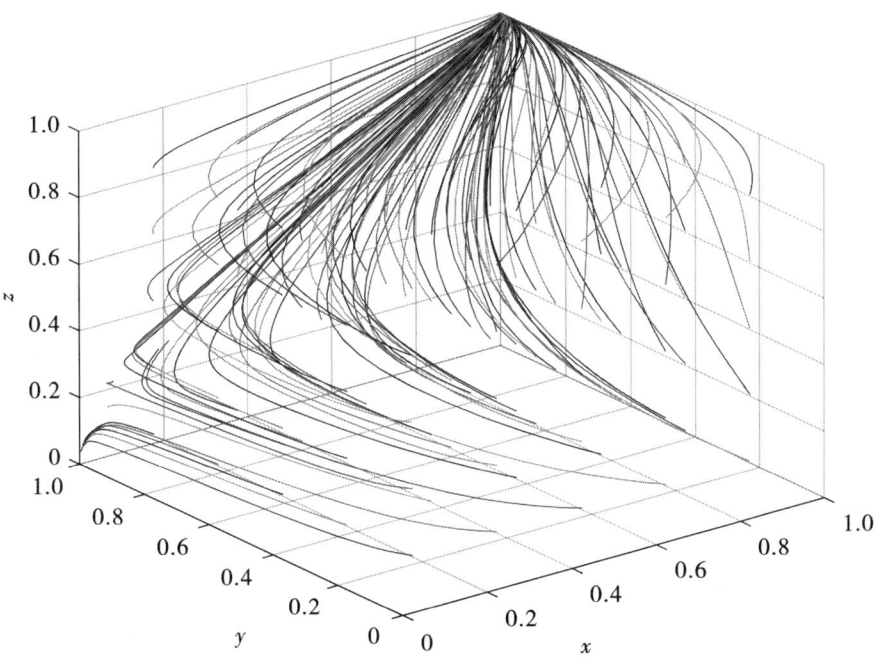

图4-5 状态①和④数值仿真分析

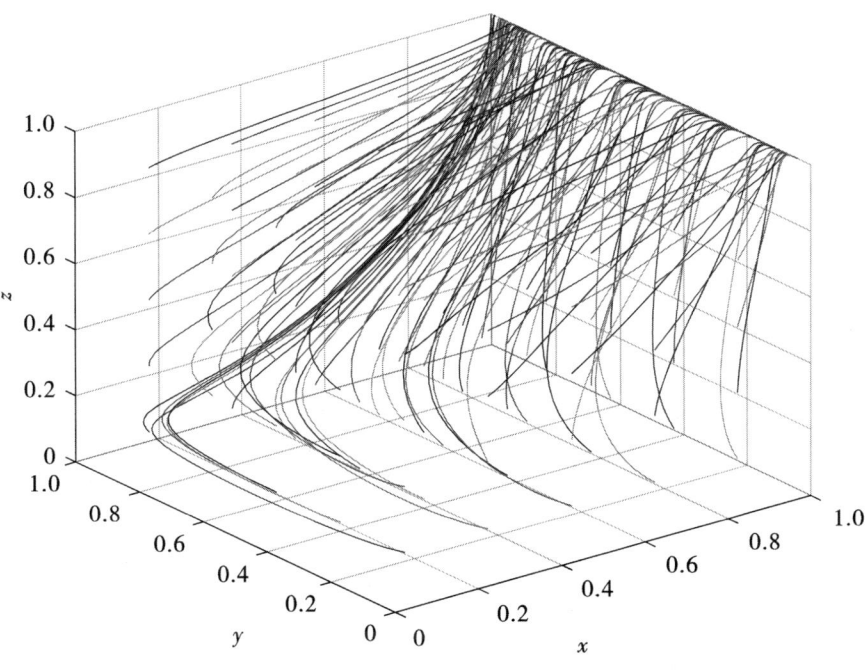

图4-6 状态③数值仿真分析

从图 4-5 和 4-6 可以看出,结论与理论分析一致,博弈主体的决策与智能化升级的收益和成本,政府的罚款与补贴以及智能化产品与传统产品为市场带来的效用等关键参数有关,且数值大小会影响主体向稳定策略演化的方向、速率及路径,这为下一节针对参数变化对系统的稳定性产生的影响分析奠定了基础。

### 4.4.2 智能化升级动力系统的演化路径分析

智能化升级动力系统的关键参数值大小会影响企业、政府和市场主体最终的稳定策略,现选取符合我国当前现实情况的数组 1 的基础上,对动力系统中关键参数变化对系统灵敏度带来的影响进行模拟仿真。通过均衡点的数值模拟情况可知,主体的初始策略概率取值不同会影响动力系统向稳定策略演进的路径,又通过分析状态①的稳定条件 $C_1 > R_2 + F + S$,$U_2 > Q$ 和状态④的稳定条件 $C_2 + C_3 > C_1 - R_1 - R_2 - bS$ 和 $P_g > C_g + S$ 可以发现,制造业企业智能化升级所花费的成本、政府对智能化升级企业的补贴以及政府对未升级企业的罚款是影响动力系统演进路径的关键参数,因此本节将赋予初始策略概率值 $(x_0, y_0, z_0)$,智能化升级的成本 $C_1$,政府罚款和 $F$ 政府的补贴 $S$ 以不同的数值大小来检验关键参数改变时,动力系统演化路径的灵敏度变化。

(1) 主体初始策略不同时的模拟仿真

1) 在数组 1 的基础上,令 $y_0 = z_0 = 0.5$,即假设政府补贴和市场购买的初始概率均为 0.5,令企业的初始概率 $x_0$ 分别取 0.1、0.3、0.5、0.7 和 0.9 即企业选择智能化升级的概率依次从低到高时,企业最终升级的概率 $x$ 随时间 $t$ 的演进情况,如图 4-7 所示;在数组 1 的基础上,令 $x_0 = 0.5$,即假设企业进行智能化升级的初始概率为 0.5,对政府补贴的概率 $y$ 和市场购买的概率 $z$ 在 [0,1] 区间上随机赋值,得到企业决策随时间演化的曲线,如图 4-8 所示。

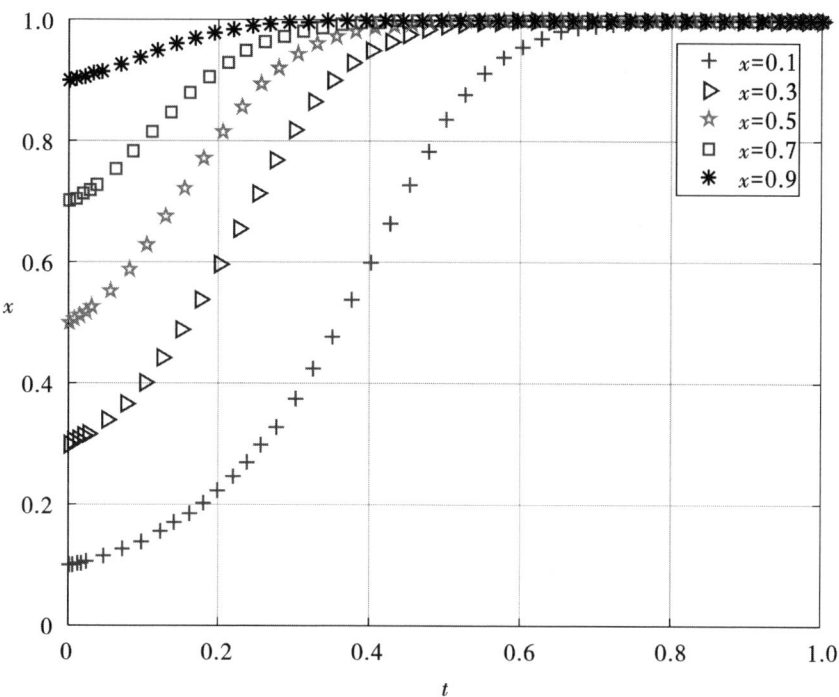

图 4-7　企业初始决策随时间演化曲线

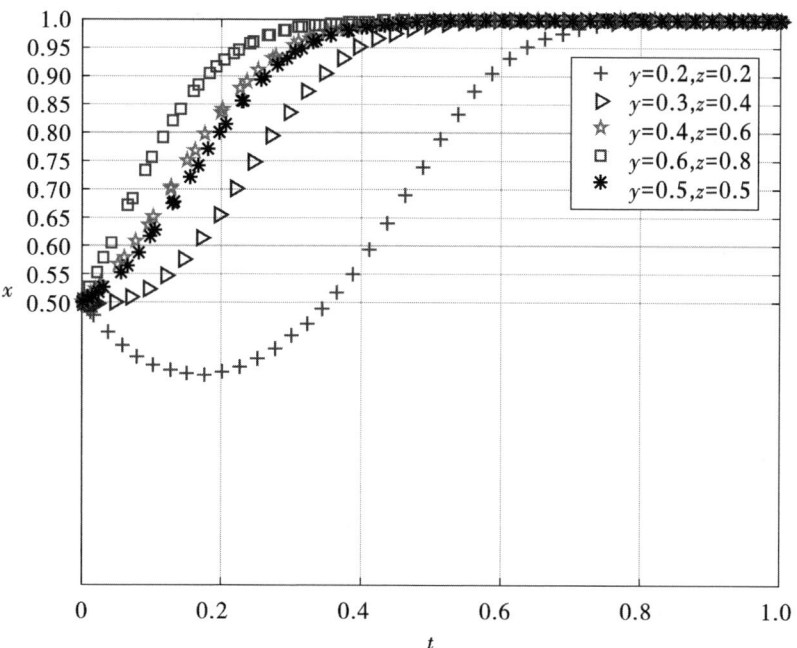

图 4-8　$x_0 = 0.5$ 时，$y$ 和 $z$ 取不同值时企业决策概率随时间演化曲线

由图 4-7 和图 4-8 可知,企业决策随时间演化曲线都会稳定在 $x = 1$ 的位置,即在状态①的稳定条件下,无论企业初始如何决策,以及政府是否补贴和市场是否购买,经过多次博弈后企业最终都会选择智能化升级的策略。从图 4-7 可以看出,企业升级初始概率不同时对企业最终策略的演化时间和速率的影响是不同的,企业初始概率越高达到稳定状态所需时间越短,即博弈的次数越少;同时观察图 4-7 中各条曲线的斜率是由小变大,再由大变小,最后趋于稳定,即随着博弈次数的增多,企业种群内进行智能化升级的比例增长速度由低到高,最后全部选择智能化升级的策略;对比曲线 $x = 0.1$ 和 $x = 0.9$ 可以得到企业种群内部选择智能化升级策略的企业占比越高,未进行智能化升级的企业选择升级的速率越慢,即未升级的企业进行智能化升级的意愿越低。从图 4-8 可以看出,政府补贴和市场购买的概率不同会影响企业最终决策的演化时间和演化速率,政府补贴和市场购买的概率越高,企业决策达到稳定状态所需的时间越短,即博弈的次数越少;观察图 4-8 中各条曲线(曲线 $y = 0.2, z = 0.2$ 除外)的斜率是由小变大,再由大变小,最后趋于稳定,即随着博弈次数的增多企业种群内进行智能化升级的比例由低到高,最后全部选择智能化升级的策略,这与图 4-7 的结论一致;而观察图 4-8 中的曲线 $y = 0.2, z = 0.2$ 斜率最开始是负值,随着博弈次数的增加逐步变为正值,最后趋于稳定,表明政府补贴概率和市场购买的概率较小时,企业种群内部最初会经历因智能化升级成本较高和市场不接受等导致一部分企业转型失败而转向传统生产方式的情况,随着博弈次数增多,企业进行智能化升级的比例才会提升,直到全部企业选择智能化升级策略。

2)在数组 1 的基础上,令 $x_0 = z_0 = 0.5$,即假设企业升级和市场购买的初始概率均为 0.5,令政府补贴的初始概率 $y_0$,分别取 0.1、0.3、0.5、0.7 和 0.9,即政府对智能化升级补贴的概率依次从低到高时,政府最终补贴的概率 $y$ 随时间 $t$ 的演进情况如图 4-9 所示;在数组 1 的基础上,令 $y_0 = 0.5$,即假设政府对智能化升级进行补贴的初始概率为 0.5,对企业升级的概率 $x$ 和市场购买的概率 $z$ 在 $[0,1]$ 区间上随机赋值,得到政府决策随时间演化的曲线,如图 4-10 所示。

4  制造业企业智能化升级动力系统的演化博弈分析　　097

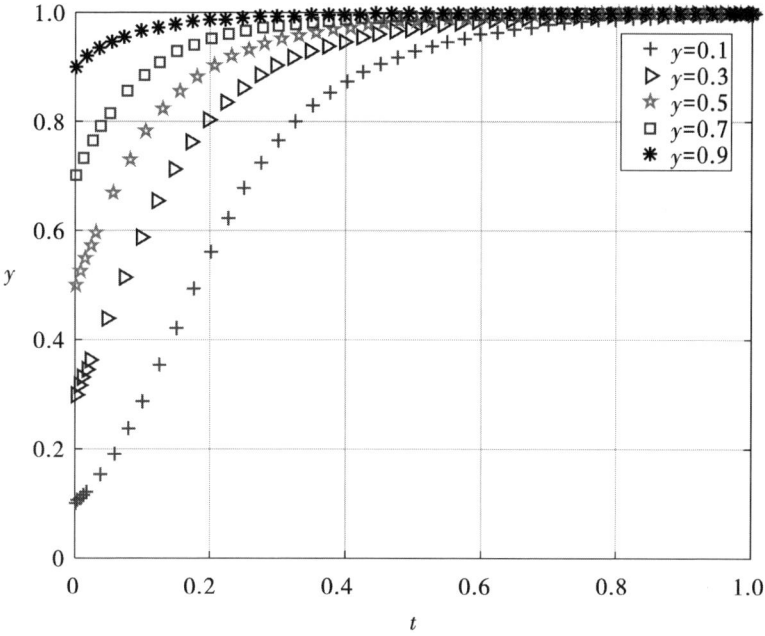

图 4-9　政府初始决策随时间演化曲线

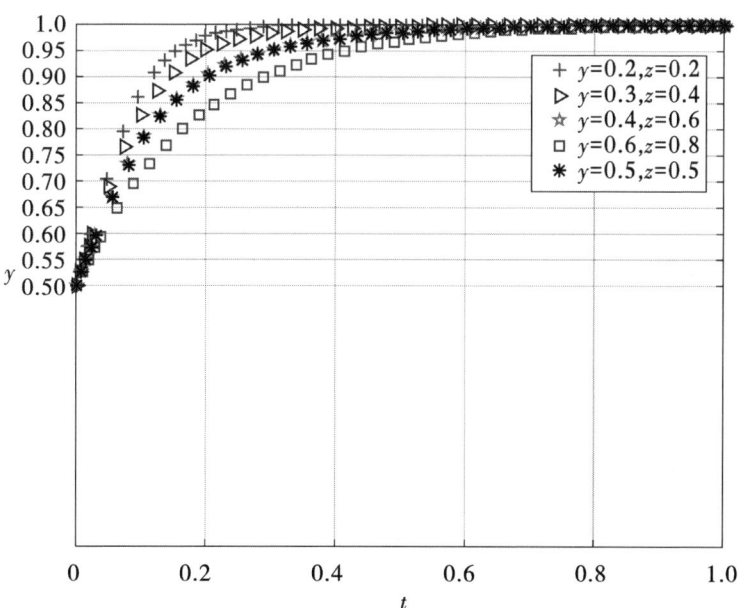

图 4-10　$y_0 = 0.5$ 时，$x$ 和 $z$ 取不同值时政府决策概率随时间演化曲线

由图 4-9 和图 4-10 可知,政府决策概率随时间演化曲线都会稳定在 $y=1$ 的位置,即在状态①的稳定条件下无论政府初始如何决策,以及企业是否升级和市场是否购买,经过多次博弈后,政府最终都会选择对智能化升级进行补贴的策略。从图 4-9 可以看出,政府补贴初始概率不同时对政府最终策略的演化时间和速率的影响是不同的,政府初始概率越高达到稳定状态所需的时间越短,即博弈的次数越少;同时观察图 4-9 中各条曲线的斜率是由大变小,并趋于稳定,即随着博弈次数的增多各级政府对智能化补贴的比例增长速率由快变慢,并全部对智能化升级进行补贴;对比曲线 $y=0.1$ 和 $y=0.9$ 可以得到,各级政府对智能化升级补贴的占比越高而未补贴的政府选择补贴的速率越慢,即未补贴的政府对智能化升级进行补贴的意愿越低。从图 4-10 可以看出,企业升级和市场购买的概率不同会影响政府策略最终决策的演化时间和演化速率,企业升级和市场购买的概率越高,政府决策达到稳定状态所需的时间越长,即博弈的次数越多;观察图 4-10 中各条曲线的斜率是由大变小,并趋于稳定,即随着博弈次数的增多各级政府补贴智能化升级的比例增长速率变慢,这与图 4-9 的结论一致;而对比图 4-10 中的曲线 $x=0.2, z=0.2$ 和曲线 $x=0.6, z=0.8$ 可以看出,企业智能化升级和市场购买的概率越高政府进行补贴的概率越低,且各级选择补贴的增长速率越低,即越多的企业进行智能化升级和市场接受度高的政府进行补贴的意愿越低。

3)在数组 1 的基础上,令 $x_0=y_0=0.5$,即假设企业升级和政府购买的初始概率均为 0.5,令市场购买的初始概率 $z_0$ 分别取 0.1、0.3、0.5、0.7 和 0.9,即市场购买智能化产品和服务的初始概率依次从低到高时,市场最终购买的概率 $z$ 随时间 $t$ 的演进情况,如图 4-11 所示;在数组 1 的基础上,令 $z_0=0.5$,即假设市场购买智能化安全产品的初始概率为 0.5,对企业升级的概率 $x$ 和政府补贴的概率 $y$ 在 $[0,1]$ 区间上随机赋值,得到市场决策随时间演化的曲线,如图 4-12 所示。

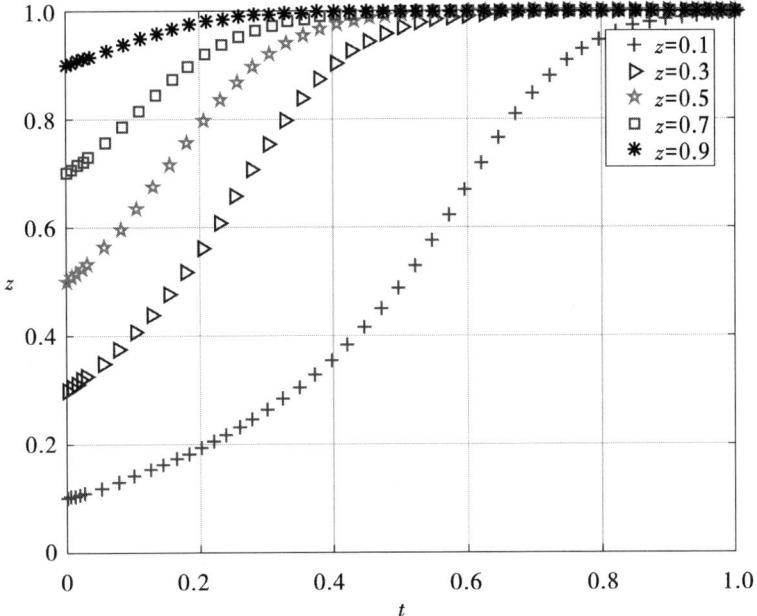

图 4-11　市场初始决策随时间演化曲线

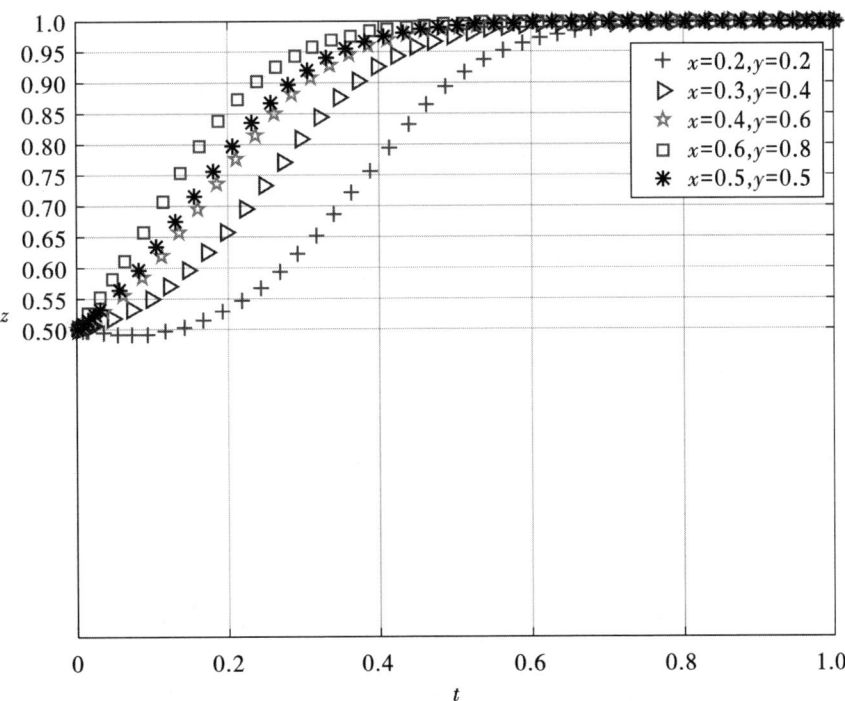

图 4-12　$z_0 = 0.5$ 时，$x$ 和 $y$ 取不同值时市场决策概率随时间演化曲线

由图 4-11 和图 4-12 可知，市场决策随时间演化曲线都会稳定在 $z=1$ 的位置，即在状态①的稳定条件下无论市场初始如何决策，以及企业是否升级和政府是否补贴，经过多次博弈后市场最终都会选择购买智能化产品和服务的策略。从图 4-11 可以看出，市场购买初始概率不同时对市场最终策略的演化时间和速率的影响是不同的，市场初始概率越高达到稳定状态所需的时间越短，即博弈的次数越少；同时观察图 4-12 中各条曲线的斜率是由小变大，再由大变小，最终趋于稳定，即随着博弈次数的增多市场种群内进行购买智能化产品的比例增长速率由低到高，再变小，最终全部选择购买的策略；对比曲线 $z=0.1$ 和 $z=0.9$ 可以得到各级市场选择购买策略的占比越高未接受智能化升级的市场选择接受的速率越慢，即未接受的市场购买智能化产品的意愿越低。从图 4-12 可以看出，企业升级和政府购买的概率不同会影响市场最终决策的演化时间和演化速率，企业升级和政府的概率越高，市场决策达到稳定状态所需的时间越短，即博弈的次数越少；观察图 4-12 中各条曲线的斜率是由小变大，再由大变小，最终趋于稳定，即随着博弈次数的增多市场种群内接受智能化升级的比例由低到高增长，最终全部购买智能化产品的策略，这与图 4-10 的结论一致；而对比图 4-12 中的曲线 $x=0.2$，$y=0.2$ 和曲线 $x=0.6$，$y=0.8$ 可以看出，企业智能化升级和政府补贴的概率越高市场购买的概率越高，且各级选择补贴的增长速率越高，即越多的企业进行智能化升级和政府补贴市场接受智能化产品和服务的意愿越高。

（2）智能化升级成本 $C_1$ 不同时的模拟仿真

在数组 1 的基础上，将智能化升级的成本分别赋予不同的值 $C_1=13$、$C_1=10$ 和 $C_1=15$，假设企业升级、政府补贴和市场购买的初始概率均为 0.3，即 $x_0=y_0=z_0=0.3$，时间步长设为 50，得到动力系统随智能化成本变化时系统的演化路径如图 4-13 所示。由图 4-13 可知，在系统演化至稳定点的过程中，企业智能化成本下降能够加快系统向稳定点演化的速度，随着智能化成本的上升，政府补贴和市场购买的概率均上升，而企业进行智能化升级的概率下降。

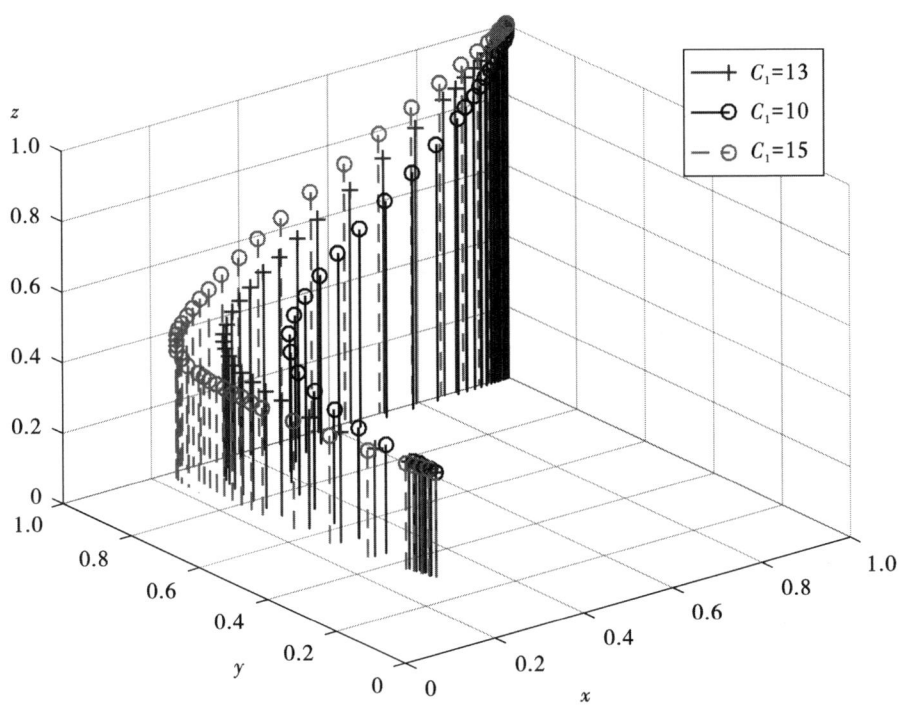

图 4-13 智能化升级的成本变化时系统的演化路径

(3) 政府罚款不同时的模拟仿真

在数组 1 的基础上,将政府罚款参数分别赋予不同的值 $F=4$、$F=5$ 和 $F=3$,假设企业升级、政府补贴和市场购买的初始概率均为 0.3,即 $x_0=y_0=z_0=0.3$,时间步长设为 50,得到动力系统随政府罚款参数变化时的演化路径,如图 4-14 所示。由图 4-14 可知,在系统演化至稳定点的过程中,政府罚款减少会加快系统向稳定点演化的速度,随着政府罚款的增加,政府补贴和市场购买的概率均下降,而企业进行智能化升级的概率上升。

(4) 政府补贴不同时的模拟仿真

在数组 1 的基础上,将政府补贴参数分别赋予不同的值 $S=4$、$S=5$ 和 $S=3$,假设企业升级、政府补贴和市场购买的初始概率均为 0.3,即 $x_0=y_0=z_0=0.3$,时间步长设为 50,得到动力系统随政府补贴参数变化时的演化路径,如图 4-15 所示。由图 4-15 可知,在系统演化至稳定点的过程中,政府补贴增加会加快系统向稳定点演化的速度,随着政府补贴的增加,政府补贴和市场购买的概率均下降,而企业进行智能化升级的概率上升。

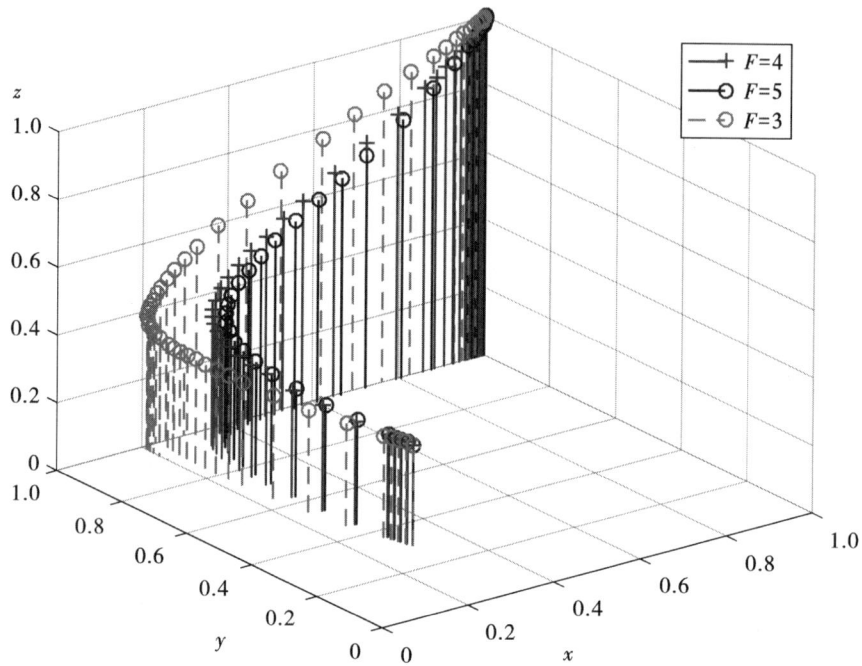

图 4-14　政府罚款参数变化时系统的演化路径

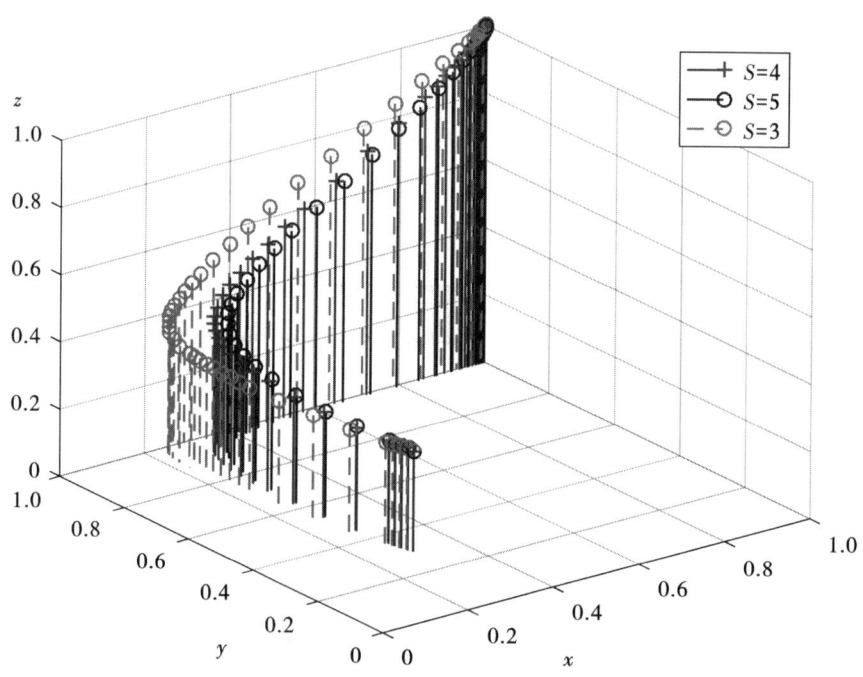

图 4-15　政府补贴参数变化时系统的演化路径

本章用演化博弈理论对制造业企业智能化升级动力系统进行分析,并用 MATLAB 软件对智能化升级系统进行数值模拟,主要研究结论如下:

1)通过构建"企业—政府—市场"三方演化博弈模型,得到了智能化升级动力系统参与主体的复制动态方程 $F(x)$、$F(y)$ 和 $F(z)$,求解复制动态方程得到"企业—政府—市场"三维动力系统处于稳定状态时,企业进行智能化升级的概率与政府的补贴概率、市场是否接受智能化升级带来的绿色安全的产品、政府对非清洁产品征收的附加费以及对升级企业的财政补贴有关;政府对智能化升级补贴的概率与市场是否接受智能化产品、政府财政补贴的金额、企业智能化升级前后的经营收入与成本以及政府是否对不升级企业的处罚有关;市场购买智能化升级产品的概率与企业智能化升级的概率、政府补贴、政府补贴时花费的成本、政府罚款和政府收益等参数有关,同时主体的相关行为决策不是一成不变的,而是随着这些条件的变化而动态改变,这也再次验证了制造业企业智能化升级是由多种主体相互作用、相互影响和相互制约的动态演进过程。

2)通过对"企业—政府—市场"三维动力系统的八个纯策略均衡点,即 $D_1(0,0,0)$、$D_2(0,0,1)$、$D_3(0,1,0)$、$D_4(1,0,0)$、$D_5(0,1,1)$、$D_6(1,1,0)$、$D_7(1,0,1)$、$D_8(1,1,1)$ 是可能的渐进稳定状态分析可知,因此只有均衡点 $D_3(0,1,0)$、$D_7(1,0,1)$ 和 $D_8(1,1,1)$ 对应的状态①、③和④是符合现实情况的渐进稳定状态即 ESS,由于当前我国企业的智能化升级水平处于初级阶段,企业进行智能化升级投入的技术引进、人才培养和软硬件基础设施建设需要付出的成本大于其能够带来的收益,因此各级政府都会对进行智能化改造升级的企业实行税收减免或财政补贴的支持政策,此阶段对应的是状态①和状态④。而状态③所对应的情况是智能化升级的高级阶段,企业种群中的大部分已经完成智能化改造,其智能化产品也被市场广泛接受,智能化升级的成本大大降低,此时不需要政府补贴,其智能化升级带来的收益远大于其付出的成本,智能化升级的动力系统形成了良性的正反馈,因此制造业企业智能化升级由初级阶段到高级阶段需要经历状态①→状态④→状态③。

3) 运用 MATLAB 软件对满足均衡点 $D_8(1,1,1)$ 稳定条件的数值进行模拟仿真,数值模拟结果与理论分析一致,即博弈主体的决策与智能化升级的收益和成本,政府的罚款与补贴以及智能化产品与传统产品为市场带来的效用等关键参数有关,且关键参数取不同数值时会对主体向稳定策略演化的方向、速率及路径产生影响。

# 5 制造业上市企业智能化水平评价研究

本章运用数据挖掘法识别智能硬件与智能软件关键词频数表示智能化的强度水平,并结合其他传统指标运用主成分分析法测算制造业上市企业智能化指数。介绍制造业上市企业样本分布情况,依据客观性和数据可获得性等原则构建制造业上市企业智能化水平评价指标体系,并用主成分分析法测算智能化水平,详细分析不同地区和不同行业智能化升级水平的差异性。

## 5.1 制造业上市企业样本分布情况

我国连续多年持续保持世界第一制造大国地位,为全球各国提供大量廉价商品的同时,也拓宽了贸易渠道又反哺国内增强市场主体活力和实力,但在某些关键领域仍与西方发达国家存在差距,如高端操作系统、智能图像处理芯片、高精度光刻机、芯片设计软件、航空和舰用发动机等仍未完成国产化替代制约着自主创新前进的步伐,尤其是近年来随着产业结构调整变化制造业增加值占GDP比重有明显下降趋势,因此推动制造业企业智能化升级避免空心化是迫切和必要的。随着智能技术与产业深度融合应用,以数字产业化和产业数字化为特征的数字经济取得了近乎直线增长的趋势,我国2021年数字经济规模再创新高其占GDP比重达到39.8%,其中智能化技术在不同产业的渗透赋能作用显著取得了快速增长,如图5-1所示。2004—2020年,我国制造业企业总数近似呈线性增长,年均增速达到8.63%,其中进行智能化升级的企业数量年增速为11.77%,呈现出制造业由"低端制造"向"高端智造"转型升级的发展态势。本节主要介绍制造业上市企业的样本分布情况。

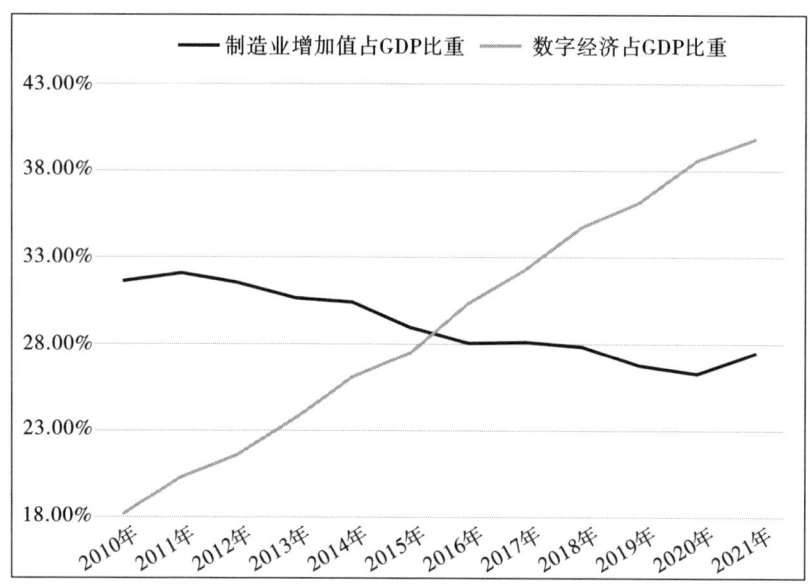

图 5-1　我国制造业增加值和数字经济占 GDP 比重

## 5.1.1　研究样本与数据来源

本书选取我国 2010—2021 年在 A 股上市的制造业企业作为研究对象（我国港澳台地区除外）,采用的是年度数据,相关数据来自 CSMAR 数据库、Choice 金融终端、巨潮资讯和国家统计局网站等。根据研究需要对样本进行处理:①删除存在数据缺失的样本;②删除被 ST 和 PT 的样本;③由于异常值的存在可能对回归结果产生不利影响,因此对采用的变量作缩尾处理,处理水平选择 1%;④由于采用 DEA-Malmquist 指数法测算的全要素生产率要求样本数据为平衡面板,因此将制造业上市企业样本处理为平衡面板。经过数据处理,获得 820 家制造业上市企业的 9840 个样本,本章运用的相关计算软件是 SPSS25.0。

## 5.1.2 样本空间分布

从地域分布来看,样本企业遍布于我国31个省,其中东部、中部、西部和东北地区[①]制造业上市企业数分别是334家、102家、324家和60家。可以看出,虽然制造业上市企业在地区间分布较为均衡,但地区内部却存在分布严重不均衡的现象,如东部地区拥有制造业上市企业最多的是上海市(123家),最少的是福建省(8家);西区地区拥有制造业上市企业最多的是云南省(96家),最少的是青海省(2家);东北地区拥有制造业上市企业最多的是吉林省(52家),最少的是黑龙江省(1家)。

## 5.1.3 样本行业分布

从行业分布来看,样本企业行业分布广泛包含了29个大类行业,几乎涵盖了所有制造业的细分行业,然而企业数量占比在不同行业间存在较大差异。企业数量最多的行业是计算机、通信和其他电子设备制造业,共121家占总样本的14.76%;医药制造业企业数量排名第二,共107家,占总样本的13.05%;电气机械和器材制造业样本数量排第三,共89家,占总样本的10.85%,其余26类行业占比均未超过10%,其中皮革、毛皮、羽毛及其制品和制鞋业,木材加工及木、竹、藤、棕、草制品业,家具制造业,废弃资源综合利用业制造业上市企业样本最少,分别占0.24%、0.24%、0.12%、0.12%。另外,7大类高技术产业企业数量共369家,占比达到45.02%,也表明我国制造业整体向着高技术、高品质的高端生态位迈进的趋势增强。

---

① 东部地区包括北京、天津、河北、上海、江苏、浙江、福建、山东、广东和海南。中部地区包括山西、安徽、江西、河南、湖北和湖南。西部地区包括内蒙古、广西、重庆、四川、贵州、云南、西藏、陕西、甘肃、青海、宁夏和新疆。东北地区包括辽宁、吉林和黑龙江。

## 5.2 制造业上市企业智能化水平测算

本章在第2章基于CPS理论的智能化水平概念基础上用智能指标与传统指标融合的方式构建制造业上市企业智能化水平指标体系，用客观赋权的主成分分析法测算对应的智能化指数，并对制造业上市企业智能化水平分地区、分行业进行总结分析。

### 5.2.1 构建智能化水平评价指标体系

我国高度重视企业的智能化转型工作以推进制造业高质量发展，自2015年以来试点并颁布了多项国家标准用于评价企业各方面的智能化发展水平，既有对智能制造综合能力的成熟度评估方法与模型，也有智能化改造后产生的价值效益参考模型，更有对生产设备绩效和供应链数字化等方面的具体评价办法，以强化指导智能技术与企业应用加速融合提高应对不确定性风险的能力。同时在2017年上线了涵盖31个制造业大类的智能制造评估评价公共服务平台，并定期发布《智能制造发展指数报告》，这些评价标准虽然都是针对微观企业层面智能化的衡量指标，但是这些指标并没有建立专门的数据库进行统计，上市企业年报中也没有相关数据披露。此外，某些标准也大多是描述性的定性衡量，缺乏具体的数据支撑，尤其作为直观反映企业智能化发展水平的工业机器人指标数据只有国际机器人联合会（IFR）发布的国家和行业数据，但具体到我国企业层面的工业机器人数据是缺失的，并且常用的工业机器人指标往往只能体现智能化的单一侧面。因此，构建综合指标体系的方式测算制造业企业智能化水平，比单一指标能更全面反映智能化多维度的发展情况。此外，也有学者尝试用"企业当年是否进行智能化升级"的"0-1"虚拟变量对智能化水平进行测度，但这种处理方法难以体现智能化水平的"强度"，单凭虚拟变量无法准确衡量企业智能化转型的程度或者说阶段。基于此，本书根据构建评价指标体系的真实客观性、连续可比性和可获得性原则，并结合第2章智能化应具备的关键技术能

力和第3章中智能化能力的动力机制构建如表5-1所示的智能化水平评价指标体系,各指标的具体含义如下:

表5-1 制造业上市企业智能化水平评价指标体系

| 目标层 | 指标 | 具体指标/单位 | 属性 |
|---|---|---|---|
| 智能化水平 | 硬件基础 | 电子设备原值/元×智能硬件词频数 | 正向 |
| | 软件基础 | 软件账面值/元×智能软件词频数 | 正向 |
| | 人才基础 | 软件人员/人 | 正向 |
| | 资本基础 | 研发支出/元 | 正向 |
| | 研发强度 | 研发支出与营业收入之比/% | 正向 |
| | 创新能力 | 研发人员与员工总数之比/% | 正向 |

(1)硬件基础

硬件基础是智能化的物理基础,智能车间、智能工厂中需要大量的硬件传感器、互联网设备等进行物理世界的数据搜集、传输、集成和处理,这些硬件基础条件不仅影响新一代信息技术的应用效率,也影响企业智能化升级进程与深度,本书选取电子设备原值作为硬件基础的基本硬件代理指标。同时借鉴戚聿东和蔡呈伟(2020)、李婉红和王帆(2021)做法即采用文本挖掘法分析手动收集的样本企业年度报告,利用特定关键词①出现的频率作为智能硬件的代理指标,特定关键词在当年年报中出现的频次能够代表企业对智能化升级的重视程度,并将电子设备原值×智能硬件词频数作为智能化升级水平的硬件基础代理指标,该指标能够同时表征传统设备和智能设备的发展水平。

(2)软件基础

软件基础是智能化的信息基础,制造业企业智能化将从物理世界搜集的各种数据进行集成计算分析,即转移到网络空间需要依赖软件强大的计

---

① 智能硬件的特定关键词有智能制造、工业机器人、物联网、信息物理系统、网络物理系统、工业互联网、智能传感器、云制造、人机交互、智能工厂、智能车间、智能终端、控制器、工业4.0、5G等。

算能力才能实现,如企业采用 ERP 系统、CSM 系统、CRM 系统、MES 系统和 PLM 系统等完成采购、生产、库存、质量和经营管理的智能化升级离不开工业软件的支撑,本书选用软件账面值作为软件基础的基本软件代理指标。同时也借鉴戚聿东和蔡呈伟(2020)、李婉红和王帆(2021)做法,即采用文本挖掘法分析样本企业年度报告,利用特定关键词①出现的频率作为智能软件的代理指标,并将软件账面值×智能软件词频数作为智能化升级水平的软件基础代理指标,该指标能够同时表征一般办公软件和高端智能软件的发展水平。

(3)人才基础

第四次工业革命则体现为机器智能与人类脑力劳动相结合,不仅提高了体力劳动生产率,也提高了智力劳动的效率,因此人才基础是智能化的核心,无论是智能硬件基础设施,还是智能软件算法都依赖人类所掌握知识的进步,人才是科技进步的核心,掌握关键核心技术的高端人才决定着新一代信息技术吸收与扩散的广度和深度,是影响制造业企业智能化升级的关键因素,人才基础是配置硬件和软件资源有效配置的关键力量,因此人才基础是物质基础发挥作用的必要条件。智能化涉及的人才资本又体现为研发人员掌握的新思维、新知识和新技能,研发人员的规模越大其专业领域的互补与促进效应越显著,其对智能化水平的促进作用越明显,因此本书选用研发人员数作为反映人才基础情况的代理指标。

(4)资本基础

资本基础是智能化的必要条件,智能化改造需要投入大量的智能设备和智能人才,然而这些高投入在短期内无法快速转化为利润增长和效率改善,使得原本资本薄弱的企业没有动力实施智能化改造,已有研究也表明,越是资本雄厚的企业越有动力实施智能化改造,因此资本基础是智能化的重要衡量指标,而研发支出作为资本基础的具体表现形式可以保障研发工作顺利进行以及激发研发人员创新热情进行新产品技术开发而提高企业智能化升级的能力,因此本书选用研发支出指出作为资本基础的代理指标。

---

① 智能软件的特定关键词有大数据、云计算、云平台、云存储、机器学习、深度学习、人工智能、工业云、工业软件、区块链、感知技术、智能识别、高级算法、数字孪生、ERP、CRM、MES、MIS、PLM、EDA、SCADA、RFID 等。

(5)研发强度

研发强度用研发支出占营业收入的比值表示,数值越高表明企业更看重技术创新能够调整自己的投资方向将内外部创新资源重点投入新知识、新技术的引进与吸收以指导研发生产,越有利于树立科学的转型升级理念提升智能化水平。

(6)创新能力

创新能力用研发人员占职工人数的比值表示,研发人员占比越高其技术扩散、技术溢出的效应越显著,同时企业的研发人员利用自身的资源能够加强与科研院所、高校等机构的沟通合作,从而提升企业利用外部资源进行协同创新的能力越有助于推动智能化转型升级。

## 5.2.2　主成分分析法测算智能化水平

构建的制造业上市企业智能化水平评价指标体系中 6 个指标之间存在明显的相关性会造成多重共线性问题,主成分分析法是客观赋权又能剔除指标相关性的评价方法,因此本书采用软件 SPSS25.0 运用主成分分析法测算制造业企业的智能化水平。

(1)KMO 和巴特利特球形检验

KMO 和巴特利特检验用于验证所构建的制造业上市企业智能化水平评价指标体系是否适合采用主成分分析法,具体结果如表 5-2 所示。

表 5-2　KMO 和 Bartlett 检验

| KMO 取样适切性量数 | Bartlett 检验 | | |
|---|---|---|---|
| | 近似卡方 | 自由度 | 显著性 |
| 0.707 | 36 874.041 | 15.000 | 0.000 |

表 5-2 的相关结果表明,各指标在高度显著水平上的相关性为 0.707,说明采用主成分分析法测算企业智能化发展水平是适宜和恰当的。

(2)提取主成分

根据特征值大于 1 且累积方差贡献度大于 80% 的原则提取主成分,智能化水平评价指标体系的特征值和方差贡献度的结果,如表 5-3 所示。

表5-3　特征值和方差贡献率

| 成分 | 初始特征值 | | | 提取载荷平方和 | | |
| --- | --- | --- | --- | --- | --- | --- |
| | 总计 | 方差百分比 | 累积百分比 | 总计 | 方差百分比 | 累积百分比 |
| 1 | 2.483 | 64.924 | 64.924 | 2.483 | 64.924 | 64.924 |
| 2 | 1.384 | 17.452 | 82.375 | 1.384 | 17.452 | 82.375 |
| 3 | 0.866 | 9.627 | 92.002 | | | |
| 4 | 0.578 | 4.291 | 96.293 | | | |
| 5 | 0.478 | 2.526 | 98.819 | | | |
| 6 | 0.212 | 1.181 | 100.000 | | | |

由表5-3可知,智能化水平指标体系中有2个主成分的特征值高于1,取值分别为2.483、1.384,提取到的智能化水平评价指标2个主成分,对应的方差百分比分别达到41.384%、23.066%,累积的方差贡献度达82.375%,表明智能化水平评价指标2个主成分能够代表原来的6个变量,对应的碎石图,如图5-2所示。

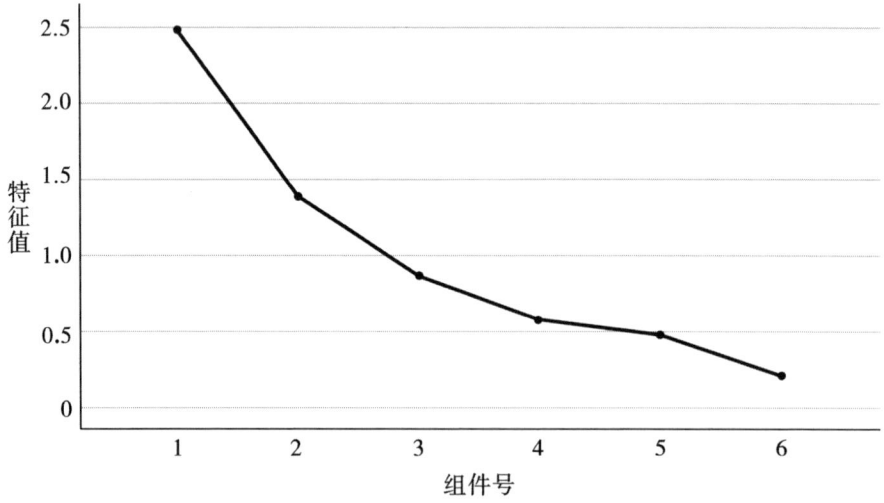

图5-2　智能化评价指标特征值碎石图

(3) 计算制造业上市企业智能化水平指数

首先,将智能化水平升级评价指标的2个主成分分别命名为 $F_1$、$F_2$,其成分矩阵,如表5-4所示。表5-4中的数值代表2个主成分与智能化水平评价指标变量的相关系数,并除以主成分特征值的平方根,得到各指标的特征向量,如表5-5所示。

表5-4 成分矩阵表

| 变量 | 主成分 $F_1$ | 主成分 $F_2$ |
| --- | --- | --- |
| $Z_1$ 研发支出 | 0.821 | -0.304 |
| $Z_2$ 研发人员人数 | 0.858 | -0.071 |
| $Z_3$ 软件账面原值×智能软件词频数 | 0.688 | -0.353 |
| $Z_4$ 电子设备原值×智能硬件词频数 | 0.359 | -0.369 |
| $Z_5$ 研发支出与营业收入之比 | 0.418 | 0.740 |
| $Z_6$ 研发人员数量与员工总数之比 | 0.544 | 0.692 |

表5-5 特征向量矩阵表

| 变量 | 主成分 $F_1$ | 主成分 $F_2$ |
| --- | --- | --- |
| $Z_1$ 研发支出 | 0.521 | -0.259 |
| $Z_2$ 研发人员人数 | 0.545 | -0.060 |
| $Z_3$ 软件账面原值×智能软件词频数 | 0.436 | -0.300 |
| $Z_4$ 电子设备原值×智能硬件词频数 | 0.228 | -0.313 |
| $Z_5$ 研发支出与营业收入之比 | 0.265 | 0.629 |
| $Z_6$ 研发人员数量与员工总数之比 | 0.345 | 0.588 |

其次,据此可以写出智能化水平的2个主成分的表达式,如式(5-1)和式(5-2)所示。

$$F_1 = 0.521Z_1 + 0.545Z_2 + 0.436Z_3 + 0.228Z_4 + 0.2265Z_5 + 0.345Z_6 \tag{5-1}$$

$$F_2 = -0.259Z_1 - 0.060Z_2 - 0.300Z_3 - 0.313Z_4 + 0.629Z_5 + 0.588Z_6$$
(5-2)

最后,以智能化水平的单个主成分特征值除以两者特征值之和的数值为权重得到模型,如式(5-3)所示。

$$智能化水平 = \frac{2.483}{2.483+1.384}F_1 + \frac{1.384}{2.483+1.384}F_2 \quad (5\text{-}3)$$

通过式(5-3)即可得到制造业上市企业的智能化升级水平综合得分值,即为制造业上市企业智能化指数。

## 5.2.3 制造业上市企业智能化指数结果分析

通过5.2.2节的计算步骤可以得到制造业上市企业的智能化指数,由于样本数较多,因此本节只对不同地区和不同行业的智能化发展水平的差异性进行分析。

(1)企业所处不同地区的智能化水平

1)横向比较:将企业历年智能化指数的平均值由大到小按照所处省份整理,如表5-6所示。可以看出各省份智能化发展水平存在较大差异,其中北京、湖北、广东的制造业上市企业智能化水平较高,分别达到0.519、0.187、0.177;甘肃、青海、宁夏的制造业上市公司近年来智能化水平较低,分别为-0.620、-0.625、-0.825。制造业上市企业分地区智能化水平来看,东部地区最高可以达到-0.342,中部地区其次为-0.408,东北地区排名第三为-0.506,西部地区智能化水平最低为-0.524。

表5-6 企业所处不同地区的智能化水平

| 地区 | 平均值 | 中位数 | 标准差 | 地区 | 平均值 | 中位数 | 标准差 |
| --- | --- | --- | --- | --- | --- | --- | --- |
| 北京 | 0.519 | 0.044 | 1.53 | 湖南 | -0.17 | -0.419 | 0.958 |
| 湖北 | 0.187 | -0.347 | 1.39 | 江苏 | -0.173 | -0.479 | 0.985 |
| 广东 | 0.177 | -0.193 | 1.263 | 河北 | -0.199 | -0.574 | 1.093 |
| 天津 | 0.079 | -0.039 | 0.952 | 山西 | -0.207 | -0.571 | 1.002 |
| 河南 | 0.005 | -0.324 | 1.121 | 海南 | -0.234 | -0.316 | 0.597 |

续表 5-6

| 地区 | 平均值 | 中位数 | 标准差 | 地区 | 平均值 | 中位数 | 标准差 |
|---|---|---|---|---|---|---|---|
| 福建 | 0.003 | -0.434 | 1.229 | 云南 | -0.261 | -0.501 | 0.86 |
| 四川 | -0.006 | -0.419 | 1.195 | 贵州 | -0.288 | -0.462 | 0.752 |
| 陕西 | -0.01 | -0.238 | 0.937 | 吉林 | -0.294 | -0.498 | 0.833 |
| 江西 | -0.057 | -0.582 | 1.245 | 黑龙江 | -0.332 | -0.552 | 0.838 |
| 山东 | -0.059 | -0.382 | 1.125 | 内蒙古 | -0.342 | -0.619 | 0.797 |
| 上海 | -0.069 | -0.479 | 1.225 | 广西 | -0.434 | -0.625 | 0.654 |
| 辽宁 | -0.099 | -0.462 | 1.082 | 西藏 | -0.577 | -0.668 | 0.587 |
| 浙江 | -0.108 | -0.452 | 0.955 | 甘肃 | -0.62 | -0.971 | 0.889 |
| 安徽 | -0.114 | -0.379 | 0.968 | 青海 | -0.625 | -0.828 | 0.42 |
| 新疆 | -0.129 | -0.487 | 1.203 | 宁夏 | -0.825 | -1.072 | 0.498 |
| 重庆 | -0.162 | -0.452 | 1.261 | 合计 | -0.030 | -0.401 | 1.148 |

2)纵向比较:将企业智能化指数的平均值按照年份绘制,如图 5-3 所示。可以看出随着数字技术与产业融合发展,我国制造业智能化指数整体呈现增长态势,由 2010 年的-1.087 提升至 2021 年的 0.355,各地区历年增长趋势虽然相似,但在同一时间维度发展不平衡现象明显,智能化指数由高到低依次是东部、中部、东北和西部地区,这与横向比较的结论一致。此外,还能够看出,制造业企业智能化指数经历了三个不同阶段:第一阶段从 2010—2015 年,智能化指数处于较低水平,并且除了在 2011 年智能化指数有较为明显的增长速率,其他年份增长率几乎为零;第二阶段是 2015—2019 年,智能化指数的增长速率大幅提升,这与国家在 2015 年开始将智能制造作为国家顶层战略规划的主攻方向后密集颁布的一系列产业政策激励有关,强大的风向标在全国范围内掀起智慧车间、无人工厂、智能应用等试点浪潮,推动企业大踏步迈向智能化改造新征程;第三阶段是 2019 年至今,智能化指数也在稳步上升,但与第二阶段相比较增长速率放缓,这与新冠疫情和逆全球化潮流带来的人力、资本不足以及产业链供应链缺乏韧性而造成的冲击有关。

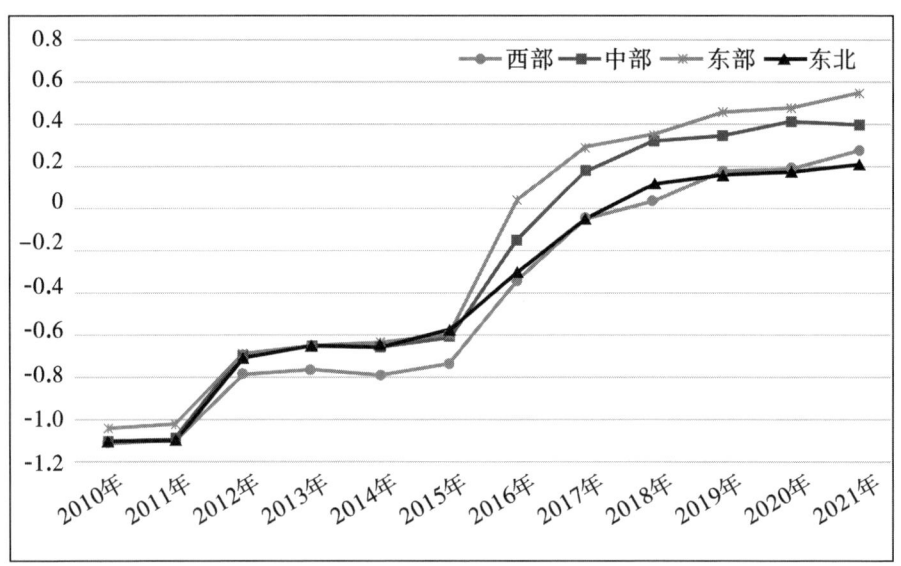

图5-3 智能化指数分地区历年发展趋势

(2) 企业所处不同行业的智能化水平

将制造业企业智能化指数平均值按照所处行业整理,如图5-4所示。可以看出各行业间智能化指数差异比较显著,尤其在智能化水平较高的行业标准差都超过了1,而智能化指数较低的行业标准差数值较小,表明智能化指数较高的行业内企业发展的不均衡现象更加显著。以计算机、通信和其他电子设备制造业(智能化指数最高为0.665)为代表的7类高技术产业智能化指数整体要高于传统行业,高技术产业本身就是新一代信息技术的试验田和孵化地,是新技术、新知识最先应用的领域,然后才向传统领域扩散,因此其智能化指数水平较高。此外,某些传统行业推崇纯手工制造等观念,导致其机器设备的采用率不高而造成智能化指数较低,如皮革制品业(智能化指数取值为-0.84)和酒茶制造业(取值为-0.668)的智能化水平低,排名在后两位。而另外一些传统行业如汽车制造业其产业自身的机械、电气化水平较高,再加上国家对新能源产业的大力补贴,智能化技术与汽车制造业融合发展孵化出智能汽车、车联网、网约车等新产品和新应用场景,新一代信息技术的赋能与渗透作用使汽车制造业的智能化指数有了较大提升,指数取值为0.29在行业中位居第三。

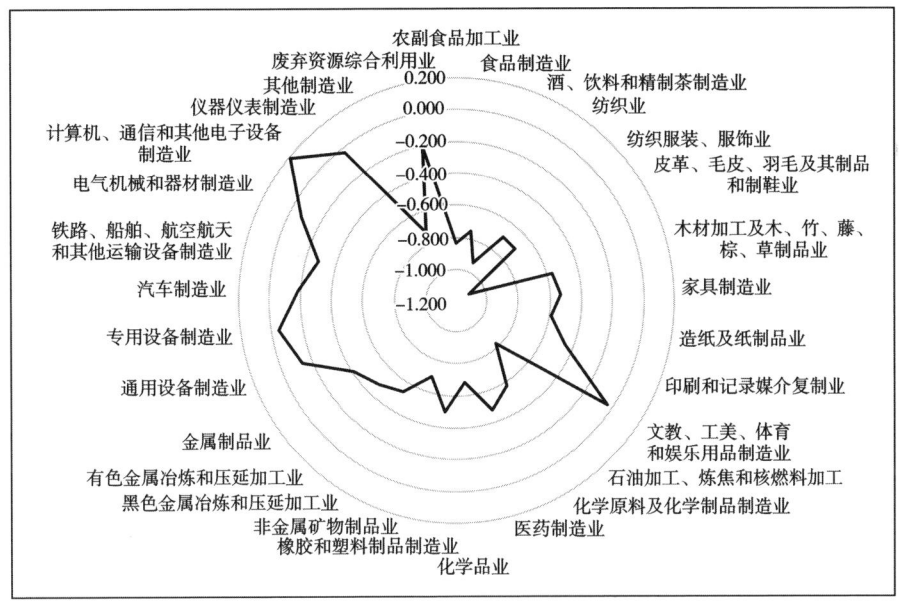

图 5-4　制造业企业分行业智能化指数

本章用主成分分析法对制造业企业的智能化水平进行测算,得出 2010—2021 年在 A 股上市的制造业企业的智能化指数,主要研究结论是我国整体制造业整体智能化指数呈现稳步提升的趋势,但是区域发展不平衡现象显著,按照智能化指数由高到低依次是东部、中部、东北和西部地区,同时不同行业内和行业间智能化发展水平也存在较大差异,尤其是高技术产业的智能化指数明显高于传统制造行业。

# 6 智能化影响制造业企业全要素生产率的作用机制研究

本章以全要素生产率作为制造业企业效率的技术效率维度检验智能化水平的影响机制与效应。本节进行理论分析、提出研究假设,并用DEA-Malmquist指数法测算2010—2021年A股制造业上市企业的全要素生产率;经过相应检验后采用固定效应模型验证智能化水平对企业全要素生产率的直接影响机制,并用中介效应模型验证技术创新、员工平均薪酬、薪酬差距和成本黏性在智能化水平影响制造业企业全要素生产率中的作用路径;用调节效应模型验证要素密集度、所有权性质和市场份额的调节作用是否存在。

## 6.1 理论分析与研究假设

由前文所述可知,智能化水平通过促进技术创新、优化资源配置、加强价值共创、组织流程再造等理论机制优化劳动力结构、降低成本黏性、提升产品质量等路径影响制造业企业的全要素生产率和管理效率。由于难以直接获取理论机制中某些指标数据,因此本节以技术创新、员工平均薪酬和薪酬差距、成本黏性分别作为技术创新、劳动力结构、生产成本的代理变量研究智能化水平对制造业企业全要素生产率的间接影响。本节在分析智能化水平对企业全要素生产率的直接作用机制后,给出智能化水平通过技术创新、员工平均薪酬和薪酬差距、成本黏性的间接路径影响制造业企业全要素生产率的理论基础,同时认为企业的一些异质性特征如要素密集度、所有权性质和市场份额等的不同导致影响存在差异。

## 6.1.1 智能化对制造业企业全要素生产率的直接作用

企业智能化是智能工业化的微观体现,将打破原有工业化的路径依赖重塑企业的组织结构、运营管理、生产设计等环节,实现制造业企业生产过程柔性智能、资源配置高效协调、销售管理精准有效。制造业企业智能化能够降低企业的交易成本,改善资源错配状况,消除不同组织和部门之间的"数据孤岛",从而缓解供求双方信息不对称,使闲置资源与定制需求精准匹配,实现资源高效协同的优化配置而直接提升制造业企业全要素生产率。首先,智能化能够提升制造业企业的外部协同能力,降低搜寻、交易、运输成本等,实现不同组织和产业间的效率提升,如智能供应链和工业互联网平台的集成应用有助于实现上下游组织的资源共享,同时加快与传统产业的渗透与融合,提升产业和组织要素利用效率提升企业利用外部资源的效率。其次,智能化能够提升制造业企业的内部整合能力,提高企业利用内部资源的效率和扩大企业营业范围,如柔性制造系统的应用能够减少原材料消耗,降低成本,缩短生产制造周期,提高制造效率;智能营销系统突破了时空的界限,更精准地挖掘消费者的需求,提升销售和服务效率。

此外,由于企业所处区域拥有的人才素质、产业政策支持、地理区位、资本投资等资源禀赋存在较大不同,从而使得智能化水平对全要素生产率的赋能作用存在差异。具体来说,人力资本和金融资本发达、政策制度支持力度大和市场更开放的地区,新型基础设施更完善,智能化技术更先进,能够加快要素之间的扩散和流动,更易于实现要素的合理利用和优化配置,智能化水平在这些地区的渗透与赋能作用更强,而配套产业政策缺乏、教育资源落后以及远离口岸的内陆等地区智能化对全要素生产率的提升作用相对较弱。同时,高新技术企业本身就是新一代信息技术的孵化器和首用地,智能化最先在高技术企业和产业展开,然后才扩散至传统产业和企业。因此从产业视角来看,智能化与不同行业的融合水平和影响程度制约着其对全要素生产率的提升效应,即智能化在高技术与传统产业对企业全要素生产率的影响具有行业异质性。基于此,提出以下假设:

Ha1:智能化对制造业企业全要素生产率具有直接正向的促进作用,但存在区域和行业异质性。

## 6.1.2 智能化对制造业企业全要素生产率的中介作用

智能化水平的提高能够增强企业利用内外部资源的能力,将资源更合理配置在适宜部门而直接提升全要素生产率,还能够通过技术创新,提升员工平均薪酬,缩小薪酬差距以及降低成本黏性,实现对制造业企业全要素生产率的间接影响。

首先,智能化技术的应用能通过技术创新的中介路径提高制造业企业全要素生产率。企业采用智能技术对业务流程进行改进优化,能够推动技术创新不断涌现,特别是基于顾客服务和体验的产品与商业模式发生了变革性改变,传统的技术创新是由产品制造商在产品的基础上主导的,而智能化的技术创新是基于客户服务和体验的创新,智能化使信息沟通更加便捷和高效,促使企业根据消费者反馈实现产品迭代创新满足市场需求。而技术创新带来的产品创新和商业模式创新会促使企业进行资源的合理优化配置,从而提高了企业全要素生产率,如将更多的人力资本投入与顾客的线上信息交流减少线下销售人员的投入等方面。因此,提出以下假设:

Ha2:技术创新在智能化与制造业企业全要素生产率间的中介作用路径,即智能化提升企业技术创新能力,而技术创新又提升要素的投入产出效率。

其次,智能化能够优化劳动力结构,实现劳动力资源优化配置,显著提高了员工的平均薪酬,并扩大了高技能人才与低技能员工之间的薪酬差距而提升企业要素生产率。一方面,智能化具有劳动力替代效应即大量机器设备的应用取代了部分中低端的劳动力,而得以保留的中低端技能员工也是能够熟练操作智能机器的劳动力需要提供较高的薪酬水平才能获得,从而提高了低技能员工的平均薪酬。另一方面,智能化使企业增加了对高技术人才的需求以承担非常规的创新型任务,如进行智能设备的开发设计、智能生产线的优化检测等,进而能够提升高技能人才的平均薪酬。此外,由于高技能人才的培养和引进需要投入大量的资源和长时间的知识累积,且高技能人才能够推动知识加速流动和外溢为企业带来较高的收益,相对来说低技能员工较为容易被替代且为企业带来收益不显著,这加剧了高技能人才和低技能员工之间的薪酬差距。根据激励理论可知,员工平均薪酬和薪酬差距的加大能够有效激发员工主动学习新知识的积极能动性,从而改进工作方式,提高创造力,从而提升企业要素生产率。据此,提出以下假设:

Ha3:员工人均薪酬在智能化与制造业企业全要素生产率间的中介作用,即智能化能够提高员工平均薪酬而优化资源配置,提升全要素生产率。

Ha4:薪酬差距在智能化与制造业企业全要素生产率间的中介作用,即智能化能够扩大高低技能员工间的薪酬差距,促进创新要素流动,提升全要素生产率。

最后,智能化能够减少企业交易和管理成本,降低成本黏性,提升制造业企业全要素生产率。企业将根据环境变化调整成本支出而产生成本黏性,智能化有利于企业管理者获取完全信息提高管理和决策水平,降低企业硬件购置成本风险和经营管理风险,使资源调整成本相对较低。此外,智能化能够使企业所有人借助先进的智能化技术获取信息减弱因信息不对称而产生的代理风险,加大对代理人的动态监督提升信息传递效率而降低代理成本,降低成本黏性。智能化能够通过企业的业务收入和利润水平预测市场需求的变化,实时动态调整资源的投入水平,同时借助于工业互联网平台企业可以较低成本,获取互补资源,降低资源利用门槛和成本黏性,提高资源的利用率从而提升企业全要素生产率。因此,提出以下假设:

Ha5:成本黏性在智能化与制造业企业全要素生产率间的中介作用,智能化通过降低成本黏性,进而影响制造业企业全要素生产率。

## 6.1.3 智能化对制造业企业全要素生产率的调节作用

智能化对制造业企业而言需要投入大量的沉没成本购置智能设备和软件,企业所属行业属性、要素密集度、产权性质和市场份额等特征会作用于智能化的影响效应,是企业在进行智能化升级时应考虑的现实问题,因此探讨要素密集度、所有权性质和市场份额在其中可能发挥的调节作用对于指导制造业企业成功实施智能化升级,提升企业全要素生产率具有理论意义。

首先,企业智能化对不同生产要素的需求强度不同,主要体现在劳动力要素和资本要素,其他生产要素如知识和管理都是依赖于高级人力资本的脑力创造,技术和经验等也由掌握相应技能的劳动力提供,作为新生产要素的数据收集、运算与综合分析更是依靠智能设备和高端劳动力才能发挥作用,这些要素都需要资本的注入作为纽带进行设备和高级人才的引进,因此本书将制造业企业按照要素密集度划分为劳动密集型和资本密集型两类。企业进行智能化升级购置先进的智能设备和引进高技能人才都需要大量的资本投入,资本越密集的企业,其智能设备、智能软件和高技能人才越丰富,越有利于技术的扩散和创新提升企业整体的技术水平,同时资本密集型企业集聚带来的高投资溢出效应会进一步提升对其他生产要素的吸引力,促使生产要素流动到更合适的岗位,促使企业内部资源形成良性循环,提升全要素生产率。而劳动密集型企业仍依赖低端劳动力的成本优势,其设备的使用率不高,要素间流动几近停滞,导致整体配置效率不高。因此,提出以下假设:

Ha6:要素密集度在智能化水平与全要素生产率之间起正向调节作用,即企业资本要素越密集,智能化对全要素生产率的提升作用越显著。

其次,因为国有与私有企业不同的激励机制造成了两者之间的资源配置效率不同,所以企业产权性质不同会造成智能化水平对全要素生产率的影响效应存在差异。国有企业因组织管理、制度建设、治理模式等缺乏灵活性,不能快速响应外部市场需求变化,因有政府担保使得市场机制无法对国有企业实施有效监督,更容易造成国有企业效率低下。同时,相对于非国有企业,国有企业容易发生代理风险,导致监管失灵而盲目扩张经营,造成资源闲置、冗余,抑制企业全要素生产率的提升。因此,提出以下假设:

Ha7:企业所有权对智能化与全要素生产率的关系起正向调节作用,但与国有企业相比,非国有企业的灵活机制使得智能化水平的正向作用更强。

最后,企业市场份额的大小会影响管理层对智能化技术的判断与决策,对全要素生产率的提升作用也不同,即市场份额在两者之间存在调节作用。制造业市场集中度较高,技术、数据等资源和市场收益大多集中于少数的大企业,但拥有较大市场份额和收益的大企业可能存在路径依赖,削弱了它们进行持续创新的激励导致失去产品改进的动力,从而错失智能化带来的战略机遇,如曾经占据功能机最大市场份额的手机巨头诺基亚就因未及时进行智能化变革而错失了智能手机市场。此外,占据较大市场份额的企业内部可能因效率差异而存在"鲍莫尔病",使得劳动力反而从进步部门转移至停滞部门,从而抑制企业全要素生产率的提高。而市场份额较小的企业具有更强的"船小易转向"的战略灵活性,能更敏锐地捕捉到市场变化而快速进行组织适应,开展智能化改造而提升生产率。据此,提出以下假设:

Ha8:市场份额在智能化水平与全要素生产率之间起负向调节作用,市场份额越高,智能化水平对全要素生产率的作用越小。

基于以上假设,构建本章的全要素生产率理论模型,如图6-1所示。

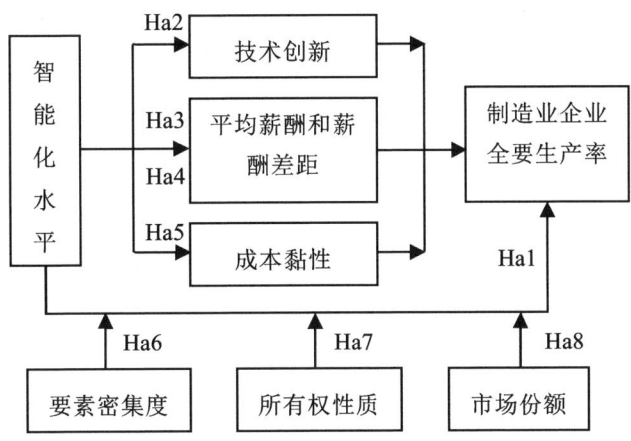

图6-1 全要素生产率理论模型

## 6.2 制造业上市企业全要素生产率测算

本节在分析不同效率评价方法的基础上,采用 DEA-Malmquist 指数模型测算 2010—2021 年 A 股制造业上市企业的全要素生产率作为技术效率的表征,并对评价结果进行总结与分析。

### 6.2.1 DEA-Malmquist 指数模型介绍

技术效率指的是在现有资源约束下,不增加有形投入也不减少产出的情况下达到帕累托最优效率状态。当前理论界常用的主流测算技术效率的方法按照是否需要设定参数分为三种:第一种是需设定参数,如索洛余值、随机前沿等;第二种是半参数方法,如 OP 和 LP 法等;第三种是非参数的方法,如 DEA 和增长核算等。其中前两种方法需要设定生产函数,是一种参数法,且当生产函数存在随机误差时容易忽略技术效率的作用,而 DEA-Malmquist 指数法是在 DEA 模型和 Malmquist 指数相结合不需要设定生产函数的前提下,测算同类型决策单元的多投入和多产出的技术效率,此外该方法能够反映技术效率在时间维度关于技术和规模经济性的动态演变,因此本书选用 DEA-Malmquist 指数法更贴合研究实际。

假设企业样本在 $t$ 时期利用技术将各种生产要素 $x$ 转化的产出用 $y$ 表示,则 $t$ 时期和 $t+1$ 时期的 Malmquist 生产率指数分别可以写为式(6-1)与(6-2):

$$M_t(x^t, y^t, x^{t+1}, y^{t+1}) = \frac{D_k^t(x_n^{t+1}, y_n^{t+1})}{D_k^t(x_n^t, y_n^t)} \quad (6-1)$$

$$M_{t+1}(x^t, y^t, x^{t+1}, y^{t+1}) = \frac{D_k^{t+1}(x_n^{t+1}, y_n^{t+1})}{D_k^t(x_n^t, y_n^t)} \quad (6-2)$$

式(6-1)与式(6-2)在经济含义中对称,将它们的几何平均值定义为全要素生产率(Tfpch),如式(6-3)所示。

$$M(x^t, y^t, x^{t+1}, y^{t+1}) = \sqrt{M_t \times M_{t+1}} = \sqrt{\frac{D_k^t(x_n^{t+1}, y_n^{t+1})}{D_k^t(x_n^t, y_n^t)} \times \frac{D_k^{t+1}(x_n^{t+1}, y_n^{t+1})}{D_k^t(x_n^t, y_n^t)}}$$

(6-3)

全要素生产率(Tfpch)可以分解为技术效率变动(Effch)与技术进步(Techch)的乘积,即 Tfpch=Effch×Techch。技术效率变动又可以分解为纯技术效率(Pech)和规模效率(Sech),即 Effch=Pech×Sech,式(6-3)可以分解为式(6-4):

$$\text{全要素生产率(Tfpch)} = M(x^t, y^t, x^{t+1}, y^{t+1})$$

$$= \frac{D_k^{t+1}(x_n^{t+1}, y_n^{t+1})}{D_k^t(x_n^t, y_n^t)} \times \sqrt{\frac{D_k^t(x_n^{t+i}, y_n^{t+i})}{D_k^{t+i}(x_n^{t+i}, y_n^{t+i})} \times \frac{D_k^t(x_n^t, y_n^t)}{D_k^{t+1}(x_n^t, y_n^t)}} \quad (6-4)$$

$$\times \left( \sqrt{\frac{D_k^{t+i}(x_n^t, y_n^t)}{D_k^{t+i}(x_n^{t+1}, y_n^{t+1})} \times \frac{D_k^t(x_n^t, y_n^t)}{D_k^t(x_n^{t+1}, y_n^{t+1})}} \times \frac{y^{t+i}}{y_t} \right)$$

其中,纯技术效率(Pech) = $\dfrac{D_k^{t+1}(x_n^{t+1}, y_n^{t+1})}{D_k^t(x_n^t, y_n^t)}$,

技术进步效率(Techch) = $\sqrt{\dfrac{D_k^t(x_n^{t+i}, y_n^{t+i})}{D_k^{t+i}(x_n^{t+i}, y_n^{t+i})} \times \dfrac{D_k^t(x_n^t, y_n^t)}{D_k^{t+1}(x_n^t, y_n^t)}}$,

规模效率(Sech) = $\sqrt{\dfrac{D_k^{t+i}(x_n^t, y_n^t)}{D_k^{t+i}(x_n^{t+1}, y_n^{t+1})} \times \dfrac{D_k^t(x_n^t, y_n^t)}{D_k^t(x_n^{t+1}, y_n^{t+1})}} \times \dfrac{y^{t+i}}{y_t}$。

由公式 Tfpch=Effch×Techch=Pech×Sech×Techch 可以分析引起企业效率变化的具体因素和变量,为未来实施变革指明发展路径明确转型方向,上述指数 Tfpch、Effch、Techch、Pech 和 Sech 的取值若大于 1 表示对应的效率是增长趋势,若取值等于 1 或小于 1 表示效率不变或下降。

## 6.2.2 制造业上市企业全要素生产率指标体系

为保证研究符合企业生产情况,在选择投入和产出指标方面遵循代表性、全面性和客观性等原则,借鉴吴越(2022)和季凯文(2015)的做法构建制造业上市企业全要素生产率评价指标体系,如表 6-1 所示。

本书的样本企业数量为 820 家满足 DEA-Malmquist 模型要求的投入产出指标数目的两倍以上,采用软件 DEAP 2.1 计算企业的全要素生产率。

表6-1 制造业上市企业全要素生产率评价指标体系

| 类型 | 指标名称 | 指标说明 |
| --- | --- | --- |
| 投入指标 | 固定资产净值 | 是企业固定资产原值减去累计折旧,能够反映企业在物质资本要素的投入情况 |
| | 员工总数 | 用企业年度员工总数表示,能够反映企业所投入人力资本的情况 |
| 产出指标 | 总资产主营业务收益率 | 能够减少人为操作可能性,可以客观真实反映企业经营水平 |
| | 营业收入 | 用主营业务收入表示,是企业的主要经营成果的体现,能够全面反映企业的产出水平 |
| | 净利润 | 能够反映企业投入转化成利润的能力 |

## 6.2.3 制造业上市企业全要素生产率结果分析

因篇幅限制,本节仅针对制造业上市企业的全要素生产率按照不同地区和不同行业进行分析,而不再对全要素生产率的分解效率做进一步的分析。

(1)企业所处不同地区的全要素生产率

1)横向比较:将企业历年全要素生产率的平均值由大到小按照所处省份绘制,如图6-2所示。从总体来看,各省平均全要素生产率都呈现正向增长趋势,但不同省份全要素生产率具体增长速率存在较大差异,其中云南、新疆、天津的制造业上市企业全要素生产率平均增速最快排在前三位,分别达到11.1%、11%、9.7%;安徽、海南、青海的制造业上市企业增速最慢,排在后三位,分别为5.4%、4.8%、2.5%。分地区来看,西部地区增速最快为8%,东北地区增速为7%,中部和东部地区增速较为接近且缓慢,分别为6.8%和6.9%。

2)纵向比较:将全要素生产率均值按照年份绘制,如图6-3所示。可以看出总体上,我国制造业生产率呈现波动增长趋势,以2010年为基准提升至2021年的1.069,即平均增长速率为6.9%,与智能化水平发展情况类似,也经历了三个阶段:第一阶段是2010—2015年,全要素生产率处于波动几乎未增长的水平,如2010—2011年四大区域虽然都是正增长,但增长幅度都不

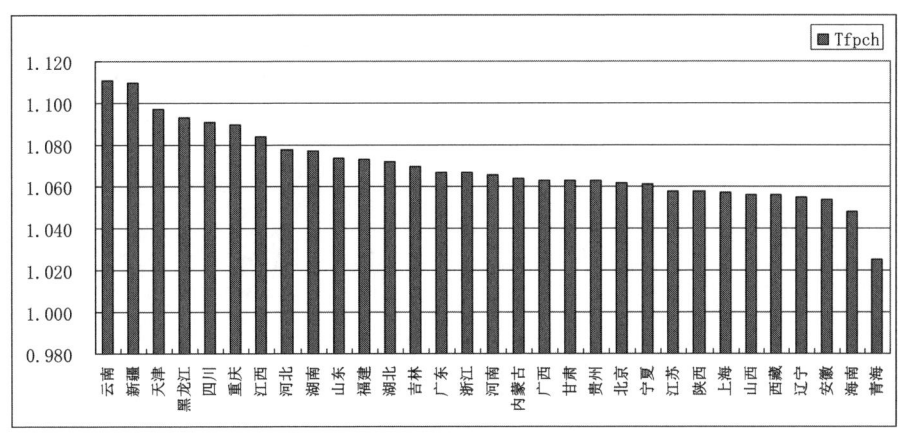

图6-2　企业所处不同地区的全要素生产率

大,而2011—2012年的增长速率都有所下降,特别地中部地区下降幅度最大,其他年份可以作类似分析,不再赘述;第二阶段是2015—2019年,全要素生产率的增长速率大幅提升,这可能的原因是国家在2015年开始密集颁布的产业政策激励有关,智能化正向提升企业全要素生产率的增长;第三阶段是2019年至今,全要素生产率在2019—2020年有小幅下降后,2020—2021迎来了大幅的增长,这与新冠肺炎疫情造成的冲击有关,疫情的暴发倒逼企业进行智能化升级,反过来又优化了资源配置而提升了全要素生产率。

(2)企业所处不同行业的全要素生产率

将制造业上市企业全要素生产率平均值由大到小按照所处行业整理,如图6-4所示。可以看出,2010—2021年除了皮革、毛皮、羽毛及其制品和制鞋业平均全要素生产率有0.2%的下降,其余各行业均取得了正向增长,其中废弃资源综合利用业平均增速最大为23%,其他制造业以及农副食品加工业的全要素生产率分别位列第二和第三,平均增速为6.8%和6.6%,而橡胶和塑料制品业、化学纤维制造业以及石油加工、炼焦和核燃料加工业的全要素生产率增长速度最慢,排名在后三位,平均增速分别为2%、1.9%和0.1%。此外,7大类高技术产业的全要素生产率增长速率反而明显落后于传统产业,这可能是高技术产业自身的资源配置和投入产出原先就处于较高的水平而导致边际增长速率较缓慢。

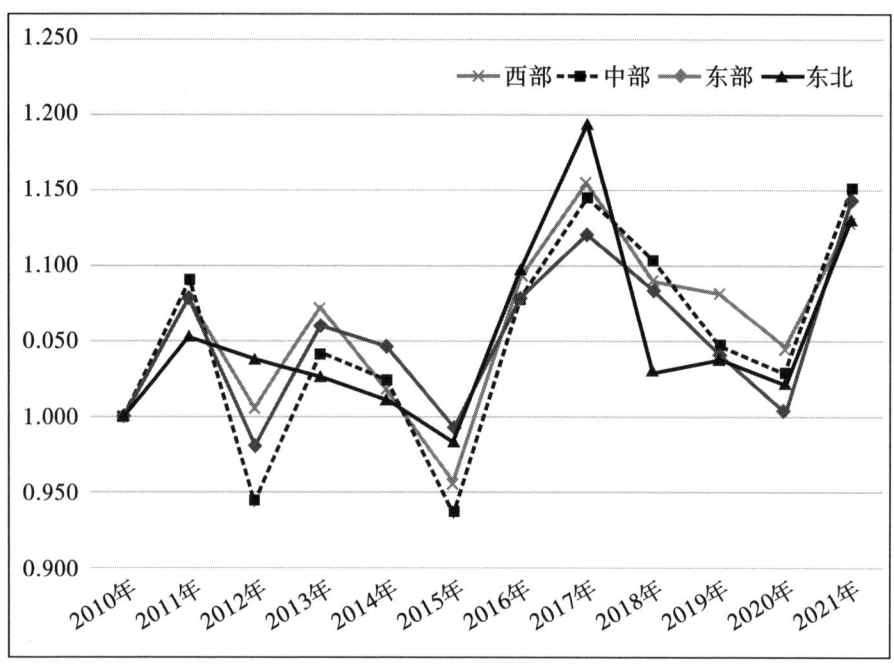

图 6-3　全要素生产率分地区历年变化趋势

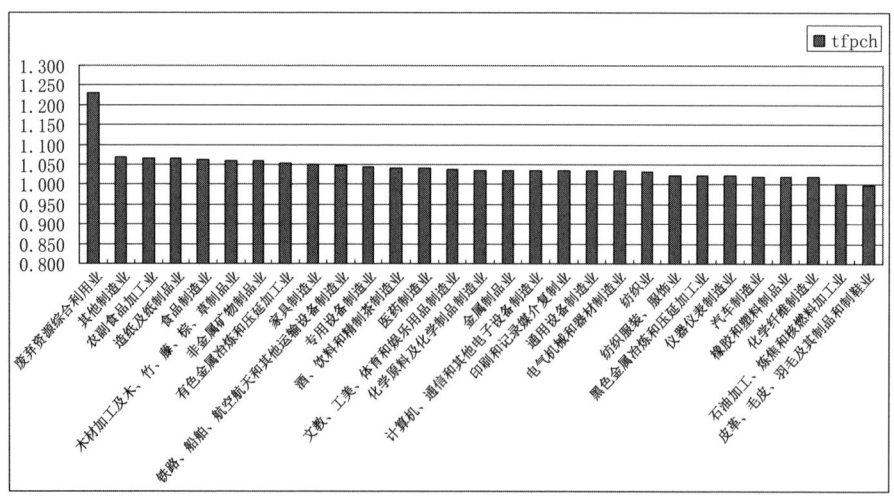

图 6-4　制造业企业分行业全要素生产率

## 6.3 研究样本与变量说明

### 6.3.1 研究样本

本章研究样本与第4章相同,即选取我国2010—2021年在A股上市的制造业企业作为研究对象(我国港澳台地区除外),相关年度数据来自CSMAR数据库、Choice金融终端、巨潮资讯和国家统计局网站等。根据研究需要对样本进行了筛选,经过处理,获得820家制造业上市企业的9840个样本,本章运用的相关计算软件是SPSS 25.0和Stata 17.0。

### 6.3.2 变量说明

(1)因变量/被解释变量

采用DEA-Malmquist模型计算的全要素生产率代表企业技术效率作为因变量,详细计算过程见6.2节内容。

(2)自变量/核心解释变量

根据楼永等(2021)和李廉水等(2020),采用主成分分析方法计算制造业上市企业的智能化指数作为核心自变量,具体计算过程和结果见第五章相关内容。

(3)中介变量

1)技术创新。参考刘亮等(2020)采用专利授权量来表示技术创新,因为专利是企业员工掌握的技术和经验的凝结与体现,也是智力成果产业化实现市场价值的基础。

2)员工人均薪酬。参考楼永等(2021),员工人均薪酬采用现金流量表"支付给职工以及为职工支付的现金"除以员工总数并取自然对数来表示,能够客观真实反映上市企业总体员工平均薪酬情况。

3)薪酬差距。参考楼永等(2021),薪酬差距采用高管人均薪酬与员工人均薪酬的比值来衡量,合适的薪酬差距会激发员工创新积极性并学习适应企业智能化升级带来的变化。

4)成本黏性。参考李婉红和王帆(2021)采用WEISS模型计算制造业上市企业的成本黏性,反映企业在应对内外部环境变化时对成本大小的控制与调整能力,智能化能够增强信息交换,降低经营风险,增强企业对成本的控制能力,降低成本黏性而提升对要素的配置和利用率。

(4)调节变量

1)要素密集度。参考陈晓华和刘慧(2014)将大类代码为(21)~(42)确定为资本密集型产业,行业(13)~(20)为劳动密集型产业,其中资本密集型企业赋值为1,否则取0。

2)所有权性质。参考李婉红和王帆(2021),国有企业赋值为1,否则取0。

3)市场份额。参考范晓男等(2020),市场份额采用上市企业销售收入在整个行业中所占比重代表。

(5)微观控制变量

为提高模型的准确性和稳定性,参考楼永等(2021)、李婉红和王帆(2021)、韩会朝和徐康宁(2020)等学者的研究成果,选取的相关微观控制变量包括:①杠杆率,用负债合计/资产总计表示,适度的杠杆率允许企业使用借款并减少投资浪费,从而提高全要素生产率,但过高的杠杆率会引发成本上升和违约风险而抑制全要素生产率;②企业规模,用总资产的自然对数表示,企业规模对全要素生产率的影响在前文已阐述,不再累述;③成长性,用营业收入增长率表示,数值越高表明企业使用和配置资源的能力越强,全要素生产率也越高;④现金流,用经营活动产生的现金流量净额/营业收入表示,现金流数值越高表明企业的财务健康、资本配置合理,其全要素生产率越高;⑤资产结构,用企业总资产与固定资产净额的比例表示,数值越大表明资本配置更灵活,有利于提高全要素生产率;⑥冗余资源,用净收入的自然对数值进行衡量,数值越大表明企业越有富余资源进行合理配置,其全要素生产率更高;⑦政府补助,用企业获得的政府补助取自然对数表示,数值越高表明企业利用政府等外部资源的能力越强,可降低融资成本,其全要素生产率越高;⑧利润率,用净利润/营业收入表示,代表企业产品在市场的盈利水平,数值越高对资源的配置能力越强,其全要素生产率越高。

(6)宏观控制变量

参考刘军等(2019)的研究成果,选取的宏观控制变量包括:①政府支出,用当地财政支出与GDP的比重表示,数值越高表明该地区在公共服务领域支出越大,其基础设施、教育水平等外部环境优越有利于企业全要素生产率的提升;②金融发展水平,用各地区金融业增加总值与第三产业增加值的比值表示,数值越高表明金融业越发达,能够为企业提供融资便利,有助于提高全要素生产率。

智能化影响企业全要素生产率的中介效应检验所采用的变量定义,如表6-2所示。

表6-2 变量定义

| 序号 | 类别 | 变量 | 定义 |
|---|---|---|---|
| 1 | 因变量 | 全要素生产率 | DEA-Malmquist指数法测算 |
| 2 | 自变量 | 智能化 | 主成分分析方法计算得到 |
| 3 | 中介变量 | 技术创新 | 专利授权量 |
| 4 |  | 员工人均薪酬 | 用现金流量表"支付给职工以及为职工支付的现金除以员工总数取自然对数" |
| 5 |  | 薪酬差距 | 用高管人均薪酬与员工人均薪酬的比值来衡量 |
| 6 |  | 成本黏性 | 采用WEISS模型计算得到 |
| 7 | 调节变量 | 要素密集度 | 资本密集型企业赋值为1,否则取0 |
| 8 |  | 所有权 | 国有企业赋值为1,否则取0 |
| 9 |  | 市场份额 | 上市公司销售收入在整个行业中所占比重 |

续表 6-2

| 序号 | 类别 | 变量 | 定义 |
|---|---|---|---|
| 10 | 微观控制变量 | 杠杆率 | 负债合计/资产总计 |
| 11 | | 企业规模 | 总资产的自然对数 |
| 12 | | 成长性 | 营业收入增长率 |
| 13 | | 现金流 | 经营活动产生的现金流量净额/营业收入 |
| 14 | | 资产结构 | 企业总资产与固定资产净额的比例 |
| 15 | | 冗余资源 | 采用净收入的自然对数值进行衡量 |
| 16 | | 政府补助 | 企业获得的政府补助自然对数 |
| 17 | | 利润率 | 净利润/营业收入 |
| 18 | 宏观控制变量 | 政府支出 | 地区财政支出占 GDP 的比重 |
| 19 | | 金融发展水平 | 各地区金融业增加总值与第三产业增加值的比值 |

## 6.4 智能化对制造业企业全要素生产率的作用路径检验

对比图 5-3 智能化指数分地区历年发展趋势和图 6-3 全要素生产率分地区历年变化趋势可以看出,智能化升级与制造业企业全要素生产率之间存在可能的因果关系,也给出了相应的理论分析和假设,本节将对智能化对制造业上市企业全要素生产率的影响效应进行验证,包括智能化对制造业企业全要素生产率的直接影响效应,以及技术创新、员工平均薪酬、薪酬差距和成本黏性在智能化影响制造业企业全要素生产率中的作用路径和要素密集度、所有权性质和市场份额的调节效应。

### 6.4.1 描述性统计

列举各变量的描述性统计,如表 6-3 所示。

表6-3 变量的描述性统计

| 变量名称 | 观测值 | 平均值 | 标准差 | 最小值 | 中位数 | 最大值 |
| --- | --- | --- | --- | --- | --- | --- |
| 全要素生产率 | 9840 | 1.069 | 0.239 | 0.460 | 1.039 | 2.047 |
| 智能化 | 9840 | −0.030 | 1.148 | −1.122 | −0.401 | 4.705 |
| 杠杆率 | 9840 | 0.410 | 0.188 | 0.050 | 0.413 | 0.803 |
| 企业规模 | 9840 | 22.320 | 1.192 | 20.202 | 22.167 | 25.841 |
| 成长性 | 9840 | 0.122 | 0.228 | −0.503 | 0.110 | 0.956 |
| 现金流 | 9840 | 0.085 | 0.116 | −0.268 | 0.078 | 0.448 |
| 资产结构 | 9840 | 6.941 | 6.498 | 1.617 | 4.968 | 44.250 |
| 冗余资源 | 9840 | 20.329 | 1.304 | 17.662 | 20.215 | 23.875 |
| 政府补助 | 9840 | 10.800 | 7.611 | 0.000 | 14.972 | 20.024 |
| 利润率 | 9840 | 0.075 | 0.103 | −0.367 | 0.063 | 0.419 |
| 政府支出 | 9840 | 0.191 | 0.069 | 0.117 | 0.172 | 0.451 |
| 金融发展水平 | 9840 | 0.144 | 0.036 | 0.076 | 0.143 | 0.236 |

从表6-3可以看出,样本企业全要素生产率的标准差为0.239,数值较小,表明数据分布较为均衡集中,这是因为全要素生产率是相对增长率,在0与1之间取值因而波动不大,而政府补助的标准差为7.611,表明样本企业获得的政府补助差异较大。同理,可以分析其他变量的分布情况。

## 6.4.2 共线性检验和相关性分析

经济系统是多因素相互交织、影响的复杂系统,变量之间可能存在相关性而导致估计结果与真实值存在较大误差,因此需要对各变量进行多重共线性检验,同时各变量之间可能存在相关性,但只要不超过一定范围是允许的,因此也需要对各变量进行相关性检验,由表6-4和表6-5可知,智能化对制造业企业全要素生产率的影响模型变量之间的方差膨胀因子(VIF)均小于6.000,说明模型各变量之间的共线性问题并不严重,可以建立模型进一步分析。各变量的相关系数均在0.700以下,各自变量与因变量全要素生产率均存在显著相关,但相关性分析仅为两两变量间的关系,没有纳入其他因素考量,从而需要建立模型进一步分析变量间的影响程度。

表6-4　变量多重共线性检验

| 变量名称 | VIF | 1/VIF |
|---|---|---|
| 企业规模 | 6.260 | 0.160 |
| 冗余资源 | 5.630 | 0.178 |
| 杠杆率 | 1.890 | 0.529 |
| 利润率 | 1.740 | 0.574 |
| 政府补助 | 1.400 | 0.713 |
| 智能化 | 1.250 | 0.800 |
| 现金流 | 1.140 | 0.880 |
| 成长性 | 1.110 | 0.898 |
| 资产结构 | 1.070 | 0.936 |
| 金融发展水平 | 1.050 | 0.956 |
| 政府支出 | 1.030 | 0.970 |
| VIF平均值 | 2.140 | |

表6-5　变量相关性检验

| 变量名称 | 全要素生产率 | 智能化 | 杠杆率 | 企业规模 | 成长性 | 现金流 |
|---|---|---|---|---|---|---|
| 全要素生产率 | 1.000 | | | | | |
| 智能化 | 0.045*** | 1.000 | | | | |
| 杠杆率 | 0.048*** | 0.100*** | 1.000 | | | |
| 企业规模 | 0.044*** | 0.438*** | 0.505*** | 1.000 | | |
| 成长性 | 0.574*** | −0.016 | 0.022** | 0.032*** | 1.000 | |
| 现金流 | 0.009 | 0.044*** | −0.198*** | 0.069*** | −0.008 | 1.000 |
| 资产结构 | 0.052*** | 0.165*** | −0.109*** | −0.015 | 0.030*** | −0.103*** |
| 冗余资源 | 0.078*** | 0.393*** | 0.359*** | 0.683*** | 0.122*** | 0.183*** |
| 政府补助 | −0.026*** | −0.162*** | 0.035*** | 0.004 | −0.062*** | −0.032*** |
| 利润率 | 0.075*** | −0.030*** | −0.425*** | −0.022** | 0.252*** | 0.362*** |
| 政府支出 | 0.015 | −0.025*** | 0.078*** | 0.116*** | −0.054*** | −0.008 |
| 金融发展水平 | 0.016 | 0.184*** | −0.043*** | 0.095*** | −0.053*** | 0.000 |
| 资产结构 | 1.000 | | | | | |

续表 6-5

| 变量名称 | 全要素生产率 | 智能化 | 杠杆率 | 企业规模 | 成长性 | 现金流 |
|---|---|---|---|---|---|---|
| 冗余资源 | -0.021** | 1.000 | | | | |
| 政府补助 | -0.052*** | -0.005 | 1.000 | | | |
| 利润率 | 0.141*** | 0.166*** | 0.004 | 1.000 | | |
| 政府支出 | -0.036*** | 0.082*** | 0.062*** | -0.019* | 1.000 | |
| 金融发展水平 | 0.116*** | 0.109*** | 0.009 | -0.026** | 0.046*** | 1.000 |

## 6.4.3 构建计量模型

(1) 直接效应模型

构建智能化对制造业上市企业全要素生产率的直接影响的模型如式(6-5)所示。

$$\begin{aligned}全要素生产率 =\ & \alpha_0 + \alpha_1 智能化 + \alpha_2 杠杆率 + \alpha_3 企业规模 + \alpha_4 成长性 \\ & + \alpha_5 现金流 + \alpha_6 资产结构 + \alpha_7 冗余资源 + \alpha_8 政府补助 \\ & + \alpha_9 利润率 + \alpha_{10} 政府支出 + \alpha_{11} 金融发展水平 + \varepsilon \end{aligned} \quad (6-5)$$

(2) 中介效应模型

1) 技术创新的中介效应模型,如式(6-6)和式(6-7)所示。

$$\begin{aligned}技术创新 =\ & \alpha_0 + \alpha_1 智能化 + \alpha_2 杠杆率 + \alpha_3 企业规模 + \alpha_4 成长性 \\ & + \alpha_5 现金流 + \alpha_6 资产结构 + \alpha_7 冗余资源 + \alpha_8 政府补助 \\ & + \alpha_9 利润率 + \alpha_{10} 政府支出 + \alpha_{11} 金融发展水平 + \varepsilon \end{aligned} \quad (6-6)$$

$$\begin{aligned}全要素生产率 =\ & \alpha_0 + \alpha_1 智能化 + \beta_1 技术创新 + \alpha_2 杠杆率 + \alpha_3 企业规模 \\ & + \alpha_4 成长性 + \alpha_5 现金流 + \alpha_6 资产结构 + \alpha_7 冗余资源 \\ & + \alpha_8 政府补助 + \alpha_9 利润率 + \alpha_{10} 政府支出 + \alpha_{11} 金融发展 \\ & 水平 + \varepsilon \end{aligned} \quad (6-7)$$

2) 员工平均薪酬的中介效应模型,如式(6-8)和式(6-9)所示。

$$\begin{aligned}员工人均薪酬 =\ & \alpha_0 + \alpha_1 智能化 + \alpha_2 杠杆率 + \alpha_3 企业规模 + \alpha_4 成长性 \\ & + \alpha_5 现金流 + \alpha_6 资产结构 + \alpha_7 冗余资源 + \alpha_8 政府补助 \\ & + \alpha_9 利润率 + \alpha_{10} 政府支出 + \alpha_{11} 金融发展水平 + \varepsilon \end{aligned} \quad (6-8)$$

全要素生产率=$\alpha_0$+$\alpha_1$ 智能化+$\beta_1$ 员工人均薪酬+$\alpha_2$ 杠杆率+$\alpha_3$ 企业规模

$\qquad$ +$\alpha_4$ 成长性+$\alpha_5$ 现金流+$\alpha_6$ 资产结构+$\alpha_7$ 冗余资源

$\qquad$ +$\alpha_8$ 政府补助+$\alpha_9$ 利润率+$\alpha_{10}$ 政府支出+$\alpha_{11}$ 金融发展

$\qquad$ 水平+$\varepsilon$ (6-9)

3) 薪酬差距的中介效应模型,如式(6-10)和式(6-11)所示。

薪酬差距=$\alpha_0$+$\alpha_1$ 智能化+$\alpha_2$ 杠杆率+$\alpha_3$ 企业规模+$\alpha_4$ 成长性

$\qquad$ +$\alpha_5$ 现金流+$\alpha_6$ 资产结构+$\alpha_7$ 冗余资源+$\alpha_8$ 政府补助

$\qquad$ +$\alpha_9$ 利润率+$\alpha_{10}$ 政府支出+$\alpha_{11}$ 金融发展水平+$\varepsilon$ (6-10)

全要素生产率=$\alpha_0$+$\alpha_1$ 智能化+$\beta_1$ 薪酬差距+$\alpha_2$ 杠杆率+$\alpha_3$ 企业规模

$\qquad$ +$\alpha_4$ 成长性+$\alpha_5$ 现金流+$\alpha_6$ 资产结构+$\alpha_7$ 冗余资源

$\qquad$ +$\alpha_9$ 利润率+$\alpha_{10}$ 政府支出+$\alpha_{11}$ 金融发展水平+$\varepsilon$ (6-11)

4) 成本黏性的中介效应模型,如式(6-12)和式(6-13)所示。

成本黏性=$\alpha_0$+$\alpha_1$ 智能化+$\alpha_2$ 杠杆率+$\alpha_3$ 企业规模+$\alpha_4$ 成长性

$\qquad$ +$\alpha_5$ 现金流+$\alpha_6$ 资产结构+$\alpha_7$ 冗余资源+$\alpha_8$ 政府补助

$\qquad$ +$\alpha_9$ 利润率+$\alpha_{10}$ 政府支出+$\alpha_{11}$ 金融发展水平+$\varepsilon$ (6-12)

全要素生产率=$\alpha_0$+$\alpha_1$ 智能化+$\beta_1$ 成本黏性+$\alpha_2$ 杠杆率+$\alpha_3$ 企业规模

$\qquad$ +$\alpha_4$ 成长性+$\alpha_5$ 现金流+$\alpha_6$ 资产结构+$\alpha_7$ 冗余资源

$\qquad$ +$\alpha_8$ 政府补助+$\alpha_9$ 利润率+$\alpha_{10}$ 政府支出+$\alpha_{11}$ 金融发展

$\qquad$ 水平+$\varepsilon$ (6-13)

(3) 调节效应模型

因要素密集度和企业所有权性质为类别变量,因此要素密集度和所有权性质的调节作用将采用分组回归的方式检验,比较不同组系数的显著性差异以判断调节效应的大小。而市场份额是连续变量,则需要构建与智能化乘积交互项的回归模型,进行层次回归分析来判定调节效应是否显著,模型,如式(6-14)所示。

全要素生产率=$\alpha_0$+$\alpha_1$ 智能化+$\beta_1$ 市场份额+$\beta_2$ 智能化×市场份额

$\qquad$ +$\alpha_2$ 杠杆率+$\alpha_3$ 企业规模+$\alpha_4$ 成长性+$\alpha_5$ 现金流

$\qquad$ +$\alpha_6$ 资产结构+$\alpha_7$ 冗余资源+$\alpha_8$ 政府补助+$\alpha_9$ 利润率

$\qquad$ +$\alpha_{10}$ 政府支出+$\alpha_{11}$ 金融发展水平+$\varepsilon$ (6-14)

若式(6-14)中的系数 $\beta_2$ 显著,则说明市场份额对智能化与全要素生产率的关系调节作用存在,否则就说明调节作用不存在。

上述模型经 $F$ 检验和 Hausman 检验后显示固定效应模型(FE)更合适,因此采用固定效应模型分析汇报结果。

## 6.4.4 直接作用结果

(1)总体回归结果

将总体样本按照式(6-5)采用固定效应模型得到智能化水平对制造业企业全要素生产率的总体回归结果,如表6-6所示。

表6-6 智能化对全要素生产率的总体回归结果

| 全要素生产率 | 模型(1) | 模型(2) | 模型(3) |
| --- | --- | --- | --- |
| 智能化 | 0.0203*** (7.210) | 0.0282*** (8.981) | 0.0245*** (7.765) |
| 杠杆率 | | 0.0237 (1.002) | 0.0403* (1.703) |
| 企业规模 | | -0.0289*** (-3.612) | -0.0409*** (-5.049) |
| 成长性 | | 0.6518*** (66.461) | 0.6589*** (67.031) |
| 现金流 | | 0.0865*** (4.008) | 0.0774*** (3.594) |
| 资产结构 | | 0.0044*** (8.690) | 0.0045*** (8.910) |
| 冗余资源 | | 0.0526*** (7.875) | 0.0515*** (7.739) |
| 政府补助 | | 0.0024*** (8.506) | 0.0020*** (6.862) |
| 利润率 | | -0.2688*** (-8.891) | -0.2492*** (-8.244) |

续表6-6

| 全要素生产率 | 模型(1) | 模型(2) | 模型(3) |
|---|---|---|---|
| 政府支出 | | | 0.4045*** |
| | | | (3.307) |
| 金融发展水平 | | | 1.0081*** |
| | | | (6.733) |
| _cons | 1.0695*** | 0.5123*** | 0.5761*** |
| | (436.986) | (4.473) | (5.036) |
| $N$ | 9840 | 9840 | 9840 |
| $r^2$ | 0.0057 | 0.3821 | 0.3866 |
| $F$ | 51.9817 | 619.0175 | 516.2079 |

注：***、**、*分别表示1%、5%、10%的显著性水平；括号内的数值为 $t$ 值（下同）。

表6-6中模型(1)不加入任何控制变量，模型(2)加入了微观控制变量，模型(3)同时加入了微观和宏观控制变量。从模型(3)的结果来分析，智能化对制造业企业全要素生产率存在显著正向影响，影响系数为0.0245，制造业企业智能化水平提升，有利于促进全要素生产率提高，这与原假设 Ha1 预期一致。

微观控制变量的回归结果：杠杆率（0.0403*）、成长性（0.6589***）、现金流（0.0774***）、资产结构（0.0045***）、冗余资源（0.0515***）和政府补助（0.0020***），对全要素生产率有显著正向影响，这与预期一致；企业规模（-0.0409***）和利润率（-0.2492***）对全要素生产率具有抑制作用，其中利润率的作用与预期不符，可能的原因是现阶段制造业企业利润率增长存在路径依赖，没有转化为资源的有效利用而抑制了生产率的增长。

宏观控制变量的回归结果：政府支出（0.4045***）和金融发展水平（1.0081***）能够显著正向提升企业全要素生产率，这与预期一致。

(2)分地区回归结果

进一步将制造业上市企业按照其所处的区域进行分组回归，汇报结果如表6-7所示。

表 6-7 智能化对全要素生产率分地区回归结果

| 全要素生产率 | 东部地区 | 中部地区 | 西部地区 | 东北地区 |
| --- | --- | --- | --- | --- |
| 智能化 | 0.0253*** | 0.0041 | 0.0217** | 0.0422** |
|  | (6.413) | (0.556) | (2.501) | (2.258) |
| 杠杆率 | 0.0616** | -0.0041 | 0.0353 | 0.0949 |
|  | (2.094) | (-0.068) | (0.572) | (0.786) |
| 企业规模 | -0.0363*** | -0.0684*** | -0.0417** | -0.1894*** |
|  | (-3.472) | (-3.576) | (-1.964) | (-4.882) |
| 成长性 | 0.6503*** | 0.6657*** | 0.7234*** | 0.6068*** |
|  | (50.870) | (28.841) | (30.459) | (14.593) |
| 现金流 | 0.0643** | 0.0734 | 0.1903*** | -0.1023 |
|  | (2.343) | (1.357) | (3.570) | (-1.154) |
| 资产结构 | 0.0044*** | 0.0049*** | 0.0061*** | 0.0046** |
|  | (7.602) | (3.155) | (3.450) | (1.989) |
| 冗余资源 | 0.0525*** | 0.0548*** | 0.0320* | 0.0839*** |
|  | (6.002) | (3.645) | (1.866) | (3.235) |
| 政府补助 | 0.0020*** | 0.0018** | 0.0020** | 0.0014 |
|  | (5.480) | (2.555) | (2.513) | (0.928) |
| 利润率 | -0.2869*** | -0.1812** | -0.1950** | -0.0625 |
|  | (-7.568) | (-2.256) | (-2.475) | (-0.507) |
| 政府支出 | 0.7284*** | (0.443) | (0.189) | (0.008) |
|  | (4.047) | (-1.117) | (-0.734) | (-0.021) |
| 金融发展水平 | 0.4198** | 3.2997*** | 1.7422*** | 3.9681*** |
|  | (2.216) | (7.344) | (4.515) | (5.357) |
| _cons | 0.4840*** | 1.0959*** | 1.0286*** | 2.9501*** |
|  | (3.271) | (4.029) | (3.219) | (5.090) |
| $N$ | 6348 | 1620 | 1452 | 420 |
| $r^2$ | 0.363 | 0.4353 | 0.4594 | 0.4395 |
| $F$ | 300.8987 | 103.3112 | 101.9896 | 26.6592 |

由表 6-7 可知,东北(0.0422**)、东部(0.0253***)和西部(0.0217**)地区智能化水平对企业全要素生产率的正向促进作用依次降低,而中部地区(0.0041)却不存在显著影响,这与原假设 Ha1 中的预期部分相符。

(3)分行业回归结果

按照《高技术产业(制造业)分类(2017)》标准,将大类行业中代码为(27)(28)(34)(35)(37)(39)(40)的 7 类制造业企业划分为高技术产业,其余的 22 类为非高技术产业,进行分组回归得到分行业汇报结果,如表6-8所示。

表6-8 智能化对全要素生产率分行业回归结果

| 全要素生产率 | 高技术产业 | 非高技术产业 |
| --- | --- | --- |
| 智能化 | 0.0171*** <br> (3.582) | 0.0316*** <br> (7.451) |
| 杠杆率 | 0.0688* <br> (1.860) | 0.0186 <br> (0.602) |
| 企业规模 | -0.0697*** <br> (-5.358) | -0.0214** <br> (-2.056) |
| 成长性 | 0.6595*** <br> (42.468) | 0.6559*** <br> (51.471) |
| 现金流 | 0.0919*** <br> (2.630) | 0.0641** <br> (2.347) |
| 资产结构 | 0.0054*** <br> (7.192) | 0.0037*** <br> (5.488) |
| 冗余资源 | 0.0767*** <br> (6.962) | 0.0342*** <br> (4.051) |
| 政府补助 | 0.0018*** <br> (3.667) | 0.0022*** <br> (6.067) |
| 利润率 | -0.3318*** <br> (-7.565) | -0.1618*** <br> (-3.818) |

续表6-8

| 全要素生产率 | 高技术产业 | 非高技术产业 |
|---|---|---|
| 政府支出 | 0.270<br>(1.408) | 0.4994***<br>(3.126) |
| 金融发展水平 | 1.1410***<br>(4.461) | 0.9074***<br>(4.941) |
| _cons | 0.6898***<br>(3.976) | 0.5052***<br>(3.293) |
| $N$ | 4020 | 5820 |
| $r^2$ | 0.3916 | 0.3863 |
| F | 214.9833 | 304.6078 |

由表6-8可知,无论是高技术产业还是非高技术产业,智能化都在1%的显著性水平上正向影响制造业企业全要素生产率,但影响系数分别是0.0171和0.0316,即智能化对传统产业全要素生产率的促进作用大于对高技术产业的促进作用,这与原假设Ha1中高技术产业的智能化升级正向促进作用更大的预期不一致。可能的原因是高技术产业本身就是新一代信息技术的孵化器,其对全要素生产率的提升作用不明显,而智能化与传统产业的深度融合显著提升了全要素生产率,弥补了两者之间的差距。

(4) 稳健性检验

全样本回归采用2010—2021年的数据,稳健性检验采用2012—2021年的样本数据,汇报结果如表6-9所示。

表6-9 稳健性检验

| 全要素生产率 | 模型(1) | 模型(2) | 模型(3) |
|---|---|---|---|
| 智能化 | 0.0195***<br>(5.522) | 0.0173***<br>(4.715) | 0.0164***<br>(4.462) |
| 杠杆率 | | 0.0168<br>(0.610) | 0.0246<br>(0.893) |

续表6-9

| 全要素生产率 | 模型(1) | 模型(2) | 模型(3) |
|---|---|---|---|
| 企业规模 |  | -0.0656*** | -0.0711*** |
|  |  | (-7.156) | (-7.660) |
| 成长性 |  | 0.7589*** | 0.7595*** |
|  |  | (70.969) | (70.932) |
| 现金流 |  | 0.0520** | 0.0493** |
|  |  | (2.174) | (2.063) |
| 资产结构 |  | 0.0057*** | 0.0057*** |
|  |  | (9.278) | (9.315) |
| 冗余资源 |  | 0.0405*** | 0.0408*** |
|  |  | (5.482) | (5.532) |
| 政府补助 |  | -0.0019*** | -0.0018*** |
|  |  | (-4.959) | (-4.789) |
| 利润率 |  | -0.2252*** | -0.2195*** |
|  |  | (-6.972) | (-6.794) |
| 政府支出 |  |  | 0.072 |
|  |  |  | (0.531) |
| 金融发展水平 |  |  | 0.7633*** |
|  |  |  | (3.547) |
| _cons | 1.0714*** | 1.6264*** | 1.6125*** |
|  | (376.996) | (11.101) | (10.996) |
| $N$ | 8200 | 8200 | 8200 |
| $r^2$ | 0.0041 | 0.4551 | 0.4561 |
| $F$ | 30.4920 | 683.9287 | 561.7575 |

对比表6-9与表6-6可以看出,表6-6的变量系数大小和方向以及显著性水平都没有明显改变,说明所选用的模型较为稳健。

(5)内生性检验

构建的计量模型可能会存在互为因果关系或遗漏变量,造成自变量与扰动项相关而带来内生性问题,进一步采用工具变量法做内生性检验,工具变量的选择既要求与核心解释变量智能化水平相关,又不能与扰动项相关,同时考虑广义矩(GMM)是更有效率的方法,因此采用 GMM 进行内生性检验,结果如表6-10所示。

表6-10 内生性检验(GMM)

| 全要素生产率 | 模型(1) | 模型(2) | 模型(3) |
| --- | --- | --- | --- |
| 智能化的一阶滞后 | 0.0837***<br>(32.683) | 0.0407***<br>(7.911) | 0.0391***<br>(7.588) |
| 杠杆率 |  | 0.0378<br>(1.363) | 0.0441<br>(1.588) |
| 企业规模 |  | -0.0857***<br>(-8.844) | -0.0899***<br>(-9.210) |
| 成长性 |  | 0.7637***<br>(71.098) | 0.7642***<br>(71.067) |
| 现金流 |  | 0.0539**<br>(2.248) | 0.0515**<br>(2.148) |
| 资产结构 |  | 0.0057***<br>(9.371) | 0.0058***<br>(9.404) |
| 冗余资源 |  | 0.0371***<br>(5.004) | 0.0375***<br>(5.064) |
| 政府补助 |  | -0.0011***<br>(-2.915) | -0.0011***<br>(-2.854) |
| 利润率 |  | -0.1977***<br>(-6.054) | -0.1935***<br>(-5.930) |
| 政府支出 |  |  | 0.073<br>(0.538) |
| 金融发展水平 |  |  | 0.6759***<br>(3.128) |
| N | 8200 | 8200 | 8200 |

续表 6-10

| 全要素生产率 | 模型(1) | 模型(2) | 模型(3) |
|---|---|---|---|
| $r^2$ | 0.0649 | 0.4521 | 0.4533 |
| sargan | 0.0014 | 0.4105 | 0.1496 |
| $P$ 值 | 0.9707 | 0.5217 | 0.699 |

由表 6-10 的结果可知，sargan 统计量对应的 $P$ 值均不显著，表明不拒绝原假设，即不存在过度识别问题，选取的工具变量是有效的。智能化一阶滞后的影响显著且系数为 0.0391 比表 6-6 中的智能化系数 0.0245 稍大，可能是因为智能化升级具有滞后效应，智能化改进带来的人才和技术与企业原组织结构和流程需要磨合适应后才能带来效率的提升。

## 6.4.5 中介作用结果

(1) 技术创新的中介作用

模型(3)只加入了智能化水平，即根据式(6-5)智能化对全要素生产率的直接作用，模型(4)是依据式(6-6)即加入技术创新后的作用结果，模型(5)是依据式(6-7)，即同时加入智能化和技术创新后对全要素生产率的影响，报告结果如表 6-11 所示。

表 6-11 技术创新的中介效应

| 全要素生产率 | 模型(3) | 模型(4) | 模型(5) |
|---|---|---|---|
| 智能化 | 0.0245*** <br> (7.765) | 3.6500*** <br> (6.177) | 0.0245*** <br> (7.738) |
| 技术创新 | | | 0.0000 <br> (0.162) |
| 杠杆率 | 0.0403* <br> (1.703) | 0.9578 <br> (0.216) | 0.0403* <br> (1.703) |
| 企业规模 | -0.0409*** <br> (-5.049) | 6.5057*** <br> (4.292) | -0.0410*** <br> (-5.051) |

续表 6-11

| 全要素生产率 | 模型(3) | 模型(4) | 模型(5) |
|---|---|---|---|
| 成长性 | 0.6589*** (67.031) | 1.0929 (0.595) | 0.6589*** (67.025) |
| 现金流 | 0.0774*** (3.594) | 3.8544 (0.958) | 0.0773*** (3.592) |
| 资产结构 | 0.0045*** (8.910) | −0.1201 (−1.285) | 0.0045*** (8.911) |
| 冗余资源 | 0.0515*** (7.739) | −1.8751 (−1.506) | 0.0515*** (7.740) |
| 政府补助 | 0.0020*** (6.862) | 0.0442 (0.806) | 0.0020*** (6.860) |
| 利润率 | −0.2492*** (−8.244) | 1.590 (0.281) | −0.2492*** (−8.244) |
| 政府支出 | 0.4045*** (3.307) | −41.6390* (−1.820) | 0.4049*** (3.310) |
| 金融发展水平 | 1.0081*** (6.733) | 11.0593 (0.395) | 1.0080*** (6.732) |
| _cons | 0.5761*** (5.036) | −88.4470*** (−4.135) | 0.5769*** (5.038) |
| $N$ | 9840 | 9840 | 9840 |
| $r^2$ | 0.3866 | 0.022 | 0.3866 |
| $F$ | 5.16E+02 | 18.41 | 4.73E+02 |
| Sobel 检验 | 0.0000($z$=0.162) | | |

由表 6-11 估计结果可知,智能化对企业全要素生产率和技术创新均具有正向促进作用,而技术创新对全要素生产率的影响不显著,表明技术创新的中介效应并不存在,这与预期原假设 Ha2 不相符,表明当前的技术创新(专利水平)还未转化为实际的生产力,未优化要素配置提升全要素生产率。

(2)员工平均薪酬的中介作用

模型(6)是依据式(6-8)即智能化对员工平均薪酬的影响作用,模型(7)是依据式(6-9)即同时加入智能化和员工平均薪酬后对全要素生产率的影响,报告结果如表6-12所示。

表6-12 员工平均薪酬的中介效应

| 全要素生产率 | 模型(3) | 模型(6) | 模型(7) |
| --- | --- | --- | --- |
| 智能化 | 0.0245*** (7.765) | 0.0787*** (19.903) | 0.0207*** (6.427) |
| 员工人均薪酬 | | | 0.0485*** (5.761) |
| 杠杆率 | 0.0403* (1.703) | -0.2255*** (-7.613) | 0.0515** (2.169) |
| 企业规模 | -0.0409*** (-5.049) | 0.1493*** (14.726) | -0.0482*** (-5.882) |
| 成长性 | 0.6589*** (67.031) | 0.0692*** (5.628) | 0.6554*** (66.643) |
| 现金流 | 0.0774*** (3.594) | 0.1689*** (6.274) | 0.0692*** (3.212) |
| 资产结构 | 0.0045*** (8.910) | 0.0028*** (4.471) | 0.0043*** (8.646) |
| 冗余资源 | 0.0515*** (7.739) | 0.1567*** (18.824) | 0.0439*** (6.485) |
| 政府补助 | 0.0020*** (6.862) | -0.0032*** (-8.615) | 0.0022*** (7.368) |
| 利润率 | -0.2492*** (-8.244) | -0.4776*** (-12.634) | -0.2256*** (-7.412) |
| 政府支出 | 0.4045*** (3.307) | 1.5404*** (10.072) | 0.3296*** (2.684) |

续表6-12

| 全要素生产率 | 模型(3) | 模型(6) | 模型(7) |
|---|---|---|---|
| 金融发展水平 | 1.0081*** | 2.3702*** | 0.8929*** |
|  | (6.733) | (12.659) | (5.921) |
| _cons | 0.5761*** | 4.4623*** | 0.3597*** |
|  | (5.036) | (31.195) | (2.993) |
| $N$ | 9840 | 9839 | 9839 |
| $r^2$ | 0.3866 | 0.5392 | 0.3886 |
| $F$ | 516.208 | 958.204 | 477.152 |
| Sobel 检验 | 0.0038***($z$=5.534) | | |

由表6-12的估计结果可知,智能化对企业全要素生产率和员工平均薪酬均有显著正向促进影响,员工人均薪酬对全要素生产率在1%水平上显著提升全要素生产率,同时 Sobel $z$ 值也高度显著,说明存在中介效应;员工人均薪酬为部分中介,说明智能化升级能够提高员工平均薪酬而提升制造业企业全要素生产率,与原假设 Ha3 预期一致。

(3)薪酬差距的中介作用

模型(8)是依据式(6-10),即智能化对薪酬差距的影响作用,模型(9)是依据式(6-11),即同时加入智能化和薪酬差距后对全要素生产率的影响,报告结果如表6-13所示。

表6-13 薪酬差距的中介效应

| 全要素生产率 | 模型(3) | 模型(8) | 模型(9) |
|---|---|---|---|
| 智能化 | 0.0245*** | −0.01 | 0.0241*** |
|  | (7.765) | (−0.508) | (7.634) |
| 薪酬差距 |  |  | −0.0009 |
|  |  |  | (−0.539) |
| 杠杆率 | 0.0403* | −0.1121 | 0.0396* |
|  | (1.703) | (−0.757) | (1.672) |

续表 6-13

| 全要素生产率 | 模型(3) | 模型(8) | 模型(9) |
| --- | --- | --- | --- |
| 企业规模 | -0.0409*** | 0.1752*** | -0.0400*** |
|  | (-5.049) | (3.456) | (-4.931) |
| 成长性 | 0.6589*** | -0.5162*** | 0.6575*** |
|  | (67.031) | (-8.394) | (66.573) |
| 现金流 | 0.0774*** | -0.1345 | 0.0754*** |
|  | (3.594) | (-1.000) | (3.504) |
| 资产结构 | 0.0045*** | -0.0106*** | 0.0045*** |
|  | (8.910) | (-3.402) | (8.912) |
| 冗余资源 | 0.0515*** | 0.3317*** | 0.0523*** |
|  | (7.739) | (7.968) | (7.825) |
| 政府补助 | 0.0020*** | -0.0043** | 0.0020*** |
|  | (6.862) | (-2.327) | (6.806) |
| 利润率 | -0.2492*** | 0.7819*** | -0.2491*** |
|  | (-8.244) | (4.139) | (-8.236) |
| 政府支出 | 0.4045*** | -2.5809*** | 0.3949*** |
|  | (3.307) | (-3.376) | (3.227) |
| 金融发展水平 | 1.0081*** | -2.0551** | 1.0092*** |
|  | (6.733) | (-2.197) | (6.741) |
| _cons | 0.5761*** | -6.6624*** | 0.5455*** |
|  | (5.036) | (-9.287) | (4.730) |
| $N$ | 9840 | 9829 | 9829 |
| $r^2$ | 0.3866 | 0.0529 | 0.3862 |
| $F$ | 5.16E+02 | 45.6856 | 4.72E+02 |
| Sobel 检验 | 中介作用不存在 | | |

由表 6-13 的估计结果可知，智能化对全要素生产率有显著正向影响，对薪酬差距影响不显著，且薪酬差距对全要素生产率影响也不显著，同时 Sobel 检验结果也验证了这一结论，说明智能化并不能通过加大薪酬差距提

升制造业企业全要素生产率,这与原假设 Ha4 预期不相符。

(4)成本黏性的中介作用

模型(10)是依据式(6-12),即智能化对成本黏性的影响作用,模型(11)是依据式(6-13),即同时加入智能化和成本黏性后对全要素生产率的影响,报告结果如表 6-14 所示。

表6-14 成本黏性的中介效应

| 全要素生产率 | 模型(3) | 模型(10) | 模型(11) |
| --- | --- | --- | --- |
| 智能化 | 0.0245*** <br> (7.765) | -0.0376*** <br> (-3.013) | 0.0237*** <br> (6.743) |
| 成本黏性 | | | -0.0094*** <br> (-2.773) |
| 杠杆率 | 0.0403* <br> (1.703) | -0.3520*** <br> (-3.696) | 0.0402 <br> (1.492) |
| 企业规模 | -0.0409*** <br> (-5.049) | 0.0711** <br> (2.165) | -0.0394*** <br> (-4.243) |
| 成长性 | 0.6589*** <br> (67.031) | -0.1971*** <br> (-4.981) | 0.6351*** <br> (56.653) |
| 现金流 | 0.0774*** <br> (3.594) | -0.0777 <br> (-0.902) | 0.0845*** <br> (3.467) |
| 资产结构 | 0.0045*** <br> (8.910) | -0.0035* <br> (-1.757) | 0.0053*** <br> (9.516) |
| 冗余资源 | 0.0515*** <br> (7.739) | -0.0088 <br> (-0.321) | 0.0479*** <br> (6.217) |
| 政府补助 | 0.0020*** <br> (6.862) | -0.0009 <br> (-0.766) | 0.0018*** <br> (5.435) |
| 利润率 | -0.2492*** <br> (-8.244) | -0.8532*** <br> (-6.598) | -0.2750*** <br> (-7.494) |
| 政府支出 | 0.4045*** <br> (3.307) | (0.625) <br> (-1.290) | 0.3330** <br> (2.432) |

续表 6-14

| 全要素生产率 | 模型(3) | 模型(10) | 模型(11) |
| --- | --- | --- | --- |
| 金融发~平 | 1.0081*** | -1.4465** | 1.0072*** |
|  | (6.733) | (-2.439) | (6.000) |
| _cons | 0.5761*** | -0.2017 | 0.6348*** |
|  | (5.036) | (-0.436) | (4.848) |
| $N$ | 9840 | 7961 | 7961 |
| $r^2$ | 0.3866 | 0.0181 | 0.3642 |
| $F$ | 5.16E+02 | 11.9462 | 3.40E+02 |
| Sobel 检验 | 0.0004***(z=2.039) | | |

由表 6-14 的估计结果可知，智能化对全要素生产率的影响是正向的促进作用，对成本黏性是负向的抑制作用，同时成本黏性对全要素生产率有负向作用，同时 Sobel 值显著说明成本黏性在智能化与全要素生产率之间是部分中介作用，即智能化能够通过降低成本黏性来提升制造业企业全要素生产率，这与原假设 Ha5 预期一致。

### 6.4.6 调节作用结果

(1)要素密集度的调节作用

因要素密集度是类别变量，取值为 1 或 0，因此采用分组回归检验其调节作用，报告结果如表 6-15 所示。

表 6-15 要素密集度的调节效应

| 全要素生产率 | 资本密集 | 劳动密集 |
| --- | --- | --- |
| 智能化 | 0.0509*** | 0.0241*** |
|  | (3.095) | (7.362) |
| 杠杆率 | 0.0494* | -0.0307 |
|  | (1.948) | (-0.461) |
| 企业规模 | -0.0480*** | 0.0008 |
|  | (-5.543) | (0.032) |

续表6-15

| 全要素生产率 | 资本密集 | 劳动密集 |
|---|---|---|
| 成长性 | 0.6582*** | 0.6466*** |
|  | (63.354) | (20.806) |
| 现金流 | 0.0606*** | 0.1897*** |
|  | (2.602) | (3.388) |
| 资产结构 | 0.0044*** | 0.0049*** |
|  | (8.302) | (2.860) |
| 冗余资源 | 0.0580*** | 0.0031 |
|  | (8.137) | (0.164) |
| 政府补助 | 0.0020*** | 0.0022*** |
|  | (6.474) | (2.710) |
| 利润率 | -0.2441*** | -0.3316*** |
|  | (-7.667) | (-3.320) |
| 政府支出 | 0.4375*** | 0.183 |
|  | (3.332) | (0.545) |
| 金融发展水平 | 1.0255*** | 0.681 |
|  | (6.388) | (1.610) |
| _cons | 0.5885*** | 0.7880** |
|  | (4.876) | (2.001) |
| $N$ | 8724 | 1116 |
| $r^2$ | 0.3933 | 0.3313 |
| $F$ | 470.557 | 45.5723 |

由表6-15的估计结果可知,智能化对资本密集型企业的影响系数为0.0509,高于劳动密集型企业的影响系数0.0241,但差异是否显著还要做系数差异性分析,结果见表6-16,可知要素密集度的正向调节作用存在,即要素密集度越高,智能化对全要素生产率的正向作用越大,这与原假设Ha6预期一致。

表6-16 要素密集度系数差异显著性分析

| Variables | 差值 | Freq | $P$-value |
| --- | --- | --- | --- |
| 智能化 | 0.027 | 9 | 0.009 |

(2)所有权性质的调节作用

因企业所有权是类别变量,取值为1或0,因此采用分组回归检验其调节作用,报告结果如表6-17所示。

表6-17 所有权性质的调节效应

| 全要素生产率 | 国企 | 非国企 |
| --- | --- | --- |
| 智能化 | 0.0201*** | 0.0390*** |
|  | (4.489) | (8.568) |
| 杠杆率 | −0.0113 | 0.0468 |
|  | (−0.297) | (1.502) |
| 企业规模 | −0.0318** | −0.0438*** |
|  | (−2.544) | (−4.023) |
| 成长性 | 0.6743*** | 0.6508*** |
|  | (44.716) | (49.545) |
| 现金流 | 0.1485*** | 0.0349 |
|  | (4.244) | (1.255) |
| 资产结构 | 0.0060*** | 0.0040*** |
|  | (6.070) | (6.724) |
| 冗余资源 | 0.0357*** | 0.0641*** |
|  | (3.515) | (7.124) |
| 政府补助 | 0.0024*** | 0.0015*** |
|  | (5.662) | (3.725) |
| 利润率 | −0.2852*** | −0.2410*** |
|  | (−4.959) | (−6.552) |

续表6-17

| 全要素生产率 | 国企 | 非国企 |
|---|---|---|
| 政府支出 | 0.055<br>(0.322) | 0.7876***<br>(4.435) |
| 金融发展水平 | 1.2820***<br>(5.399) | 0.9910***<br>(4.958) |
| _cons | 0.7315***<br>(3.951) | 0.3562**<br>(2.380) |
| N | 4092 | 5748 |
| $r^2$ | 0.3945 | 0.3887 |
| F | 221.4795 | 303.8911 |

由表6-17的估计结果可知,智能化对非国企的影响系数为0.0390,高于国企的影响系数0.0201,但差异是否显著还需做系数差异性分析,结果见表6-18,可知所有权性质的正向调节作用存在,即相比国有企业,非国有企业的智能化对全要素生产率的正向作用更大,原假设Ha7得到验证。

表6-18 所有制系数差异显著性分析

| Variables | 差值 | Freq | P-value |
|---|---|---|---|
| 智能化 | 0.019 | 4.000 | 0.004 |

(3)市场份额的调节作用

因市场份额是连续变量,因此需要根据式(6-14)对其调节作用做检验,报告结果如表6-19所示。

表6-19 市场份额的调节效应

| 全要素生产率 | 模型(12) | 模型(13) |
|---|---|---|
| 智能化 | 0.0271***<br>(8.326) | 0.0244***<br>(7.468) |

续表6-19

| 全要素生产率 | 模型(12) | 模型(13) |
| --- | --- | --- |
| 市场份额 | -0.9046*** <br> (-6.284) | -0.7652*** <br> (-5.281) |
| 智能化*市场份额 | -0.0079*** <br> (-3.749) | -0.0082*** <br> (-3.883) |
| 杠杆率 | 0.0285 <br> (1.206) | 0.0431* <br> (1.824) |
| 企业规模 | -0.0276*** <br> (-3.445) | -0.0392*** <br> (-4.822) |
| 成长性 | 0.6568*** <br> (66.938) | 0.6625*** <br> (67.397) |
| 现金流 | 0.0829*** <br> (3.852) | 0.0752*** <br> (3.500) |
| 资产结构 | 0.0044*** <br> (8.808) | 0.0045*** <br> (9.007) |
| 冗余资源 | 0.0549*** <br> (8.218) | 0.0534*** <br> (8.011) |
| 政府补助 | 0.0025*** <br> (8.900) | 0.0022*** <br> (7.355) |
| 利润率 | -0.2626*** <br> (-8.690) | -0.2439*** <br> (-8.068) |
| 政府支出 |  | 0.3468*** <br> (2.827) |
| 金融发展水平 |  | 0.9594*** <br> (6.398) |
| _cons | 0.4510*** <br> (3.880) | 0.5304*** <br> (4.558) |
| $N$ | 9840 | 9840 |
| $r^2$ | 0.3853 | 0.3892 |
| $F$ | 513.3502 | 441.4284 |

由表 6-19 中模型(13)的估计结果可知,智能化与市场份额标准化后乘积的回归系数为-0.0082,并且在 1% 的水平上显著,市场份额对智能化与全要素生产率的影响存在负向调节,市场份额降低了智能化对全要素生产率的影响,这与原假设 Ha8 预期一致。

## 6.5 作用机制结论分析

本章主要对智能化影响制造业上市企业全要素生产率的作用机制进行了检验,包括直接作用、中介作用和调节作用机制检验,相关研究结论如下。

### 6.5.1 直接作用机制结论分析

智能化能够直接对制造业企业全要素生产率产生正向影响,总体样本的影响系数为 0.0245,说明随着制造业企业智能化水平的提升,有利于促进制造业企业全要素生产率的提高。然而地理区位、劳动力素质、基础设施和产业支持等地区发展不平衡、不同产业基础条件及禀赋特点差异导致智能化的影响存在千差万别。这与近年来大多学者如刘淑春等(2021)、王兵和王启超(2019)、赵宸宇等(2021)的研究结论一致,表明随着我国智能制造产业政策的深入实施,制造业企业智能化水平的提升和全要素生产率核算方式的改进,"IT 技术生产率悖论"将不复存在。此外,由于地区和产业间资源禀赋差异导致智能化的影响存在很大不同。从区域来看,东北地区智能化对全要素生产率的促进作用最大为 0.0422,原因可能是东北地区近年来人口流失、互联网企业缺乏,使得东北地区的创新活力不强造成智能化指数较低,但老工业基地较好的制造业基础更符合产业发展趋势,能够实现有限资源的最优配置,提升产出水平;东部和西部地区影响系数分别是 0.0253 和 0.0217,而中部地区的影响不显著,原因可能是中部自身缺乏能源、人才等相关配套支持,而近年来承接的产业转移又加剧了资源的错配导致其影响不显著。从产业整体来看,智能化对高技术和传统产业均具有正向提升作用,但智能化对传统产业的促进作用更大,可能的原因是高技术产业自身的智能化和全要素生产率都处于较高水平,智能化升级的边际提升作用不显著,而智能化升级与传统制造业的融合发展大幅提高了如纺织业、汽车制造业等行业的全要素生产率。

## 6.5.2 中介作用机制结论分析

1)智能化对技术创新具有显著正向影响,但技术创新不存在中介效应,表明智能化水平并不能通过提高技术创新,进而提升制造业企业全要素生产率。可能是由于智能化带来的技术创新仍处于初级阶段,同时作为技术创新代理变量的发明专利数还未转化为新产品、新工艺等能够带来生产率的提升,因此技术创新可能还不能发挥规模化的促进作用,还不能提升企业的全要素生产率。

2)智能化对员工平均薪酬具有显著正向影响,且员工平均薪酬具有部分中介效应,表明智能化水平能够通过提升员工人均薪酬水平进而影响制造业企业全要素生产率。而智能化对薪酬差距的影响不显著,当智能化和薪酬差距同时加入模型时,智能化对制造业企业全要素生产率具有显著正向影响,薪酬差距对制造业企业全要素生产率具有显著负向影响,表明不存在中介效应。表明智能化并不能通过拉大薪酬差距进而影响制造业企业全要素生产率,这与楼永等(2021)的研究结论不一致,可能是由于大多数企业目前仍处于智能化的初始阶段,因智能化发展水平较低还未发生大规模的"机器换人",适应高技能教育人才的岗位增量缓慢,导致对具有高级技能的需求较少还未体现出员工之间的薪酬差距,特别是随着用工成本的上升和政府对高管薪酬的调控与限制,抑制薪酬差距激励作用的发挥,导致薪酬的中介作用不存在。

3)智能化对成本黏性具有显著负向影响,当智能化和成本黏性同时加入模型时,智能化对制造业企业全要素生产率具有显著正向影响,成本黏性对制造业企业全要素生产率具有显著负向影响,且成本黏性具有部分中介作用。智能化能够通过降低企业的成本黏性,从而影响制造业企业全要素生产率,这与李婉红(2021)和岳宇君等(2021)的研究结论一致。

## 6.5.3 调节作用机制结论分析

1）要素密集度的正向调节作用符合预期,也验证了智能化的高资本投入特性,智能化依赖的高端要素如人才、设备等都需要较高的资本注入形成集聚效应,能够更好地实现生产率提升。

2）企业所有权的正向调节作用与假设相符,非国有企业的机制灵活性更易于借助智能化变革带来生产率水平提升。

3）市场份额的负向调节作用与预期相符,占据较大市场份额的企业在智能化变革中更难打破路径依赖的束缚,进行组织适应性调整而带来资源错配效率降低,而市场份额较小的企业更易捕捉市场需求的变化而进行组织变革,实现生产率的提升。

# 7 智能化影响制造业企业全要素生产率的门槛机制研究

第 6 章用线性模型验证了智能化对企业全要素生产率的作用机制,包括直接影响、中介路径和调节效应,然而由于经济系统的庞大繁复性,智能化与多因素相互作用导致影响效应可能不是简单的二元的线性关系,而是复杂的非线性机制。因此,本章将进一步借助非线性计量模型验证智能化的门槛作用机制,用于辅助企业根据不同情况合理安排智能化转型升级的决策与举措。本章介绍了门槛回归模型的适用性,构建了智能化的门槛分析模型验证总体的非线性作用,将分析不同地区、不同行业以及不同要素密集度、所有权性质的非线性影响作用是否存在及其差异性。

## 7.1 面板门槛回归模型

进行普通回归分析的前提是系数的待估计值是稳定的,然而现实中很多经济变量都存在结构突变的情况,门槛效应(或称门限)指的是系统中某个因素变量的数值积累到一定的临界值而带来系统性能突变的现象,该临界值为门槛值,此类相关的模型为门槛模型(TR,Threshold Regression)。

就门槛回归模型而言,门槛效应的有效检验和门槛值的确定是其中的关键性内容,随着研究的日趋完善,与之相关的检验方法逐渐趋于成熟。采取门槛变量确定变量分界点,借助于门槛变量的观察数值,较为准确的对门槛值进行了预估,采取计量方式所得出的数值,不再受主观因素作用于分解方法而出现误差的影响,推动了计量领域在此方面的发展。Hansen(1999)提出可以应用"自体抽样方法",即为拔靴法(Bootstrap),据此完成检验统计量分布状况的计算,实现对检验数据门槛效应存在性的检验。

根据实际情况可能存在多个引起系统性能发生改变的临界值将模型分为单一门槛(只有一个临界值)、双重门槛(两个临界值)和三重门槛(三个临界值),更多个临界值的情况说明门槛模型不再适用,建议选取其他非线性模型,选取单一门槛建立模型如式(7-1)所示:

$$y_{it} = \begin{cases} \mu_i + \beta'_1 x_{it} + \varepsilon_{it}, q_{it} \leq \gamma \\ \mu_i + \beta'_2 x_{it} + \varepsilon_{it}, q_{it} > \gamma \end{cases} \quad (7-1)$$

引入指示函数 $I(\cdot)$,对式(7-1)进行简化:

$$y_{it} = \mu_i + \beta'_1 x_{it} \cdot I(q_{it} \leq \gamma) + \beta'_2 x_{it} \cdot I(q_{it} > \gamma) + \varepsilon_{it} \quad (7-2)$$

Hansen(1999)在门槛面板模型分析过程中应用两阶段最小二乘法,且在求得 OLS 的条件下来确定门槛值 $\gamma$,由此求得估计系数 $\hat{\beta}(\gamma)$ 和残差平方和 SSR($\gamma$),得到一个估计值 $\hat{\gamma}$,以保证 SSR($\hat{\gamma}$) 的数值最小,据此得出估计系数 $\hat{\beta}(\hat{\gamma})$。由指示函数的性质可知 SSR($\gamma$) 是 $\gamma$ 的阶梯函数,而阶梯变化的临界点不会取观测点之外的数值而影响估计的准确性,为了保证抽样样本的合理性,需排除两端 5% 的边缘值。

检验门槛效应的方式即为面向原假设 $H_0$ 实施检验

$$H_0: \beta_1 = \beta_2 \quad (7-3)$$

假设式(7-3)成立,式(7-2)可以转化得到:

$$y_{it} = \mu_i + \beta'_1 x_{it} + \varepsilon_{it} \quad (7-4)$$

应用 OLS 对式(7-4)进行估计,标记为系数具备限制条件下模型求得的残差平方和 SSR$^*$,满足 SSR$^* \geq$ SSR($\hat{\gamma}$)。若是代入约束条件 SSR$^*$ - SSR($\hat{\gamma}$)情形下,原假设就会被拒绝。Hansen(1999)借助于构造似然比检验的统计量实现了式(7-3)的原假设的检验:

$$\text{LR} = [\text{SSR}^* - \text{SSR}(\hat{\gamma})]/\hat{\sigma}^2 \quad (7-5)$$

通过式(7-5)可以明确,$\hat{\sigma}^2 = \text{SSR}(\hat{\gamma})/N(T-1)$代表对扰动项方差的一致估计值。面向统计量 LR 渐进分布进行的检验结果显示,其不是标准$\chi^2$分布,与样本矩有关联,就无法确定临界数值,因此 Hansen(1999)采取"自抽样法"解决了这一难题。

若是式(7-3)的原假设被拒绝,表示存在门槛效应,可以继续检验假设"$H_0: \gamma = \gamma_0$"($\gamma_0$ 为 $\gamma$ 的真实值),得到对其似然比进行定义的统计量:

$$\text{LR}(\gamma) = [\text{SSR}(\gamma) - \text{SSR}(\hat{\gamma})]/\hat{\sigma}^2 \tag{7-6}$$

Hansen(1999)指出上述统计量不是标准分布,不过和其对应的累计分布函数为$(1-\exp(-x/2))^2$,据此可以利用 LR($\gamma$)来对 $\gamma$ 的置信区间进行计算,得出临界值。

双重门槛模型可以设定成:

$$\begin{aligned} y_{it} = \mu_i &+ \beta'_1 x_{it} \cdot I(q_{it} \leq \gamma_1) + \beta'_2 x_{it} \cdot I(\gamma_1 < q_{it} \leq \gamma_2) \\ &+ \beta'_3 x_{it} \cdot I(q_{it} > \gamma_2) + \varepsilon_{it} \end{aligned} \tag{7-7}$$

结合上述内容,可得门槛数值 $\gamma_1 < \gamma_2$,可将其转化为离差形式,由此应用 OLS 两步法加以估计。

## 7.2 理论分析与模型构建

### 7.2.1 理论分析

由第 6 章的研究结论可知,智能化在总体上能够正向促进制造业企业全要素生产率,然而企业智能化升级是一个由少到多、由独立到融合的系统性渐进过程,因此智能化对全要素生产率的提升作用需要时间的累积,才能实现从"量变"到"质变"的结构性突变,即智能化的影响不是简单的线性正向、负向的作用,而是存在累积的门槛的非线性改变,且不同类型的企业之间的非线性关系也存在异质性,因此,提出本章的理论假设如下:

Hb:智能化与企业全要素生产率存在门槛的非线性关系,因企业所在地区和行业差异,以及企业类型不同造成这种非线性关系也存在异质性。

## 7.2.2 门槛模型构建

本章研究样本、数据来源与变量说明均与第 5 章相同,其中因变量是用 DEA-Malmquist 指数法计算的全要素生产率,核心自变量即门槛变量是第 5 章中用主成分分析法计算的制造业上市企业智能化水平指数,其他控制变量不再赘述。

根据式(7-2)和式(7-7)建立相应的单一门槛模型如式(7-8)、双门槛模型如式(7-9)所示。

$$\begin{aligned}全要素生产率 =\ &\alpha_0+\alpha_1 \text{智能化} \cdot I(\text{智能化} \leqslant \gamma_1)+\alpha_2 \text{智能化} \cdot I(\text{智能化}>\gamma_1)\\&+\alpha_3 \text{杠杆率}+\alpha_4 \text{企业规模}+\alpha_5 \text{成长性}+\alpha_6 \text{现金流}+\alpha_7 \text{资产结构}\\&+\alpha_8 \text{冗余资源}+\alpha_9 \text{政府补助}+\alpha_{10} \text{利润率}+\alpha_{11} \text{政府支出}\\&+\alpha_{12} \text{金融发展水平}+\varepsilon\end{aligned} \quad (7-8)$$

$$\begin{aligned}全要素生产率 =\ &\alpha_0+\alpha_1 \text{智能化} \cdot I(\text{智能化} \leqslant \gamma_1)+\alpha_2 \text{智能化} \cdot I(\gamma_1<\text{智能化} \leqslant \gamma_2)\\&+\alpha_3 \text{智能化} \cdot I(\text{智能化}>\gamma_2)+\alpha_4 \text{杠杆率}+\alpha_5 \text{企业规模}\\&+\alpha_6 \text{成长性}+\alpha_7 \text{现金流}+\alpha_8 \text{资产结构}+\alpha_9 \text{冗余资源}+\alpha_{10} \text{政府补助}\\&+\alpha_{11} \text{利润率}+\alpha_{12} \text{政府支出}+\alpha_{13} \text{金融发展水平}+\varepsilon\end{aligned} \quad (7-9)$$

其中 $\gamma_1$、$\gamma_2$ 为智能化水平指数的门槛值。

## 7.3 全样本门槛回归

运用面板门槛模型分析智能化对制造业上市企业全要素生产率的非线性影响。首先,是确定门槛变量智能化水平存在的门槛数量;其次,根据门槛变量智能化水平的数量和大小,建立智能化水平对企业全要素生产率影响的面板门槛模型;最后,运用固定效应模型计算估计参数。

### 7.3.1 确定门槛效应和数量

本节依据前述 Hansen(1999)的方法确定门槛变量智能化水平指数的门槛个数和大小,计算相应的 $F$ 值,根据显著性水平再采用 Bootstrap 自抽样

500次的方法进一步计算 $P$ 值,判断三类门槛效应是否显著,来判断门槛效应是否存在,全样本的门槛值检验结果,如表7-1所示。

表7-1 全样本门槛值检验

| 模型 | 门槛估计值 | $F$ 值 | $P$ 值 | BS 次数 | 临界值 10% | 5% | 1% |
| --- | --- | --- | --- | --- | --- | --- | --- |
| 单一门槛 | 0.706 | 81.550*** | 0.000 | 500.000 | 26.857 | 31.803 | 36.008 |
| 双重门槛 | 0.134, −0.854 | 25.980*** | 0.000 | 500.000 | 10.053 | 11.542 | 16.961 |
| 三重门槛 | 0.299 | 8.980 | 0.596 | 500.000 | 21.381 | 25.864 | 34.457 |

由表7-1可知,单一门槛和双重门槛对应的 $F$ 值分别为81.550和25.980,均达1%的显著性水平;三重门槛对应的 $F$ 值为8.980,未达显著性水平;从而说明智能化水平影响企业全要素生产率的全样本面板门槛模型为双重门槛,智能化水平对全要素生产率的全样本影响具有双重门槛效应,其门槛估计值分别为−0.854和0.134。门槛值的 LR 检验情况如图7-1所示,图中虚线表示似然比统计量 LR 的临界值,可以看出门槛值均通过了1%的显著性水平检验,可以认为求取的门槛值是真实有效的。

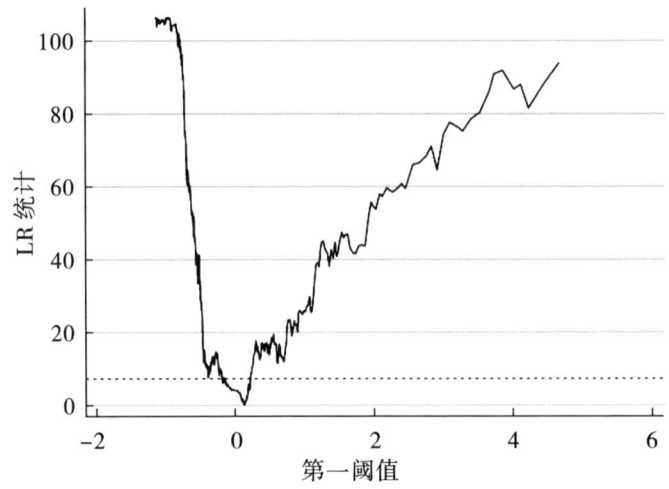

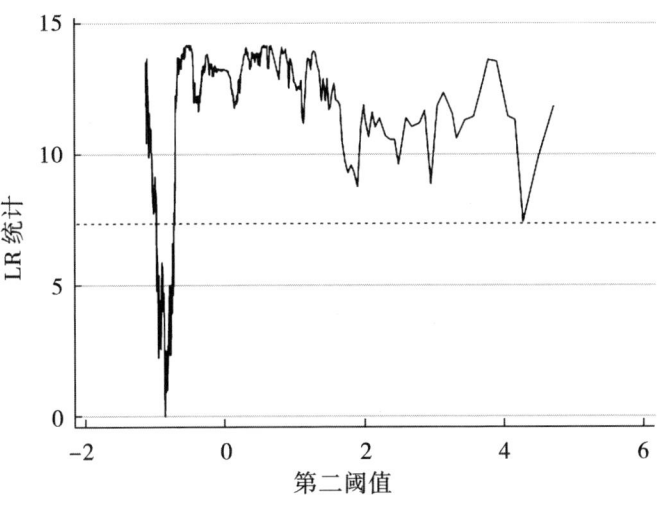

图7-1 全样本门槛值LR检验

## 7.3.2 全样本门槛效应分析

根据式(7-9)采用双重门槛模型分析全样本智能化水平,对制造业上市企业全要素生产率的非线性影响,具体结果见表7-2。

表7-2 全样本面板门槛回归结果

| 全要素生产率 | Coef. | Std. Err. | $t$ | $P>|t|$ | [95% Conf. Interval] | |
|---|---|---|---|---|---|---|
| 智能化(<=-0.854) | 0.073 | 0.008 | 9.330 | 0.000 | 0.058 | 0.088 |
| 智能化(>-0.854 & <=0.134) | 0.115 | 0.010 | 11.760 | 0.000 | 0.096 | 0.134 |
| 智能化(>0.134) | 0.010 | 0.004 | 2.750 | 0.006 | 0.003 | 0.017 |
| 杠杆率 | 0.054 | 0.024 | 2.260 | 0.024 | 0.007 | 0.101 |
| 企业规模 | -0.052 | 0.008 | -6.400 | 0.000 | -0.068 | -0.036 |
| 成长性 | 0.661 | 0.010 | 67.400 | 0.000 | 0.642 | 0.680 |
| 现金流 | 0.078 | 0.021 | 3.650 | 0.000 | 0.036 | 0.120 |
| 资产结构 | 0.005 | 0.000 | 9.380 | 0.000 | 0.004 | 0.006 |
| 冗余资源 | 0.048 | 0.007 | 7.280 | 0.000 | 0.035 | 0.061 |

续表 7-2

| 全要素生产率 | Coef. | Std. Err. | t | P>\|t\| | [95% Conf. Interval] | |
|---|---|---|---|---|---|---|
| 政府补助 | 0.002 | 0.000 | 8.370 | 0.000 | 0.002 | 0.003 |
| 利润率 | −0.237 | 0.030 | −7.890 | 0.000 | −0.296 | −0.178 |
| 政府支出 | 0.283 | 0.123 | 2.310 | 0.021 | 0.043 | 0.523 |
| 金融发展水平 | 0.924 | 0.151 | 6.120 | 0.000 | 0.628 | 1.220 |
| _cons | 0.955 | 0.123 | 7.800 | 0.000 | 0.715 | 1.196 |

由表 7-2 可知，从全样本来看智能化水平对企业全要素生产率的影响是非线性的，两个门槛值存在显著不同的影响效应，当智能化指数小于 −0.854 时，对全要素生产率的正向影响系数为 0.073，此时提高企业智能化水平可以提升企业全要素生产率；当智能化水平高于 −0.854 且低于 0.134 时，智能化对企业全要素生产率存在着显著正向影响，影响系数能够达到 0.115，此时提高企业智能化水平可以提升企业全要素生产率；当企业智能化水平高于 0.134 时，智能化对企业全要素生产率存在着显著正向影响，但此时影响系数降低到 0.010，此时提高企业智能化水平虽然能够提升企业全要素生产率，但提升速度降低。总的来看，智能化水平对企业全要素生产率的正向影响，随着智能化水平的提升呈现先增加然后大幅增加再减小的非线性特征。

微观控制变量的回归结果是杠杆率(0.054**)、成长性(0.661***)、现金流(0.078***)、资产结构(0.005***)、冗余资源(0.048***)和政府补助(0.002***)对全要素生产率有显著正向影响，而企业规模(−0.052***)和利润率(−0.237***)对全要素生产率具有抑制作用。宏观控制变量的回归结果是政府支出(0.283***)和金融发展水平(0.924***)能够显著正向提升企业全要素生产率。相应结果与线性模型表 6-6 结果相比没有显著改变，也进一步验证了模型的稳健性。

## 7.4 分地区门槛回归

本节针对不同地区样本进行门槛回归分析,检验在不同地区智能化对制造业企业全要素生产率的非线性影响。

### 7.4.1 东部地区

由表 7-3 可知,东部地区单一门槛和双重门槛对应的 $F$ 值分别为 60.600 和 23.370,均在 1% 水平显著,而三重门槛对应的 $F$ 值为 4.890,未达显著性水平;从而说明东部地区智能化水平对企业全要素生产率的影响面板门槛模型为双重门槛。智能化水平门槛具体数值见表 7-4,由表 7-4 可知,东部地区智能化水平双重门槛的估计数据分别为 0.133 和 −0.934。根据式(7-9)采用双重门槛模型分析东部地区智能化升级对企业全要素生产率的非线性影响,结果如表 7-5 所示。

表 7-3 东部地区门槛效果自抽样检验

| 模型 | $F$ 值 | $P$ 值 | BS 次数 | 临界值 | | |
|---|---|---|---|---|---|---|
| | | | | 10% | 5% | 1% |
| 单一门槛 | 60.600*** | 0.000 | 500.000 | 20.770 | 24.829 | 31.845 |
| 双重门槛 | 23.370*** | 0.002 | 500.000 | 9.415 | 11.205 | 13.623 |
| 三重门槛 | 4.890 | 0.852 | 500.000 | 18.789 | 21.775 | 28.693 |

表7-4 东部地区门槛估计值和置信区间

| 模型类型 | 门槛估计值 | 95%置信区间 | |
| --- | --- | --- | --- |
| 单一门槛模型 | 0.620 | 0.581 | 0.627 |
| 双重门槛模型 | | | |
| Ito1 | 0.133 | −0.036 | 0.142 |
| Ito2 | −0.934 | −0.964 | −0.929 |
| 三重门槛模型 | 0.268 | 0.009 | 0.275 |

表7-5 东部地区面板门槛回归结果

| 全要素生产率 | Coef. | Std. Err. | $t$ | $P>\|t\|$ | [95% Conf. Interval] | |
| --- | --- | --- | --- | --- | --- | --- |
| 智能化(<=−0.934) | 0.070 | 0.010 | 6.810 | 0.000 | 0.050 | 0.090 |
| 智能化(>−0.934 & <=0.133) | 0.123 | 0.012 | 10.430 | 0.000 | 0.100 | 0.146 |
| 智能化(>0.133) | 0.011 | 0.004 | 2.650 | 0.008 | 0.003 | 0.020 |
| 杠杆率 | 0.079 | 0.030 | 2.690 | 0.007 | 0.021 | 0.137 |
| 企业规模 | −0.046 | 0.010 | −4.430 | 0.000 | −0.067 | −0.026 |
| 成长性 | 0.652 | 0.013 | 51.270 | 0.000 | 0.627 | 0.677 |
| 现金流 | 0.066 | 0.027 | 2.400 | 0.016 | 0.012 | 0.119 |
| 资产结构 | 0.005 | 0.001 | 8.150 | 0.000 | 0.004 | 0.006 |
| 冗余资源 | 0.047 | 0.009 | 5.440 | 0.000 | 0.030 | 0.065 |
| 政府补助 | 0.003 | 0.000 | 7.150 | 0.000 | 0.002 | 0.003 |
| 利润率 | −0.269 | 0.038 | −7.140 | 0.000 | −0.343 | −0.195 |
| 政府支出 | 0.442 | 0.184 | 2.400 | 0.016 | 0.081 | 0.802 |
| 金融发展水平 | 0.473 | 0.190 | 2.490 | 0.013 | 0.101 | 0.846 |
| _cons | 0.868 | 0.157 | 5.530 | 0.00 | 0.561 | 1.176 |

由表7-5可知,东部地区智能化水平的影响是双门槛非线性作用,当智能化指数低于−0.934时,具有影响系数为0.070的正向影响,此时提高企业

智能化水平,可以提升企业全要素生产率;当企业智能化水平高于-0.934且低于0.133时,智能化水平对企业全要素生产率存在显著正向影响,影响系数为0.123,此时提高企业智能化水平可以提升企业全要素生产率;当智能化水平高于0.133时,智能化水平对企业全要素生产率也存在显著正向影响,影响系数为0.011,此时提高企业智能化水平,同样能提升企业全要素生产率。总的来说,东部地区企业智能化对企业全要素生产率有显著正向影响,影响程度是先升后降的非线性关系。

微观和宏观控制变量的影响同全样本结论一致,不再赘述。

## 7.4.2 中部地区

中部地区门槛自抽样结果见表7-6,可知中部地区单一门槛对应的$F$值为12.360,在10%的水平上显著;双重门槛对应的$F$值为4.480,未达显著性水平;三重门槛对应的$F$值为4.440,也未达显著性水平;从而说明中部地区智能化水平对企业全要素生产率的影响面板门槛模型为单一门槛。中部地区智能化水平门槛具体数值见表7-7,可知中部地区智能化水平单一门槛的估计数值为0.423,因此采用式(7-8)单一门槛模型分析中部地区智能化水平的非线性作用,结果见表7-8。

表7-6 中部地区门槛效果自抽样检验

| 模型 | $F$值 | $P$值 | BS次数 | 临界值 | | |
|---|---|---|---|---|---|---|
| | | | | 10% | 5% | 1% |
| 单一门槛 | 12.360* | 0.084 | 500.000 | 11.704 | 14.623 | 20.025 |
| 双重门槛 | 4.480 | 0.628 | 500.000 | 10.506 | 11.901 | 16.550 |
| 三重门槛 | 4.440 | 0.584 | 500.000 | 10.445 | 12.270 | 16.473 |

表7-7　中部地区门槛估计值和置信区间

| 模型类型 | 门槛估计值 | 95%置信区间 | |
|---|---|---|---|
| 单一门槛模型 | 0.423 | −0.103 | 0.429 |
| 双重门槛模型 | | | |
| Ito1 | 0.423 | 0.072 | 0.429 |
| Ito2 | 0.243 | 0.240 | 0.245 |
| 三重门槛模型 | −0.220 | −0.223 | −0.215 |

表7-8　中部地区面板门槛回归结果

| 全要素生产率 | Coef. | Std. Err. | $t$ | $P>\lvert t \rvert$ | [95% Conf. Interval] | |
|---|---|---|---|---|---|---|
| 智能化（<=0.423） | 0.058 | 0.017 | 3.310 | 0.001 | 0.023 | 0.092 |
| 智能化（>0.423） | −0.004 | 0.008 | −0.550 | 0.583 | −0.019 | 0.011 |
| 杠杆率 | 0.000 | 0.060 | 0.010 | 0.994 | −0.117 | 0.118 |
| 企业规模 | −0.080 | 0.019 | −4.120 | 0.000 | −0.118 | −0.042 |
| 成长性 | 0.666 | 0.023 | 28.960 | 0.000 | 0.621 | 0.711 |
| 现金流 | 0.067 | 0.054 | 1.240 | 0.214 | −0.039 | 0.173 |
| 资产结构 | 0.005 | 0.002 | 2.940 | 0.003 | 0.002 | 0.008 |
| 冗余资源 | 0.056 | 0.015 | 3.740 | 0.000 | 0.027 | 0.085 |
| 政府补助 | 0.002 | 0.001 | 2.830 | 0.005 | 0.001 | 0.003 |
| 利润率 | −0.182 | 0.080 | −2.270 | 0.023 | −0.339 | −0.025 |
| 政府支出 | −0.531 | 0.396 | −1.340 | 0.180 | −1.307 | 0.245 |
| 金融发展水平 | 2.832 | 0.469 | 6.040 | 0.000 | 1.913 | 3.751 |
| _cons | 1.414 | 0.287 | 4.930 | 0.000 | 0.851 | 1.977 |

由表7-8可知，中部地区智能化水平的影响具有单一门槛非线性作用，当智能化指数低于0.423时，智能化水平具有影响系数为0.058的正向促进作用，此时提高企业智能化水平，可以提升企业全要素生产率；当智能化水平高于0.423时，智能化水平对企业全要素生产率不存在显著影响，此时提

高企业智能化水平,不能提升企业全要素生产率。中部地区企业智能化水平并不是越高越好,当智能化水平提升到一定程度后,并不能进一步提升企业全要素生产率。

### 7.4.3 西部地区

西部地区门槛自抽样结果见表7-9,可知西部地区单一门槛对应的$F$值为6.180,未达显著性水平;双重门槛对应的$F$值为29.100,在1%水平上显著;三重门槛对应的$F$值为11.020,未达显著性水平;从而说明西部地区智能化水平对企业全要素生产率的影响为双重门槛。西部地区智能化水平门槛具体数值见表7-10,可知西部地区智能化水平双重门槛的估计数据分别为-0.739和-0.737。采用双重门槛模型分析西部地区智能化升级对企业全要素生产率的非线性影响,结果见表7-11。

表7-9 西部地区门槛效果自抽样检验

| 模型 | $F$值 | $P$值 | BS次数 | 临界值 | | |
| --- | --- | --- | --- | --- | --- | --- |
| | | | | 10% | 5% | 1% |
| 单一门槛 | 6.180 | 0.324 | 500.000 | 10.645 | 12.682 | 15.891 |
| 双重门槛 | 29.100*** | 0.000 | 500.000 | 8.500 | 10.165 | 14.237 |
| 三重门槛 | 11.020 | 0.164 | 500.000 | 13.927 | 16.982 | 26.073 |

表7-10 西部地区门槛估计值和置信区间

| 模型类型 | 门槛估计值 | 95%置信区间 | |
| --- | --- | --- | --- |
| 单一门槛模型 | -1.105 | -1.106 | -1.105 |
| 双重门槛模型 | | | |
| Ito1 | -0.739 | -0.741 | -0.737 |
| Ito2 | -0.737 | -0.739 | -0.735 |
| 三重门槛模型 | -0.679 | -0.743 | -0.678 |

表7-11 西部地区面板门槛回归结果

| 全要素生产率 | Coef. | Std. Err. | $t$ | $P>|t|$ | [95% Conf. Interval] | |
|---|---|---|---|---|---|---|
| 智能化(<=-0.739) | 0.017 | 0.016 | 1.050 | 0.292 | -0.015 | 0.049 |
| 智能化(>-0.739 & <=-0.737) | -0.579 | 0.155 | -3.730 | 0.000 | -0.884 | -0.275 |
| 智能化(>-0.737) | 0.023 | 0.009 | 2.530 | 0.012 | 0.005 | 0.041 |
| 杠杆率 | 0.025 | 0.062 | 0.400 | 0.687 | -0.097 | 0.147 |
| 企业规模 | -0.042 | 0.021 | -1.980 | 0.048 | -0.084 | 0.000 |
| 成长性 | 0.728 | 0.024 | 30.460 | 0.000 | 0.681 | 0.775 |
| 现金流 | 0.184 | 0.053 | 3.460 | 0.001 | 0.080 | 0.288 |
| 资产结构 | 0.006 | 0.002 | 3.570 | 0.000 | 0.003 | 0.010 |
| 冗余资源 | 0.033 | 0.017 | 1.950 | 0.051 | 0.000 | 0.067 |
| 政府补助 | 0.002 | 0.001 | 2.480 | 0.013 | 0.000 | 0.004 |
| 利润率 | -0.204 | 0.078 | -2.600 | 0.009 | -0.358 | -0.050 |
| 政府支出 | -0.215 | 0.256 | -0.840 | 0.401 | -0.718 | 0.287 |
| 金融发展水平 | 1.760 | 0.392 | 4.490 | 0.000 | 0.991 | 2.529 |
| _cons | 1.014 | 0.327 | 3.100 | 0.002 | 0.372 | 1.656 |

由表7-11可知,西部地区智能化的影响具有双门槛非线性作用,当智能化指数低于-0.739时,智能化的影响作用不显著,在此数值内提高智能化指数并不能为企业带来效率的提升和改变;当企业智能化水平高于-0.739且低于-0.737时,智能化水平对企业全要素生产率存在显著负向影响,影响系数为-0.579,此时提高企业智能化水平,将导致企业全要素生产率下降;当智能化水平高于-0.737时,智能化水平对企业全要素生产率存在显著正向影响,影响系数为0.023,此时提高企业智能化水平,能提升企业全要素生产率。西部地区因工业基础、人才缺乏和产业链不全等因素,导致智能化转型初期面临成本等投入巨大却对效率的提升作用不明显,甚至起负向的抑制作用,而随着智能化带来的技术和经验的累积度过阵痛期后才能够提升全要素生产率。

## 7.4.4 东北地区

东北地区门槛自抽样结果见表7-12,可知东北地区单一门槛对应的$F$值为3.600,未达显著性水平;双重门槛对应的$F$值为3.210,未达显著性水平;三重门槛对应的$F$值为1.430,也未达显著性水平;从而说明东北地区智能化升级对企业全要素生产率的影响不存在门槛效应。

表7-12 东北地区门槛效果自抽样检验

| 模型 | $F$值 | $P$值 | BS次数 | 临界值 | | |
| --- | --- | --- | --- | --- | --- | --- |
| | | | | 10% | 5% | 1% |
| 单一门槛 | 3.600 | 0.602 | 500.000 | 9.156 | 11.316 | 14.579 |
| 双重门槛 | 3.210 | 0.718 | 500.000 | 8.781 | 10.311 | 13.990 |
| 三重门槛 | 1.430 | 0.970 | 500.000 | 9.883 | 11.792 | 16.451 |

## 7.5 分行业门槛回归

本节针对不同行业样本进行门槛回归分析,检验不同行业智能化对制造业企业全要素生产率的非线性影响。

### 7.5.1 高技术企业

高技术企业门槛自抽样结果见表7-13,可知高技术企业单一门槛和双重门槛对应的$F$值分别为29.590和21.120,显著性水平均为1%,而三重门槛对应的$F$值为4.570,未达显著性水平;从而说明高技术企业智能化升级对企业全要素生产率影响的面板门槛模型为双重门槛。智能化水平门槛具体数值见表7-14,可知高技术企业智能化水平双重门槛的估计数值分别为-

0.845 和 0.135,故采用双重门槛模型分析高技术企业智能化水平对企业全要素生产率的非线性影响,结果见表 7-15。

表 7-13 高技术企业门槛效果自抽样检验

| 模型 | $F$ 值 | $P$ 值 | BS 次数 | 临界值 | | |
|---|---|---|---|---|---|---|
| | | | | 10% | 5% | 1% |
| 单一门槛 | 29.590*** | 0.002 | 500.000 | 13.850 | 15.743 | 20.496 |
| 双重门槛 | 21.120*** | 0.000 | 500.000 | 9.183 | 10.973 | 13.581 |
| 三重门槛 | 4.570 | 0.878 | 500.000 | 18.399 | 21.896 | 28.608 |

表 7-14 高技术企业门槛估计值和置信区间

| 模型类型 | 门槛估计值 | 95%置信区间 | |
|---|---|---|---|
| 单一门槛模型 | 0.664 | 0.224 | 0.682 |
| 双重门槛模型 | | | |
| Ito1 | 0.135 | −0.059 | 0.140 |
| Ito2 | −0.845 | −0.869 | −0.841 |
| 三重门槛模型 | −0.212 | −0.216 | −0.204 |

表 7-15 高技术企业面板门槛回归结果

| 全要素生产率 | Coef. | Std. Err. | $t$ | $P>|t|$ | [95% Conf. Interval] | |
|---|---|---|---|---|---|---|
| 智能化(<=−0.845) | 0.057 | 0.013 | 4.460 | 0.000 | 0.032 | 0.081 |
| 智能化(>−0.845 & <=0.135) | 0.123 | 0.016 | 7.580 | 0.000 | 0.091 | 0.155 |
| 智能化(>0.135) | 0.006 | 0.005 | 1.130 | 0.259 | −0.004 | 0.016 |
| 杠杆率 | 0.071 | 0.037 | 1.900 | 0.057 | −0.002 | 0.144 |
| 企业规模 | −0.077 | 0.013 | −5.890 | 0.000 | −0.102 | −0.051 |
| 成长性 | 0.661 | 0.015 | 42.730 | 0.000 | 0.631 | 0.691 |

续表 7-15

| 全要素生产率 | Coef. | Std. Err. | $t$ | $P>|t|$ | [95% Conf. Interval] | |
|---|---|---|---|---|---|---|
| 现金流 | 0.092 | 0.035 | 2.650 | 0.008 | 0.024 | 0.160 |
| 资产结构 | 0.006 | 0.001 | 7.640 | 0.000 | 0.004 | 0.007 |
| 冗余资源 | 0.071 | 0.011 | 6.470 | 0.000 | 0.050 | 0.093 |
| 政府补助 | 0.002 | 0.000 | 4.840 | 0.000 | 0.001 | 0.003 |
| 利润率 | -0.327 | 0.044 | -7.500 | 0.000 | -0.412 | -0.241 |
| 政府支出 | 0.200 | 0.191 | 1.050 | 0.295 | -0.174 | 0.574 |
| 金融发展水平 | 1.060 | 0.261 | 4.060 | 0.000 | 0.548 | 1.571 |
| _cons | 1.005 | 0.185 | 5.440 | 0.000 | 0.643 | 1.367 |

由表 7-15 可知，高技术企业的智能化水平具有双门槛非线性作用，当智能化指数低于 -0.845 时，智能化具有影响系数为 0.057 的正向提升作用，此时提高企业智能化水平，可以提升企业全要素生产率；当企业智能化水平高于 -0.845 且低于 0.135 时，智能化水平对企业全要素生产率存在显著正向影响，影响系数为 0.123，此时提高企业智能化水平可以提升企业全要素生产率；当智能化水平高于 0.135 时，智能化水平对企业全要素生产率不存在显著影响，此时提高企业智能化水平，并不能提升企业全要素生产率。

## 7.5.2 非高技术企业

非高技术企业门槛自抽样结果见表 7-16，可知非高技术企业单一门槛对应的 $F$ 值为 51.030，在 1% 水平上显著；双重门槛对应的 $F$ 值为 0.260，未达显著性水平；三重门槛对应的 $F$ 值为 9.420，也未达显著性水平；说明非高技术企业智能化水平存在单一门槛效应。智能化水平门槛具体数值见表 7-17，可知非高技术企业智能化水平单一门槛的估计数值为 0.817，详细分析结果见表 7-18。

表 7-16　非高技术企业门槛效果自抽样检验

| 模型 | F 值 | P 值 | BS 次数 | 临界值 | | |
|---|---|---|---|---|---|---|
| | | | | 10% | 5% | 1% |
| 单一门槛 | 51.030*** | 0.000 | 500.000 | 21.655 | 25.092 | 29.132 |
| 双重门槛 | 0.260 | 1.000 | 500.000 | 9.208 | 10.801 | 12.937 |
| 三重门槛 | 9.420 | 0.252 | 500.000 | 12.854 | 14.838 | 19.936 |

表 7-17　非高技术企业门槛估计值和置信区间

| 模型类型 | 门槛估计值 | 95% 置信区间 | |
|---|---|---|---|
| 单一门槛模型 | -1.041 | -1.046 | -1.040 |
| 双重门槛模型 | | | |
| Ito1 | -0.808 | -0.815 | -0.804 |
| Ito2 | -0.898 | -0.900 | -0.893 |
| 三重门槛模型 | -1.041 | -1.044 | -1.040 |

表 7-18　非高技术企业面板回归估计结果

| 全要素生产率 | Coef. | Std. Err. | $t$ | $P>|t|$ | [95% Conf. Interval] | |
|---|---|---|---|---|---|---|
| 智能化（<=0.817） | 0.073 | 0.007 | 9.850 | 0.000 | 0.059 | 0.088 |
| 智能化（>0.817） | 0.018 | 0.005 | 3.840 | 0.000 | 0.009 | 0.027 |
| 杠杆率 | 0.041 | 0.031 | 1.320 | 0.187 | -0.020 | 0.102 |
| 企业规模 | -0.034 | 0.011 | -3.230 | 0.001 | -0.055 | -0.013 |
| 成长性 | 0.661 | 0.013 | 51.980 | 0.000 | 0.636 | 0.685 |
| 现金流 | 0.062 | 0.027 | 2.260 | 0.024 | 0.008 | 0.115 |
| 资产结构 | 0.004 | 0.001 | 5.610 | 0.000 | 0.002 | 0.005 |
| 冗余资源 | 0.032 | 0.008 | 3.740 | 0.000 | 0.015 | 0.048 |

续表 7-18

| 全要素生产率 | Coef. | Std. Err. | t | P>\|t\| | [95% Conf. Interval] | |
|---|---|---|---|---|---|---|
| 政府补助 | 0.003 | 0.000 | 6.810 | 0.000 | 0.002 | 0.003 |
| 利润率 | −0.144 | 0.042 | −3.410 | 0.001 | −0.227 | −0.061 |
| 政府支出 | 0.356 | 0.160 | 2.220 | 0.027 | 0.041 | 0.670 |
| 金融发展水平 | 0.821 | 0.183 | 4.480 | 0.000 | 0.462 | 1.180 |
| _cons | 0.886 | 0.163 | 5.450 | 0.000 | 0.567 | 1.205 |

由表 7-18 可知，非高技术企业智能化水平具有单一门槛非线性作用，当智能化指数低于 0.817 时，智能化水平具有系数为 0.073 的正向促进影响，此时提高企业智能化水平，可以提升企业全要素生产率；当智能化水平高于 0.817 时，智能化水平对企业全要素生产率存在显著正向影响，影响系数为 0.018，此时提高企业智能化水平，可以提升企业全要素生产率。总体来看，传统行业智能化水平的提升作用呈现边际效应降低的非线性正向提升趋势。

## 7.6 分要素密度门槛回归

本节针对不同要素密度样本进行门槛回归分析，检验不同要素密度情况下智能化对制造业企业全要素生产率的非线性影响。

### 7.6.1 资本密集型企业

资本密集型企业门槛自抽样结果见表 7-19，可知资本密集型企业单一门槛和双重门槛对应的 $F$ 值分别为 71.660 和 30.460，显著性水平均为 1%，而三重门槛对应的 $F$ 值为 8.900，未达显著性水平；从而说明资本密集型企业智能化对全要素生产率的影响为双重门槛效应。智能化水平门槛具体数值见表 7-20，可知资本密集型企业智能化水平双重门槛的估计数值分别为 0.135 和 −0.831。采用双重门槛模型分析资本密集型企业智能化水平对企业全要素生产率的非线性影响，结果见表 7-21。

表 7-19　资本密集型企业门槛效果自抽样检验

| 模型 | F 值 | P 值 | BS 次数 | 临界值 10% | 临界值 5% | 临界值 1% |
|---|---|---|---|---|---|---|
| 单一门槛 | 71.660*** | 0.000 | 500.000 | 26.728 | 31.018 | 37.091 |
| 双重门槛 | 30.460*** | 0.000 | 500.000 | 9.500 | 11.464 | 14.566 |
| 三重门槛 | 8.900 | 0.742 | 500.000 | 24.873 | 28.961 | 37.092 |

表 7-20　资本密集型企业门槛估计值和置信区间

| 模型类型 | 门槛估计值 | 95% 置信区间 | |
|---|---|---|---|
| 单一门槛模型 | 0.700 | 0.629 | 0.709 |
| 双重门槛模型 | | | |
| Ito1 | 0.135 | -0.007 | 0.143 |
| Ito2 | -0.831 | -0.863 | -0.829 |
| 三重门槛模型 | 0.302 | 0.065 | 0.308 |

表 7-21　资本密集型企业面板门槛回归结果

| 全要素生产率 | Coef. | Std. Err. | $t$ | $P>|t|$ | [95% Conf. Interval] | |
|---|---|---|---|---|---|---|
| 智能化（<=-0.831） | 0.070 | 0.008 | 8.370 | 0.000 | 0.053 | 0.086 |
| 智能化（>-0.831 & <=0.135） | 0.120 | 0.011 | 11.410 | 0.000 | 0.100 | 0.141 |
| 智能化（>0.135） | 0.010 | 0.004 | 2.880 | 0.004 | 0.003 | 0.017 |
| 杠杆率 | 0.058 | 0.026 | 2.280 | 0.023 | 0.008 | 0.108 |
| 企业规模 | -0.060 | 0.009 | -6.850 | 0.000 | -0.077 | -0.043 |
| 成长性 | 0.659 | 0.010 | 63.640 | 0.000 | 0.639 | 0.680 |
| 现金流 | 0.060 | 0.023 | 2.610 | 0.009 | 0.015 | 0.106 |
| 资产结构 | 0.005 | 0.001 | 8.780 | 0.000 | 0.004 | 0.006 |
| 冗余资源 | 0.055 | 0.007 | 7.780 | 0.000 | 0.041 | 0.069 |

续表7-21

| 全要素生产率 | Coef. | Std. Err. | t | P>|t| | [95% Conf. Interval] | |
| --- | --- | --- | --- | --- | --- | --- |
| 政府补助 | 0.003 | 0.000 | 8.080 | 0.000 | 0.002 | 0.003 |
| 利润率 | −0.232 | 0.032 | −7.340 | 0.000 | −0.295 | −0.170 |
| 政府支出 | 0.309 | 0.132 | 2.350 | 0.019 | 0.051 | 0.567 |
| 金融发展水平 | 0.947 | 0.162 | 5.850 | 0.000 | 0.630 | 1.265 |
| _cons | 0.967 | 0.129 | 7.490 | 0.000 | 0.714 | 1.221 |

由表7-21可知，资本密集型企业智能化的影响效应具有双门槛非线性机制。当智能化指数低于−0.831时，具有影响系数为0.070的正向促进作用，此时提高企业智能化水平，可以提升企业全要素生产率；当企业智能化水平高于−0.831且低于0.135时，智能化水平对企业全要素生产率存在显著正向影响，影响系数为0.120，此时提高企业智能化水平可以提升企业全要素生产率；当智能化水平高于0.135时，智能化水平对企业全要素生产率存在显著正向影响，影响系数为0.010，此时提高企业智能化水平，可以提升企业全要素生产率。整体来看，要素密集型企业智能化对企业全要素生产率有显著正向影响，影响程度先升后降，因而是非线性的影响关系。

## 7.6.2 劳动密集型企业

劳动密集型企业门槛效果自抽样结果见表7-22，可知劳动密集型企业单一门槛对应的$F$值为8.460，未达显著性水平；双重门槛对应的$F$值为1.610，未达显著性水平；三重门槛对应的$F$值为3.200，也未达显著性水平；说明劳动密集型企业智能化水平不存在门槛机制。

表7-22 劳动密集型企业门槛效果自抽样检验

| 模型 | $F$值 | $P$值 | BS次数 | 临界值 | | |
| --- | --- | --- | --- | --- | --- | --- |
| | | | | 10% | 5% | 1% |
| 单一门槛 | 8.460 | 0.190 | 500.000 | 10.237 | 11.811 | 15.438 |

续表 7-22

| 模型 | $F$ 值 | $P$ 值 | BS 次数 | 临界值 | | |
|---|---|---|---|---|---|---|
| | | | | 10% | 5% | 1% |
| 双重门槛 | 1.610 | 0.982 | 500.000 | 10.093 | 12.170 | 15.120 |
| 三重门槛 | 3.200 | 0.826 | 500.000 | 9.866 | 12.197 | 17.023 |

## 7.7 分所有权性质门槛回归

本节针对不同所有权样本进行门槛回归分析,检验不同所有权情况下智能化对制造业企业全要素生产率的非线性影响。

### 7.7.1 国有企业

国有企业门槛自抽样结果见表 7-23,可知国有企业单一门槛对应的 $F$ 值为 34.160,在 1% 水平上显著;双重门槛对应的 $F$ 值为 8.230,未达显著性水平;三重门槛对应的 $F$ 值为 5.990,也未达显著性水平;说明国有企业智能化水平的影响是单一门槛机制,智能化水平的具体门槛数值见表 7-24。由表 7-24 可知,国有企业智能化水平单一门槛的估计数值为 0.698,采用单一门槛模型分析国有企业智能化水平对全要素生产率的非线性影响,结果见表 7-25。

表 7-23 国有企业门槛效果自抽样检验

| 模型 | $F$ 值 | $P$ 值 | BS 次数 | 临界值 | | |
|---|---|---|---|---|---|---|
| | | | | 10% | 5% | 1% |
| 单一门槛 | 34.160*** | 0.000 | 500.000 | 17.261 | 19.633 | 24.480 |
| 双重门槛 | 8.230 | 0.176 | 500.000 | 9.595 | 11.050 | 15.133 |

续表 7-23

| 模型 | F 值 | P 值 | BS 次数 | 临界值 | | |
|---|---|---|---|---|---|---|
| | | | | 10% | 5% | 1% |
| 三重门槛 | 5.990 | 0.790 | 500.000 | 17.847 | 20.842 | 27.318 |

表 7-24 国有企业门槛估计值和置信区间

| 模型类型 | 门槛估计值 | 95% 置信区间 | |
|---|---|---|---|
| 单一门槛模型 | 0.698 | 0.633 | 0.708 |
| 双重门槛模型 | | | |
| Ito1 | 0.698 | 0.670 | 0.708 |
| Ito2 | −0.840 | −0.930 | −0.836 |
| 三重门槛模型 | −1.076 | −1.076 | −1.072 |

表 7-25 国有企业面板门槛回归结果

| 全要素生产率 | Coef. | Std. Err. | $t$ | $P>|t|$ | [95% Conf. Interval] | |
|---|---|---|---|---|---|---|
| 智能化（<=0.698） | 0.064 | 0.009 | 7.090 | 0.000 | 0.046 | 0.082 |
| 智能化（>0.698） | 0.012 | 0.005 | 2.450 | 0.014 | 0.002 | 0.021 |
| 杠杆率 | 0.016 | 0.038 | 0.410 | 0.680 | −0.059 | 0.091 |
| 企业规模 | −0.045 | 0.013 | −3.550 | 0.000 | −0.070 | −0.020 |
| 成长性 | 0.679 | 0.015 | 45.150 | 0.000 | 0.650 | 0.709 |
| 现金流 | 0.142 | 0.035 | 4.070 | 0.000 | 0.073 | 0.210 |
| 资产结构 | 0.006 | 0.001 | 6.290 | 0.000 | 0.004 | 0.008 |
| 冗余资源 | 0.034 | 0.010 | 3.380 | 0.001 | 0.014 | 0.054 |
| 政府补助 | 0.003 | 0.000 | 6.390 | 0.000 | 0.002 | 0.004 |
| 利润率 | −0.282 | 0.057 | −4.920 | 0.000 | −0.394 | −0.169 |
| 政府支出 | 0.002 | 0.171 | 0.010 | 0.988 | −0.332 | 0.337 |
| 金融发展水平 | 1.053 | 0.240 | 4.390 | 0.000 | 0.582 | 1.523 |
| _cons | 1.109 | 0.196 | 5.650 | 0.000 | 0.724 | 1.494 |

由表 7-25 可知,国有企业智能化的影响具有单一门槛的非线性机制,当智能化指数低于 0.698 时具有影响系数为 0.064 的正向促进作用,此时提高企业智能化水平,可以提升企业全要素生产率;当智能化水平高于 0.698 时,智能化水平对企业全要素生产率存在显著正向影响,影响系数为 0.012,此时提高企业智能化水平,可以提升企业全要素生产率。整体来看,国有企业在初期对智能化水平的促进作用较强而后有一定程度的下降。

## 7.7.2 非国有企业

非国有企业门槛自抽样结果见表 7-26,可知非国有企业单一门槛和双重门槛对应的 $F$ 值分别为 48.160 和 16.800,显著性水平均为 1%,而三重门槛对应的 $F$ 值为 6.410,未达显著性水平;从而说明非国有企业智能化对企业全要素生产率的影响为双重门槛。智能化水平门槛具体数值见表 7-27,由表 7-27 可知,非国有企业智能化水平双重门槛的估计数值为 0.135 和 -0.951。采用双重门槛模型分析非国有企业智能化对企业全要素生产率的非线性影响,结果见表 7-28。

表 7-26 非国有企业门槛效果自抽样检验

| 模型 | $F$ 值 | $P$ 值 | BS 次数 | 临界值 | | |
| --- | --- | --- | --- | --- | --- | --- |
| | | | | 10% | 5% | 1% |
| 单一门槛 | 48.160*** | 0.000 | 500.000 | 20.412 | 23.228 | 27.966 |
| 双重门槛 | 16.800*** | 0.004 | 500.000 | 9.474 | 11.230 | 14.385 |
| 三重门槛 | 6.410 | 0.696 | 500.000 | 15.203 | 17.862 | 21.780 |

表7-27 非国有企业门槛估计值和置信区间

| 模型类型 | 门槛估计值 | 95%置信区间 | |
|---|---|---|---|
| 单一门槛模型 | 0.620 | 0.510 | 0.629 |
| 双重门槛模型 | | | |
| Ito1 | 0.135 | −0.067 | 0.144 |
| Ito2 | −0.951 | −0.956 | −0.945 |
| 三重门槛模型 | 0.301 | 0.291 | 0.306 |

表7-28 非国有企业面板门槛回归结果

| 全要素生产率 | Coef. | Std. Err. | $t$ | $P>\|t\|$ | [95% Conf. Interval] | |
|---|---|---|---|---|---|---|
| 智能化(<=−0.951) | 0.074 | 0.011 | 6.630 | 0.000 | 0.052 | 0.096 |
| 智能化(>−0.951 & <=0.135) | 0.117 | 0.012 | 9.430 | 0.000 | 0.093 | 0.142 |
| 智能化(>0.135) | 0.012 | 0.005 | 2.400 | 0.017 | 0.002 | 0.022 |
| 杠杆率 | 0.064 | 0.031 | 2.080 | 0.037 | 0.004 | 0.125 |
| 企业规模 | −0.061 | 0.011 | −5.640 | 0.000 | −0.082 | −0.040 |
| 成长性 | 0.653 | 0.013 | 50.450 | 0.000 | 0.627 | 0.678 |
| 现金流 | 0.040 | 0.027 | 1.470 | 0.141 | −0.013 | 0.094 |
| 资产结构 | 0.004 | 0.001 | 7.160 | 0.000 | 0.003 | 0.005 |
| 冗余资源 | 0.057 | 0.009 | 6.440 | 0.000 | 0.040 | 0.074 |
| 政府补助 | 0.002 | 0.000 | 5.610 | 0.000 | 0.001 | 0.003 |
| 利润率 | −0.219 | 0.036 | −6.050 | 0.000 | −0.290 | −0.148 |
| 政府支出 | 0.440 | 0.177 | 2.480 | 0.013 | 0.093 | 0.787 |
| 金融发展水平 | 0.908 | 0.198 | 4.590 | 0.000 | 0.520 | 1.296 |
| _cons | 0.944 | 0.158 | 5.980 | 0.000 | 0.634 | 1.254 |

由表7-28可知,非国有企业智能化水平具有双门槛的非线性影响机制。当智能化指数低于−0.951时,具有系数为0.074的正向提升作用,此时提高企业智能化水平,可以提升企业全要素生产率;当企业智能化水平高于−0.951且低于0.135时,智能化水平对企业全要素生产率存在显著正向影

响,影响系数为0.117,此时提高企业智能化水平可以提升企业全要素生产率;当智能化水平高于0.135时,智能化水平对企业全要素生产率存在显著正向影响,影响系数为0.012,此时提高企业智能化水平,可以提升企业全要素生产率。整体来看,非国有企业智能化对企业全要素生产率呈显著正向影响,影响程度先升后降,因而是非线性的影响关系。

本章在第6章的基础上进一步采用面板门槛回归模型研究智能化对制造业上市企业全要素生产率的非线性影响,并区分不同地区、是否高技术企业、是否要素密集型企业、企业性质的情况下,研究不同类型企业智能化对企业全要素生产率非线性影响的差异性,分析结果与原假设 Hb 预期一致,主要研究结论如下。

第一,从全样本来看,智能化对企业全要素的影响是非线性的。当智能化指数低于-0.854时,智能化对企业全要素生产率存在着显著正向影响,影响系数为0.073,此时提高企业智能化水平可以提升企业全要素生产率;智能化指数由第一门槛值(-0.854)增长到第二门槛值的过程,其提升作用更强,能够达到0.115,而越过第二门槛值(0.134)后其正向作用反而大幅降至0.010,甚至比初期的0.073更低,因此智能化升级水平并不是越高越有利,原因可能是当前智能化仍处于较低水平,与制造业的融合应用也不充分不全面,智能化升级带来设备维护、管理成本增加同时也更容易发生系统风险,这些都导致其对全要素生产率的提升作用有限,新一代通用技术的发展还远远未达到学者所描述的"奇点"的无限增长的情形。

第二,分地区来看,不同地区的要素禀赋等差异导致门槛的非线性效应存在很大区别,具体为:①东部地区与全样本结论与门槛数值大小基本一致,即智能化对企业全要素生产率的正向影响是非线性的,当智能化指数低于第一个门槛值(-0.934)时,智能化的正向促进系数较小,为0.070;当企业智能化指数高于-0.934且低于0.133时,智能化对全要素生产率的正向促进系数可以提高到0.123;但当智能化指数高于0.133时,智能化对全要素生产率的正向提升作用系数降至0.011。②中部地区的智能化水平存在单一门槛的非线性作用机制,当智能化指数低于门槛值0.423时,智能化水平具有正向促进作用,系数为0.058,但当企业智能化指数高于0.423时,智能化水平对中部企业全要素生产率不存在显著影响,即在此范围内无论智能化水平是否改变都不影响全要素生产率的提升,表明中部地区智能化水平提升到一定程度,继续提升智能化水平对企业全要素生产率的促进作用不显著。此外,中部地区智能化水平的门槛值0.423要明显高于全样本和东部地区的第一个和第二个门槛值,即中部地区的智能化发展水平要积累到较高程度才能产生显著的正向影响,原因可能是中部地区承接了发达地区转移的落后产能,大量同质落后产能的产业结构不合理和市场需求不足造成与智能化升级不相匹配,制约了智能化升级对全要素生产率的促进作用。③西部地区的情况更为特殊,当智能化指数低于第一个门槛值-0.739时的影响作用并不能达到统计意义上的显著,当企业智能化水平高于第一个门槛值-0.739且低于第二个门槛值-0.737时,智能化水平对企业全要素生产率存在显著负向影响,影响系数为-0.579,此时提高企业智能化水平反而导致企业全要素生产率下降;当智能化水平高于-0.737时,智能化水平对企业全要素生产率存在显著正向影响,影响系数为0.023,此时提高企业智能化水平,能提升企业全要素生产率。西部地区因为产业结构落后、人才资源匮乏和投资较少等劣势,导致技术和知识需要积累较长时间才能取得显著的效率增长。此外,智能化对西部企业正向影响的系数0.023也远小于东部的0.070和中部的0.058的初期水平,即智能化在西部的促进作用要远远小于东、中部地区,且智能化升指数低于-0.737时反而抑制全要素生产率的增长,原因可能是西部地区缺乏相应的工业基础,在较长的时间内智能化升级都是需要投入大量的人才和资金而没有相应的收益,具体表现就是智能化水平的提升反而负向作用于全要素生产率,随着国家西部大开发战略的实施,西部地区也加大了新型基础设施建设,并加快了技术扩散和转移,降低了企业智能化升级的成本,从而实现了对全要素生产率的正向促进作用。④东北地区智能化水平不存在门槛效应,这可能的解释是东北地区智能化与企业效率达到了稳定的线性适应而不存在结构的突然改变。

第三,分行业来看,智能化对高技术和传统企业的影响都是非线性的,但具体情况又有所不同,具体区别:①高技术企业智能化水平对企业全要素生产率的影响是非线性的,当智能化指数低于第一个门槛值-0.845时的促进作用较小,系数为0.057,而当企业智能化指数增长至第二个门槛值0.135时,其正向影响系数则可达0.123,此时提高企业智能化水平,也可以提升企业全要素生产率,提升的幅度相比之前明显增大。但当智能化水平高于0.135时,智能化对高技术企业全要素生产率不存在显著影响。②非高技术企业智能化水平对企业全要素生产率的影响是非线性的,当智能化水平低于0.817时,智能化水平对企业全要素生产率存在显著正向影响,影响系数可以达到0.073;但当企业智能化水平高于0.817时,智能化对非高技术企业全要素生产率正向影响系数降至0.018。对比高技术企业的结果可以看出,非高技术企业的智能化的正向促进作用门槛值较高,说明非高技术企业要经过技术长期扩散和累积才能发挥较好的促进作用,这也与预期假设相符,因为新一代信息技术一般产生和应用于高技术企业,然后才向非高技术企业转移和扩散。同时非高技术企业因其创新能力较弱导致其智能化指数较低,但因智能化升级的高渗透作用与传统产业深度融合而表现为对全要素生产率的边际提升效应要高于高技术产业。

第四,分要素密度来看,不同要素密度的制造业企业的智能化带来的全要素生产率的非线性提升作用具有差异性,具体来看:①资本密集型企业智能化水平在低于第一个门槛值0.070时,其对效率的提升作用较为有限,影响系数为0.070,此时提高企业智能化水平,企业全要素生产率的增长幅度较小;当企业智能化水平高于-0.831且低于0.135时,智能化水平对企业全要素生产率存在显著正向影响,影响系数为0.120,此时提高企业智能化水平可以提升企业全要素生产率;当智能化水平高于0.135时,智能化水平对企业全要素生产率存在显著正向影响,影响系数为0.010,此时提高企业智能化水平,可以提升企业全要素生产率。总体上来看,资本密集型企业智能化水平的提升作用呈现先增大后减小的边际减小趋势。②劳动密集型企业智能化水平对企业全要素生产率的影响不存在门槛效应,根据第6章的研究结论可知劳动密集型企业智能化水平对企业全要素生产率的显著正向影响系数为0.0241,低于资本密集型企业的0.120。这可能的原因是与资本密集型企业相比,劳动密集型企业没有富余的资金投入智能化升级改造,且难以承受升级改造失败带来的风险,使其不敢转和不能转,造成其智能化水平较低,难以有效发挥积极的促进作用。

第五,从企业所有权性质来看,无论何种所有制企业的智能化水平都存在门槛的非线性作用机制,但国有企业与私营企业仍存在门槛值与增长情况的显著差异。具体表现为:①国有企业智能化水平具有单一门槛值0.698,当低于门槛值时,具有影响系数为0.064的正向促进作用,即此时提高企业智能化水平,可以提升企业全要素生产率;当智能化水平高于0.698时,其影响系数反而降低为0.012,即当智能化水平提升到一定程度后,对国有企业全要素生产率的正向影响程度有所下降。②非国有企业智能化水平具有双重门槛的非线性作用机制,当智能化指数低于第一门槛值-0.951时,具有影响系数为0.074的正向促进作用,当企业智能化水平高于-0.951且低于0.135时,智能化水平对企业全要素生产率也是正向的影响,且影响系数能够提升为0.117,即此时企业的智能化水平对全要素生产率的促进提升作用显著增强;当智能化水平高于0.135时,智能化水平对企业全要素生产率存在显著正向影响,但影响系数将降低至0.012,即随着非国有企业智能化水平提升,其正向促进作用呈现从缓慢到快速再降低的非均衡动态变化过程。比较国有企业的门槛值0.698和非国有企业的门槛值0.135,以及两者的正向影响系数0.064和0.117可知,智能化水平对非国有企业的提升效应更大。原因可能是私营企业在市场具有更强的调整与适应能力,能够更好地适应智能化升级带来的组织、流程等变革,扩展了非国有企业利用内外部资源的能力更能够适应市场的变化,尤其是借助工业互联网等外部资源降低研发和制造等成本,将内部资源配置在具有差异化竞争优势的获取上提升全要素的投入产出效率。

# 8 智能化影响制造业企业管理效率的作用机制研究

由于全要素生产率仅代表企业在要素资源利用特别是技术进步和规模效益等带来的生产率变化,而无法体现制造业企业管理组织流程的效率,因此本章采用结构方程模型进一步研究智能化对制造业企业管理效率的影响。本章在第3章机制分析的基础上提出有关假设,详细介绍了量表的设计情况以及对相关变量进行可靠性和有效性验证,建立结构方程模型并实证检验智能化对制造业企业管理效率的影响效应,并分析了劳动力结构、产品质量和资本使用效率在智能化影响制造业企业管理效率中的中介作用路径。

## 8.1 理论分析与研究假设

### 8.1.1 理论分析

由第3章内容可知,智能化通过促进技术创新、优化资源配置、实现价值共创和组织流程再造等优化劳动力结构、提升产品质量和资本使用效率的方式改善制造业企业效率,管理效率反映企业各个业务流程运行是否顺畅与高效的指标,是其治理能力和应对风险能力大小的体现,具体包含研发、制造、流通和服务等企业整体经营流程的运行效率,是企业效率中关于企业组织管理能力强弱的体现。由于理论机制与实际指标不能完全对应,本章将选取劳动力结构、产品质量和资本使用效率作为资源配置、价值共创和流程再造等的代理变量展开研究。

新一代信息技术的泛在特征重塑了制造业各个管理流程,便捷低成本的通信技术和设备加强了流程之间的沟通协调,提升了制造业企业整体管理效率。具体来说,以数字孪生、增强现实、3D打印、互联网平台等技术为基础形成的智能研发平台借助计算机辅助设计大大降低了研发的试错成本并缩短了新产品开发周期,提高了研发流程效率;以工业互联网、生产大数据、云计算为核心形成的智能制造生态系统赋能生产制造环节将生产管理由"管理人"向"管理机器"转变,智能化生产减少了人为决策的模糊性干扰,智能制造管理的标准流程缩短了决策与执行周期,提升了管理效能;智能高效的物流管理系统实现了原料和产品流通环节的数据和信息动态处理和反馈,降低了仓储管理和流通成本,提升了物流管理流程效率;通过智能数据采集、精准算法识别等智能化技术应用,在企业的销售环节能够对消费市场进行科学预测,挖掘适应新的消费潮流再作用于生产环节,实现销售流程效率的提升。

孙早等(2019)、宋旭光等(2019)和李舒沁等(2021)学者的研究表明智能化重塑了制造业的分工格局并对劳动力结构具有"极化"作用,即随着先进传感器和智能设备对具有初中和高中学历的中端劳动力的替代,这些中端劳动力若不能及时进行知识更新、提高技能则会被迫转移到如家政等劳动力市场,从而扩大了低端劳动力市场规模,同时高级算法和智能硬件的开发又增加了对高端科技人才的需求,因此,智能化升级的替代效应和创造效应的叠加对制造业劳动力结构、质量和规模产生了变革性影响,具体表现在对不同层次劳动力的需求改变上,如智能化技术的开发和应用需要掌握前沿知识的高端人才以及熟练操作智能设备的高技能人才对重复机械的中低端劳动力产生替代,同时驱动部分知识和技能落后的低端劳动力向其他行业如服务业转移而改变制造业劳动力构成。而劳动力结构的变化,即在企业各流程大规模地采用如工业机器人等智能设备可以替代简单、重复、危险的工作而大幅度提升企业管理效率,而高技能人才的引进和培养又加快了企业的技术创新进一步促使企业管理效率的提高。

企业创造价值塑造竞争优势的本质是利他过程的实现,即为消费者提供符合其效用的高品质产品和服务,如第3章的理论分析可知智能化水平能够通过让顾客、供应商等多主体参与的价值共创网络和提高生产、销售等环节的管理服务水平,为消费者提供更优质产品和美好体验。一方面,新一代信息技术打破了时空的界限,增强了消费者与制造商的互动,使得消费者更广泛地参与产品价值创造过程,同时加强了消费者在产品和服务购买过程中的美好体验。制造商与消费者在互动过程中建立伙伴关系,促进了产品功能的提升和情感体验的满足。另一方面,智能化升级将产品生命周期管理(PLM)系统、计算机监控系统(SCADA)等质量管理系统的应用使得生产制造过程可视化加强了可控性,标准化和清晰化的生产制造流程增强了来料、过程、巡检和出厂等质量管理流程,从而减少了残次品出现的频率提升了产品质量。智能化技术与质量管理流程、产品生产流程、销售服务流程的结合带来的产品质量和消费体验的提升反过来要求企业应适时更新管理理念、变革组织形态和调整人员结构适应智能化时代的变化,从而提升了企业整体的管理效率。

智能化带来的互联网金融服务及创新、信息质量的提高提升了管理决策层的治理水平,从而减少了资本资源错配并提高了资本使用效率。一方面,基于智能化技术如区块链等带来的信息透明等便利降低了金融机构放贷审查等方面的成本和风险,同时能够对企业资金用途进行有效可控监管而降低融资的市场风险,使金融机构将资本资源配置在合适的行业领域,也能够拓宽优势企业的融资渠道增强企业配置资源的能力。另一方面,依托大数据技术和海量数据累积的智能化能够提供充分的信息,帮助企业管理层降低委托代理风险,加强信息透明度促使代理人进行合理的资本配置决策,减少企业资本错配提升资本使用管理决策的科学性和准确性。智能化技术与融资流程、资本使用决策流程相结合降低了信息不对称带来的负面影响,增进了融资双方、委托代理双方的信任,提高了企业治理水平,降低了委托代理、搜寻交易等成本,提升了融资管理和决策管理等效率。

## 8.1.2 研究假设

根据上述分析并结合结构方程模型特点,提出以下研究假设:

Hc1:智能化能够显著正向提升制造业企业管理效率;

Hc2:智能化能够显著优化制造业企业劳动力结构;

Hc3:智能化能够显著提升制造业企业产品质量;

Hc4:智能化显著正向影响制造业企业资本使用效率;

Hc5:劳动力结构显著正向影响制造业企业管理效率;

Hc6:产品质量显著正向影响制造业企业管理效率;

Hc7:资本使用效率显著正向影响制造业企业管理效率;

Hc8:劳动力结构在智能化与企业管理效率之间起中介作用;

Hc9:产品质量在智能化与企业管理效率之间起中介作用;

Hc10:资本使用效率在智能化与企业管理效率之间起中介作用。

基于上述假设,构建管理效率的理论模型如图 8-1 所示,其中制造业企业智能化水平为自变量,管理效率为因变量,劳动力结构、产品质量和资本使用效率为中介变量,以研究智能化对制造业企业管理效率的影响效应,并检验中介作用路径。

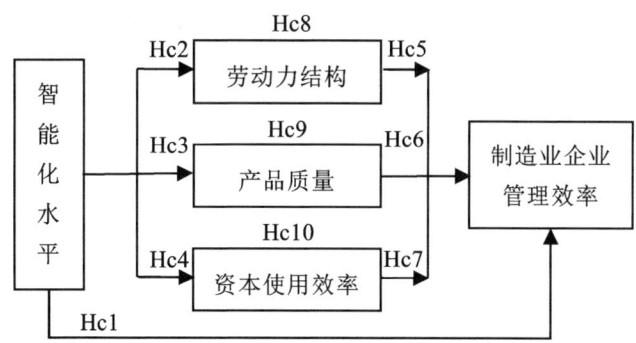

图 8-1 管理效率的理论模型

## 8.2 主要研究方法

本节主要通过相关分析方法对在郑州、南阳和深圳等地进行问卷调查获得的数据进行处理,以检验样本数据的可靠性和有效性,保证研究结论与实际情况的一致性,主要采用 SPSS 25.0、AMOS 26.0 作为分析的软件工具。

### 8.2.1 信度分析

设计的量表在进行假设检验以前,必须要对信度与效度进行检验,以此明确量表的可靠性与稳定性。在信度与效度较高的条件下,量表才会符合要求。一般而言,两次或是两个所得测量结果越为趋近,代表误差就越小,所以就具备较高信度。信度包含内在变量稳定性的 Cronbach's α 测量和外在信度差异性的重测信度来检验。一般用信度系数表示测量的可靠性,信度系数越大,就表示可信程度就越高,但结合实际情况来看,用于外在信度的两次测试结果很难达成完全一致。因此,文中选择了用表征内在信度的 Cronbach's α 值对问卷数据一致可靠和稳定性予以测量,以信度系数的值来表示量表可信度,其取值趋近于 1 就表示可信度越高。除此以外,问卷内容中所包含的全部题项相对应的题项总体相关系数要求超过 0.35 才能满足要求。

### 8.2.2 效度分析

效度分析是对问卷设计的有效性和合理性检验,重点从构思和内容两个方面进行验证,其中内容的重点聚焦于问卷适当性的检验方面,文中问卷结合戴亦舒等(2020)、武赫(2019)、魏玮等(2020)等学者的文献资料展开设计,按照调研所得结果与专家意见加以完善修订,由此可以认定内容效度较高,而一般用探索性和验证性因子分析,对问卷构思的合理有效性进行检验。

## 8.2.3 探索性因子分析

因子分析必须满足相应的要求,即为保证分析过程中最小的信息丢失量,并浓缩原始变量获取若干指标作为公共因子。本书研究的制造业企业管理效率、智能化水平、劳动力结构、产品质量、资本使用效率变量均是建立在已有研究的基础上所得到,必须要采取探索性因子分析对提项合理性展开测量。本书对因子进行提取的过程中,应用了主成分分析的办法,提取特征根超过 1 的因子,以最大方差法进行因子旋转,能够满足要求的题项因子载荷最低是 0.5。

## 8.2.4 验证性因子分析

验证性因子是采用不用于研究样本的另一组数据先行进行变量关系的检验,不同于探索性因子分析需要采用 SPSS 软件,验证性检验需要采用 AMOS 软件的结构模型分析。一般要求样本数超过 100 得到的似然法估计结果才是可信的,样本数据与实际结果适配度的拟合度表示问卷设计合理,即若模型具备良好的适配度,代表假设模型和实际数据拟合度高,可以判定假设模型成立,符合研究结论;若是模型未达到既定的适配度,代表假设模型与数据拟合度低,可以判定假设模型不成立,与研究结论不符。用于评价模型适配度的参数较多,如 $\chi^2$、$\chi^2/df$、RMSEA、NFI、RFI、IFI、TLI、CFI、AGFI 和 GFI 等,结合侯杰泰等(2004)等的相关研究,本书选择 $\chi^2/df$、RMSEA、NFI、TLI、CFI 和 GFI 六类指标来评价模型拟合度,具体含义为:

1) $\chi^2/df$,即卡方指数与自由度的比值,若是 $\chi^2/df$ 的值在 5 以内且并未超过 2,就能够判定此模型能够被接受;若是 $\chi^2/df$ 的值在 2 以内,代表数据对模型的拟合程度很好。

2) RMSEA,代表样本与实际测量误差的均方根,其值越趋近于 0 代表数据对模型的拟合效果越好,若值小于 0.10 表示拟合效果较好,其值分别小于 0.10、0.05 和 0.01 依次代表拟合效果为较好、很好和非常好。

3) NFI,是规范拟合指数用于测定模型间卡方值的比例,其取值越趋近于 1,代表数据对模型的拟合效果越好,若是 NFI 取值在 0.90 或 0.90 以上,一般认为这一模型配适度理想,0.80以上可接受。

4)TLI,即塔克-刘易斯指数含义同NNFI,在大样本估计时具有较好的稳健性,其取值越趋近于1,表示数据与模型的拟合效果越好,若取值在0.90以上是理想的适配度,一般认为0.80以上就可接受模型是合理的。

5)CFI,是比较拟合指数通过与独立模型数据对比验证模型的拟合情况,其值越趋近于1,代表模型的拟合效果越好,若取值在0.90以上是理想的适配度,一般认为0.80以上就可接受模型是合理的。

6)GFI,是优良拟合指数能够反映样本整体的协调关系,其取值范围在0到1内,越趋近于1,取值在0.80以上就表示数据与模型匹配较为理想。

### 8.2.5 结构方程模型

信度分析、探索性以及验证性因子分析完成之后,采用结构方程模型对制造业企业管理效率的影响路径、检验样本数据以及假设模型适配程度进行综合性分析,以对中介效应存在状况予以验证。结构方程模型(SEM)能够进行因子分析、中介路径等多个变量对因变量的关系进行研究,因而适合智能化水平对管理效率直接与间接影响效应的测量与分析。

## 8.3 量表设计与分析

### 8.3.1 量表设计

将采用李克特(Likert)7级量表对因变量、自变量和中介变量进行测量,即用1~7分别代表"完全不同意"到"完全同意"。

(1)因变量

研究的因变量为制造业企业管理效率,参考武赫(2019)的研究成果,采用生产管理效率、物流管理效率、质量管理效率和销售管理效率4个维度共16个题项进行测量,具体题项如表8-1所示。

## 8 智能化影响制造业企业管理效率的作用机制研究

表8-1 管理效率的测量

| 变量 | 维度 | 编号 | 题项 |
|---|---|---|---|
| 管理效率 | 生产管理效率 | PM1 | 将生产管理由管人向管某件具体产品或产品的某个生产环节转变 |
| | | PM2 | 生产管理能够适应生产效率提升的现实需求,做到精准高效 |
| | | PM3 | 生产管理人员数量相应减少 |
| | | PM4 | 管理流程的标准化避免了人为因素对管理过程的干扰 |
| | 物流管理效率 | LE1 | 物流管理水平高于竞争对手 |
| | | LE2 | 企业能够适应智能化物流发展趋势 |
| | | LE3 | 在物流管理上做到动态高效 |
| | | LE4 | 能对物流流程中产生的各种数据和信息进行动态处理和高效反馈 |
| | 质量管理效率 | QA1 | 通过有效的质量管理来对产品质量进行检测和控制 |
| | | QA2 | 在很大程度上能排除人为因素和主观臆断因素的干扰 |
| | | QA3 | 其质量检验结果更为客观公正 |
| | | QA4 | 对产品和服务质量的控制更为精准高效 |
| | 销售管理效率 | MM1 | 企业销售管理者采用智能数据采集、智能算法数据识别等智能化手段 |
| | | MM2 | 科学而高效地分析产品的潜在市场需求 |
| | | MM3 | 对消费动态进行智能分析 |
| | | MM4 | 为产品和服务的改进提供动态反馈 |

(2) 自变量

自变量为制造业企业智能化水平,结合第2章中CPS技术能力架构并参考史永乐等(2019)和戴亦舒等(2020)的研究成果,采用将企业各种设备各项业务等实体数据化采集的信息数字能力、能够将企业各种数据经过智能算法处理和监控的数据增值能力、借助管理控制系统提供预决策意见的资源调整能力、基于工业互联网对价值网络进行资源整合的能力和类似于专家决策解决特殊问题的智能分析能力的智能化水平应包括5个维度的技术能力共26个题项进行测量,具体题项见表8-2。

表8-2 智能化水平的测量

| 变量 | 维度 | 编号 | 题项 |
|---|---|---|---|
| 智能化水平 | 信息数字化能力 | RA1 | 物理实体产生的数据能够被量化与采集 |
| | | RA2 | 设计、供应链等环节由传感器进行数据采集 |
| | | RA3 | 制定数据采集的规范与标准 |
| | | RA4 | 具有将各种信息数字化的物理基础条件 |
| | | RA5 | 数据信息能够在网络空间传递 |
| | 数据增值化能力 | IA1 | 拥有ERP、CRM等企业资源管理工具 |
| | | IA2 | 具有MES、MIS、PLM、EDA等产品研发软件 |
| | | IA3 | 具有SCADA等智能制造的核心"主脑"服务产品制造环节 |
| | | IA4 | 对产生的大数据进行存储、清洗与传输 |
| | | IA5 | 可视化的机器设备维护与预警 |
| | 资源调整化能力 | RI1 | 网络基础设施能够实现物理对象实时接入 |
| | | RI2 | 拥有连接企业内外部资源的网络 |
| | | RI3 | 各部门实现数据实时、高效共享 |
| | | RI4 | 机器设备实现端到端无障碍对接 |
| | | RI5 | 数据互联互通打破"孤岛"现象 |
| | | RI6 | 数据资源的广度、深度和质量增强 |
| | 资源整合化能力 | DI1 | 具有海量数据处理的能力 |
| | | DI2 | 数据资源能够提供认知信息并辅助决策 |
| | | DI3 | 能够根据顾客需求提供定制化生产与服务 |
| | | DI4 | 专家知识与机器智能有机结合 |
| | | DI5 | 产品全生命周期的监控与管理 |
| | 智能分析化能力 | RL1 | 利用智能信息系统实现柔性动态生产 |
| | | RL2 | 根据生产数据进行优化决策并反馈辅助工艺改进 |
| | | RL3 | 决策指令能够控制物理设备进行调整优化 |
| | | RL4 | 物理的机器设备具有自适应与稳定性 |
| | | RL5 | 实现商业、制造、服务等新模式涌现 |

(3)中介变量

1)劳动力结构。劳动力结构参考魏玮等(2020)的研究,采用4个题项进行测量,具体题项见表8-3。

表 8-3　劳动力结构的测量

| 变量 | 编号 | 题项 |
|---|---|---|
| 劳动力结构 | LS1 | 中高等人才占比较高 |
| | LS2 | 男女比例协调 |
| | LS3 | 劳动力教育水平高 |
| | LS4 | 劳动力的年龄结构合理 |

2）产品质量。产品质量借鉴谢康等（2020）的研究，采用 5 个题项进行测量，具体题项见表 8-4。

表 8-4　产品质量的测度

| 变量 | 编号 | 题项 |
|---|---|---|
| 产品质量 | PQ1 | 产品功能优质，产品能够满足顾客对质量的高要求 |
| | PQ2 | 产品使用期限长，产品出现故障的维修返修率低 |
| | PQ3 | 产品可靠性高，产品设计合理，所用材料耐用性强 |
| | PQ4 | 产品安全性高，接口在使用过程中对人身及环境的安全保障程度高 |
| | PQ5 | 产品经济性高，产品经济寿命周期内的总费用较低 |

3）资本使用效率。资本使用效率参考王竹泉等（2021）的研究，采用 4 个题项进行测量，具体题项见表 8-5。

表 8-5　资本使用效率的测度

| 变量 | 编号 | 题项 |
|---|---|---|
| 资本使用效率 | CE1 | 总资产收益率较竞争对手高 |
| | CE2 | 净资产收益率较竞争对手高 |
| | CE3 | 每股盈余较竞争对手高 |
| | CE4 | 经济增加值较竞争对手高 |

## 8.3.2 探索性因子分析

在采用结构模型分析智能化水平对管理效率影响的研究前,需要对独立样本进行探索性因子分析,以确定模型变量结构是否合理有效。根据样本数应为变量的 5~10 倍的原则确定预调查样本最低应为 60,将采用探索性因子分析预调查获得的 100 个样本,预调查共向制造业企业发放问卷 120 份,收回问卷 116,删除填答不完整和填答错误的问卷 16 份,共获得有效样本 100 份,问卷有效率为 83.33%。

(1)智能化水平探索性因子分析

智能化水平的信度检验结果见表 8-6,可知智能化水平测量各题项修正后的项与总计相关性均在 0.700 以上,智能化水平测量变量的信度水平均高于 0.900,说明问卷变量的信度较高。

表 8-6　智能化水平的信度检验($N=100$)

| 变量名称 | 题项 | 修正后的项与总计相关性 | 平方多重相关 | 项已删除的克隆巴赫系数 | Cronbach's α 系数 |
| --- | --- | --- | --- | --- | --- |
| 信息数字化能力 | RA1 | 0.780 | 0.618 | 0.915 | 0.927 |
| | RA2 | 0.823 | 0.713 | 0.907 | |
| | RA3 | 0.807 | 0.677 | 0.910 | |
| | RA4 | 0.822 | 0.712 | 0.909 | |
| | RA5 | 0.821 | 0.727 | 0.908 | |
| 数据增值化能力 | IA1 | 0.838 | 0.745 | 0.921 | 0.937 |
| | IA2 | 0.814 | 0.730 | 0.925 | |
| | IA3 | 0.788 | 0.657 | 0.931 | |
| | IA4 | 0.870 | 0.761 | 0.915 | |
| | IA5 | 0.848 | 0.766 | 0.919 | |

续表 8-6

| 变量名称 | 题项 | 修正后的项与总计相关性 | 平方多重相关 | 项已删除的克隆巴赫系数 | Cronbach's α 系数 |
|---|---|---|---|---|---|
| 资源调整化能力 | RI1 | 0.882 | 0.815 | 0.947 | 0.956 |
| | RI2 | 0.877 | 0.798 | 0.946 | |
| | RI3 | 0.838 | 0.773 | 0.951 | |
| | RI4 | 0.880 | 0.794 | 0.946 | |
| | RI5 | 0.877 | 0.856 | 0.946 | |
| | RI6 | 0.843 | 0.801 | 0.951 | |
| 资源整合化能力 | DI1 | 0.795 | 0.682 | 0.917 | 0.929 |
| | DI2 | 0.809 | 0.684 | 0.914 | |
| | DI3 | 0.855 | 0.769 | 0.905 | |
| | DI4 | 0.806 | 0.684 | 0.914 | |
| | DI5 | 0.811 | 0.681 | 0.913 | |
| 智能分析化能力 | RL1 | 0.799 | 0.649 | 0.937 | 0.942 |
| | RL2 | 0.841 | 0.713 | 0.929 | |
| | RL3 | 0.883 | 0.812 | 0.921 | |
| | RL4 | 0.814 | 0.676 | 0.934 | |
| | RL5 | 0.881 | 0.810 | 0.922 | |

智能化水平的 KMO 和巴特利特检验见表 8-7,可知 KMO 检验数值为 0.821,说明可以进行因子分析;巴特利特球形度检验对应的显著性水平达到 1%,也说明适合进行因子分析。进一步对智能化水平获取的数据运用主成分提取总方差解释得到表 8-8,可知基于因子特征值大于 1 的标准,共提取到 5 个因子,累积总方差大小为 81.025%,说明提取的 5 个因子能够代表原来的 26 个变量。智能化水平的探索性因子分析结果见表 8-9,可知智能化水平 5 个因子载荷大小均在 0.700 以上,因此表明智能化升级水平的量表的题项通过了探索性因子分析。

表8-7 智能化水平KMO和巴特利特检验（N=100）

| KMO取样适切性量数 | Bartlett的球形度检验 | | |
| --- | --- | --- | --- |
| | 近似卡方 | 自由度 | 显著性 |
| 0.821 | 2776.613 | 325.000 | 0.000 |

表8-8 智能化总方差解释（N=100）

| 组件 | 初始特征值 | | | 提取载荷平方和 | | | 旋转载荷平方和 | | |
| --- | --- | --- | --- | --- | --- | --- | --- | --- | --- |
| | 总计 | 方差百分比 | 累积百分比 | 总计 | 方差百分比 | 累积百分比 | 总计 | 方差百分比 | 累积百分比 |
| 1 | 12.167 | 46.795 | 46.795 | 12.167 | 46.795 | 46.795 | 5.039 | 19.380 | 19.380 |
| 2 | 2.799 | 10.766 | 57.562 | 2.799 | 10.766 | 57.562 | 4.171 | 16.042 | 35.421 |
| 3 | 2.298 | 8.839 | 66.401 | 2.298 | 8.839 | 66.401 | 3.994 | 15.361 | 50.782 |
| 4 | 2.077 | 7.990 | 74.391 | 2.077 | 7.990 | 74.391 | 3.949 | 15.187 | 65.969 |
| 5 | 1.725 | 6.634 | 81.025 | 1.725 | 6.634 | 81.025 | 3.915 | 15.056 | 81.025 |
| 6 | 0.538 | 2.069 | 83.093 | | | | | | |
| 7 | 0.523 | 2.013 | 85.106 | | | | | | |
| 8 | 0.442 | 1.702 | 86.808 | | | | | | |
| 9 | 0.425 | 1.634 | 88.442 | | | | | | |
| 10 | 0.405 | 1.559 | 90.001 | | | | | | |
| 11 | 0.369 | 1.419 | 91.420 | | | | | | |
| 12 | 0.309 | 1.188 | 92.608 | | | | | | |
| 13 | 0.255 | 0.981 | 93.589 | | | | | | |
| 14 | 0.244 | 0.937 | 94.525 | | | | | | |
| 15 | 0.218 | 0.840 | 95.365 | | | | | | |
| 16 | 0.210 | 0.807 | 96.172 | | | | | | |
| 17 | 0.188 | 0.723 | 96.895 | | | | | | |
| 18 | 0.174 | 0.669 | 97.564 | | | | | | |
| 19 | 0.136 | 0.524 | 98.088 | | | | | | |
| 20 | 0.124 | 0.477 | 98.565 | | | | | | |
| 21 | 0.122 | 0.468 | 99.033 | | | | | | |

续表 8-8

| 组件 | 初始特征值 | | | 提取载荷平方和 | | | 旋转载荷平方和 | | |
|---|---|---|---|---|---|---|---|---|---|
| | 总计 | 方差百分比 | 累积百分比 | 总计 | 方差百分比 | 累积百分比 | 总计 | 方差百分比 | 累积百分比 |
| 22 | 0.076 | 0.292 | 99.325 | | | | | | |
| 23 | 0.058 | 0.223 | 99.549 | | | | | | |
| 24 | 0.045 | 0.174 | 99.723 | | | | | | |
| 25 | 0.040 | 0.153 | 99.876 | | | | | | |
| 26 | 0.032 | 0.124 | 100 | | | | | | |

表 8-9 智能化水平的探索性因子分析结果（$N=100$）

| 变量名称 | 题项 | 描述性统计分析 | | 因子载荷 | | | | |
|---|---|---|---|---|---|---|---|---|
| | | 平均值 | 标准偏差 | 信息数字化能力 | 数据增值化能力 | 资源调整化能力 | 资源整合化能力 | 智能分析化能力 |
| 信息数字化能力 | RA1 | 4.351 | 1.119 | 0.796 | | | | |
| | RA2 | 4.461 | 1.160 | 0.780 | | | | |
| | RA3 | 4.231 | 1.136 | 0.792 | | | | |
| | RA4 | 4.504 | 1.012 | 0.858 | | | | |
| | RA5 | 4.381 | 1.234 | 0.782 | | | | |
| 数据增值化能力 | IA1 | 4.489 | 1.339 | | 0.811 | | | |
| | IA2 | 4.533 | 1.350 | | 0.806 | | | |
| | IA3 | 4.555 | 1.395 | | 0.746 | | | |
| | IA4 | 4.597 | 1.271 | | 0.813 | | | |
| | IA5 | 4.546 | 1.336 | | 0.838 | | | |
| 资源调整化能力 | RI1 | 4.775 | 1.249 | | | 0.880 | | |
| | RI2 | 4.887 | 1.427 | | | 0.873 | | |
| | RI3 | 4.906 | 1.410 | | | 0.791 | | |
| | RI4 | 4.828 | 1.457 | | | 0.843 | | |
| | RI5 | 4.782 | 1.528 | | | 0.818 | | |
| | RI6 | 4.733 | 1.604 | | | 0.867 | | |

续表 8-9

| 变量名称 | 题项 | 描述性统计分析 | | 因子载荷 | | | | |
|---|---|---|---|---|---|---|---|---|
| | | 平均值 | 标准偏差 | 信息数字化能力 | 数据增值化能力 | 资源调整化能力 | 资源整合化能力 | 智能分析化能力 |
| 资源整合化能力 | DI1 | 4.481 | 1.430 | | | | 0.765 | |
| | DI2 | 4.614 | 1.193 | | | | 0.792 | |
| | DI3 | 4.616 | 1.270 | | | | 0.849 | |
| | DI4 | 4.486 | 1.287 | | | | 0.790 | |
| | DI5 | 4.615 | 1.431 | | | | 0.850 | |
| 智能分析化能力 | RL1 | 4.376 | 1.387 | | | | | 0.796 |
| | RL2 | 4.478 | 1.449 | | | | | 0.815 |
| | RL3 | 4.615 | 1.404 | | | | | 0.871 |
| | RL4 | 4.733 | 1.303 | | | | | 0.819 |
| | RL5 | 4.641 | 1.422 | | | | | 0.881 |

(2)劳动力结构探索性因子分析

同理可对劳动力结构进行信度检验,具体结果见表 8-10,可知劳动力结构测量各题项修正后的项与总计相关性均在 0.800 以上,劳动力结构测量变量的信度水平均高于 0.850,说明劳动力结构变量的信度较高。劳动力结构的相关检验见表 8-11,表明也适宜进行因子分析。进一步对劳动力结构获取的数据运用主成分提取总方差解释得到表 8-12,基于主成分特征值大于 1 的标准,劳动力结构问卷变量共提取到 1 个因子,累积总方差大小为 82.032%。劳动力结构的探索性因子分析结果见表 8-13,可知通过探索性因子分析共提取到劳动力结构 1 个因子,从题项 LS1、LS2、LS3、LS4 中提取了劳动力结构因子,因子载荷大小均在 0.800 以上。

表8-10 劳动力结构的信度检验（N=100）

| 变量名称 | 题项 | 修正后的项与总计相关性 | 平方多重相关 | 项已删除的克隆巴赫系数 | Cronbach's α 系数 |
|---|---|---|---|---|---|
| 劳动力结构 | LS1 | 0.827 | 0.728 | 0.905 | 0.927 |
| | LS2 | 0.813 | 0.701 | 0.910 | |
| | LS3 | 0.831 | 0.746 | 0.904 | |
| | LS4 | 0.846 | 0.769 | 0.899 | |

表8-11 劳动力KMO和巴特利特检验（N=100）

| KMO取样适切性量数 | 巴特利特球形度检验 | | |
|---|---|---|---|
| | 近似卡方 | 自由度 | 显著性 |
| 0.707 | 324.254 | 6.000 | 0.000 |

表8-12 劳动力总方差解释（N=100）

| 组件 | 初始特征值 | | | 提取载荷平方和 | | |
|---|---|---|---|---|---|---|
| | 总计 | 方差百分比 | 累积百分比 | 总计 | 方差百分比 | 累积百分比 |
| 1 | 3.281 | 82.032 | 82.032 | 3.281 | 82.032 | 82.032 |
| 2 | 0.333 | 8.316 | 90.348 | | | |
| 3 | 0.264 | 6.607 | 96.955 | | | |
| 4 | 0.122 | 3.045 | 100.000 | | | |

表8-13 劳动力结构的探索性因子分析结果（N=100）

| 变量名称 | 题项 | 描述性统计分析 | | 因子载荷 |
|---|---|---|---|---|
| | | 平均值 | 标准偏差 | 劳动力结构 |
| 劳动力结构 | LS1 | 4.553 | 1.261 | 0.904 |
| | LS2 | 4.507 | 1.273 | 0.895 |
| | LS3 | 4.598 | 1.240 | 0.907 |
| | LS4 | 4.792 | 1.238 | 0.917 |

(3) 产品质量探索性因子分析

产品质量的信度检验结果见表 8-14,可知产品质量测量各题项修正后的项与总计相关性均在 0.800 以上;产品质量变量 Cronbach's α 系数大小为 0.957,产品质量测量变量的信度水平均高于 0.900,说明问卷变量具有较高的信度。产品质量的相关检验见表 8-15,也说明适合进行因子分析。进一步对产品质量获取的数据运用主成分提取总方差解释得到表 8-16,可知基于主成分大于 1 的标准,产品质量问卷变量共提取到 1 个因子,累积总方差大小为 85.496%。产品质量的探索性因子分析结果见表 8-17,可知通过探索性因子分析共提取到产品质量 1 个因子,从题项 PQ1、PQ2、PQ3、PQ4 中提取了产品质量因子,因子载荷大小均在 0.900 以上。

表 8-14　产品质量的信度检验($N=100$)

| 变量名称 | 题项 | 修正后的项与总计相关性 | 平方多重相关 | 项已删除的克隆巴赫系数 | Cronbach's α 系数 |
|---|---|---|---|---|---|
| 产品质量 | PQ1 | 0.897 | 0.826 | 0.944 | 0.957 |
| | PQ2 | 0.916 | 0.842 | 0.941 | |
| | PQ3 | 0.864 | 0.784 | 0.949 | |
| | PQ4 | 0.864 | 0.786 | 0.949 | |
| | PQ5 | 0.861 | 0.756 | 0.950 | |

表 8-15　产品质量 KMO 和巴特利特检验($N=100$)

| KMO 取样适切性量数 | 巴特利特球形度检验 | | |
|---|---|---|---|
| | 近似卡方 | 自由度 | 显著性 |
| 0.885 | 544.845 | 10.000 | 0.000 |

表8-16 产品质量总方差解释（N=100）

| 组件 | 初始特征值 | | | 提取载荷平方和 | | |
|---|---|---|---|---|---|---|
| | 总计 | 方差百分比 | 累积百分比 | 总计 | 方差百分比 | 累积百分比 |
| 1 | 4.275 | 85.496 | 85.496 | 4.275 | 85.496 | 85.496 |
| 2 | 0.263 | 5.252 | 90.748 | | | |
| 3 | 0.227 | 4.531 | 95.279 | | | |
| 4 | 0.125 | 2.492 | 97.772 | | | |
| 5 | 0.111 | 2.228 | 100.000 | | | |

表8-17 产品质量的探索性因子分析结果（N=100）

| 变量名称 | 题项 | 描述性统计分析 | | 因子载荷 |
|---|---|---|---|---|
| | | 平均值 | 标准偏差 | 产品质量 |
| 产品质量 | PQ1 | 4.650 | 1.435 | 0.936 |
| | PQ2 | 4.860 | 1.349 | 0.948 |
| | PQ3 | 4.820 | 1.402 | 0.913 |
| | PQ4 | 5.000 | 1.408 | 0.914 |
| | PQ5 | 5.140 | 1.488 | 0.911 |

(4) 资本使用效率探索性因子分析

资本使用效率的信度检验结果见表8-18，可知资本使用效率测量各题项修正后的项与总计相关性均在0.700以上；Cronbach's α系数大小为0.913，信度水平均高于0.850，说明问卷变量的信度较高。资本使用效率的相关检验见表8-19，也说明适合进行因子分析。进一步对资本使用效率获取的数据，运用主成分提取总方差解释得到表8-20，可知基于主成分特征值大于1的标准，资本使用效率问卷变量共提取到1个因子，累积总方差大小为79.693%。资本使用效率的探索性因子分析结果见表8-21，可知通过探索性因子分析共提取到资本使用效率1个因子。从题项CE1、CE2、CE3、CE4中提取了资本使用效率因子，因子载荷大小均在0.800以上。

表 8-18 资本使用效率的信度检验（N=100）

| 变量名称 | 题项 | 修正后的项与总计相关性 | 平方多重相关 | 项已删除的克隆巴赫系数 | Cronbach's α 系数 |
|---|---|---|---|---|---|
| 资本使用效率 | CE1 | 0.848 | 0.760 | 0.870 | 0.913 |
| | CE2 | 0.851 | 0.737 | 0.871 | |
| | CE3 | 0.835 | 0.788 | 0.875 | |
| | CE4 | 0.781 | 0.651 | 0.929 | |

表 8-19 资本使用效率 KMO 和巴特利特检验（N=100）

| KMO 取样适切性量数 | 巴特利特球形度检验 | | |
|---|---|---|---|
| | 近似卡方 | 自由度 | 显著性 |
| 0.792 | 306.678 | 6.000 | 0.000 |

表 8-20 资本使用效率总方差解释（N=100）

| 组件 | 初始特征值 | | | 提取载荷平方和 | | |
|---|---|---|---|---|---|---|
| | 总计 | 方差百分比 | 累积百分比 | 总计 | 方差百分比 | 累积百分比 |
| 1 | 3.188 | 79.693 | 79.693 | 3.188 | 79.693 | 79.693 |
| 2 | 0.461 | 11.528 | 91.221 | | | |
| 3 | 0.222 | 5.554 | 96.775 | | | |
| 4 | 0.129 | 3.225 | 100.000 | | | |

表 8-21 资本使用效率的探索性因子分析结果（N=100）

| 变量名称 | 题项 | 描述性统计分析 | | 因子载荷 |
|---|---|---|---|---|
| | | 平均值 | 标准偏差 | 资本使用效率 |
| 资本使用效率 | CE1 | 4.736 | 1.511 | 0.921 |
| | CE2 | 4.737 | 1.428 | 0.921 |
| | CE3 | 4.570 | 1.545 | 0.917 |
| | CE4 | 4.666 | 1.565 | 0.806 |

(5) 管理效率探索性因子分析

管理效率的信度检验结果见表8-22,可知管理效率测量各题项修正后的项与总计相关性均在0.700以上;生产管理效率变量Cronbach's α系数大小为0.930,管理效率测量变量的信度水平均高于0.850,说明管理效率问卷变量的信度较高。管理效率的相关检验见表8-23,也说明适合进行因子分析。进一步对劳管理效率获取的数据运用主成分提取总方差解释得到表8-24,可知基于主成分大于1的标准,共提取到4个因子,累积总方差大小为84.268%。管理效率的探索性因子分析结果见表8-25,可知通过探索性因子分析共提取到管理效率的生产管理效率、物流管理效率、质量管理效率和销售管理效率4个因子,题项的因子载荷均在0.700以上。

表8-22 管理效率的信度检验(N=100)

| 变量名称 | 题项 | 修正后的项与总计相关性 | 平方多重相关 | 项已删除的克隆巴赫系数 | Cronbach's α系数 |
| --- | --- | --- | --- | --- | --- |
| 生产管理效率 | PM1 | 0.774 | 0.607 | 0.929 | 0.930 |
| | PM2 | 0.854 | 0.772 | 0.903 | |
| | PM3 | 0.844 | 0.714 | 0.906 | |
| | PM4 | 0.875 | 0.795 | 0.896 | |
| 物流管理效率 | LE1 | 0.885 | 0.801 | 0.914 | 0.941 |
| | LE2 | 0.788 | 0.624 | 0.944 | |
| | LE3 | 0.873 | 0.768 | 0.918 | |
| | LE4 | 0.891 | 0.816 | 0.912 | |
| 质量管理效率 | QA1 | 0.836 | 0.732 | 0.914 | 0.932 |
| | QA2 | 0.858 | 0.765 | 0.906 | |
| | QA3 | 0.878 | 0.781 | 0.900 | |
| | QA4 | 0.796 | 0.676 | 0.927 | |
| 销售管理效率 | MM1 | 0.840 | 0.718 | 0.921 | 0.937 |
| | MM2 | 0.806 | 0.678 | 0.931 | |
| | MM3 | 0.896 | 0.807 | 0.904 | |
| | MM4 | 0.862 | 0.762 | 0.914 | |

表 8-23 管理效率 KMO 和巴特利特检验（N=100）

| KMO 取样适切性量数 | 巴特利特球形度检验 | | |
|---|---|---|---|
| | 近似卡方 | 自由度 | 显著性 |
| 0.844 | 1552.972 | 120.000 | 0.000 |

表 8-24 管理效率总方差解释（N=100）

| 组件 | 初始特征值 | | | 提取载荷平方和 | | | 旋转载荷平方和 | | |
|---|---|---|---|---|---|---|---|---|---|
| | 总计 | 方差百分比 | 累积百分比 | 总计 | 方差百分比 | 累积百分比 | 总计 | 方差百分比 | 累积百分比 |
| 1 | 7.678 | 47.988 | 47.988 | 7.678 | 47.988 | 47.988 | 3.408 | 21.302 | 21.302 |
| 2 | 2.362 | 14.762 | 62.750 | 2.362 | 14.762 | 62.750 | 3.398 | 21.235 | 42.537 |
| 3 | 1.939 | 12.118 | 74.868 | 1.939 | 12.118 | 74.868 | 3.349 | 20.932 | 63.469 |
| 4 | 1.504 | 9.400 | 84.268 | 1.504 | 9.400 | 84.268 | 3.328 | 20.799 | 84.268 |
| 5 | 0.425 | 2.658 | 86.926 | | | | | | |
| 6 | 0.363 | 2.267 | 89.193 | | | | | | |
| 7 | 0.327 | 2.044 | 91.237 | | | | | | |
| 8 | 0.299 | 1.868 | 93.105 | | | | | | |
| 9 | 0.225 | 1.405 | 94.510 | | | | | | |
| 10 | 0.186 | 1.163 | 95.673 | | | | | | |
| 11 | 0.178 | 1.110 | 96.784 | | | | | | |
| 12 | 0.152 | 0.948 | 97.732 | | | | | | |
| 13 | 0.120 | 0.751 | 98.483 | | | | | | |
| 14 | 0.101 | 0.629 | 99.112 | | | | | | |
| 15 | 0.078 | 0.490 | 99.602 | | | | | | |
| 16 | 0.064 | 0.398 | 100.000 | | | | | | |

表 8-25 管理效率的探索性因子分析结果表（$N$=100）

| 变量名称 | 题项 | 描述性统计分析 | | 因子载荷 | | | |
|---|---|---|---|---|---|---|---|
| | | 平均值 | 标准偏差 | 生产管理效率 | 物流管理效率 | 质量管理效率 | 销售管理效率 |
| 生产管理效率 | PM1 | 5.146 | 1.336 | 0.800 | | | |
| | PM2 | 4.955 | 1.327 | 0.886 | | | |
| | PM3 | 4.984 | 1.285 | 0.860 | | | |
| | PM4 | 5.128 | 1.258 | 0.865 | | | |
| 物流管理效率 | LE1 | 5.022 | 1.501 | | 0.886 | | |
| | LE2 | 5.344 | 1.401 | | 0.786 | | |
| | LE3 | 5.008 | 1.429 | | 0.828 | | |
| | LE4 | 5.013 | 1.440 | | 0.871 | | |
| 质量管理效率 | QA1 | 4.921 | 1.468 | | | 0.877 | |
| | QA2 | 4.881 | 1.379 | | | 0.887 | |
| | QA3 | 5.008 | 1.337 | | | 0.897 | |
| | QA4 | 4.973 | 1.436 | | | 0.857 | |
| 营销管理效率 | MM1 | 5.119 | 1.344 | | | | 0.883 |
| | MM2 | 5.121 | 1.311 | | | | 0.859 |
| | MM3 | 5.073 | 1.256 | | | | 0.887 |
| | MM4 | 5.214 | 1.350 | | | | 0.861 |

## 8.4 验证性因子分析

通过 8.3 节的探索性因子分析初步验证了变量的结构是合理的，本节将继续采用验证性因子分析制造业企业问卷调查获得的 581 个样本，样本情况将在 8.5 节再作详细的介绍。

### 8.4.1 智能化水平验证性因子分析

智能化水平量表采用 26 个题项进行测量，首先对智能化水平各变量的信度进行分析，如表 8-26 所示。

表 8-26 智能化水平的信度检验（N=581）

| 变量名称 | 题项 | 平均值 | 标准偏差 | 修正后的项与总计相关性 | 项已删除的克隆巴赫系数 | Cronbach's α 系数 |
|---|---|---|---|---|---|---|
| 信息数字化能力 | RA1 | 4.478 | 1.253 | 0.787 | 0.922 | 0.932 |
| | RA2 | 4.530 | 1.278 | 0.833 | 0.914 | |
| | RA3 | 4.382 | 1.293 | 0.832 | 0.914 | |
| | RA4 | 4.559 | 1.242 | 0.831 | 0.914 | |
| | RA5 | 4.530 | 1.357 | 0.816 | 0.917 | |
| 数据增值化能力 | IA1 | 4.806 | 1.245 | 0.818 | 0.904 | 0.924 |
| | IA2 | 4.745 | 1.342 | 0.842 | 0.899 | |
| | IA3 | 4.762 | 1.316 | 0.802 | 0.907 | |
| | IA4 | 4.874 | 1.284 | 0.788 | 0.910 | |
| | IA5 | 4.807 | 1.250 | 0.761 | 0.915 | |
| 资源调整化能力 | RI1 | 4.890 | 1.248 | 0.817 | 0.931 | 0.941 |
| | RI2 | 4.843 | 1.331 | 0.797 | 0.933 | |
| | RI3 | 4.902 | 1.258 | 0.822 | 0.930 | |
| | RI4 | 4.854 | 1.405 | 0.811 | 0.931 | |
| | RI5 | 4.907 | 1.437 | 0.840 | 0.928 | |
| | RI6 | 4.843 | 1.386 | 0.853 | 0.926 | |
| 资源整合化能力 | DI1 | 4.559 | 1.341 | 0.797 | 0.918 | 0.930 |
| | DI2 | 4.668 | 1.324 | 0.845 | 0.909 | |
| | DI3 | 4.618 | 1.301 | 0.794 | 0.918 | |
| | DI4 | 4.675 | 1.368 | 0.816 | 0.914 | |
| | DI5 | 4.589 | 1.357 | 0.827 | 0.912 | |
| 智能分析化能力 | RL1 | 4.573 | 1.387 | 0.841 | 0.918 | 0.936 |
| | RL2 | 4.613 | 1.327 | 0.826 | 0.921 | |
| | RL3 | 4.719 | 1.331 | 0.842 | 0.918 | |
| | RL4 | 4.723 | 1.380 | 0.827 | 0.921 | |
| | RL5 | 4.814 | 1.388 | 0.802 | 0.925 | |

由表 8-26 可知,智能化水平测量变量的信度水平均高于 0.800,说明问卷变量的信度较高。智能化水平的验证性因子模型见图 8-2,题项 RA1、RA2、RA3、RA4、RA5 中提取出了信息数字化因子;修正指数显示数据增值化能力题项 IA1 与题项 IA5 的残差不独立,对第 1 个测量题项 IA1 作删除处理,从题项 IA2、IA3、IA4、IA5 中提取出了数据增值化能力因子;从题项 RI1、RI2、RI3、RI4、RI5、RI6 中提取出了资源调整化能力因子,题项 DI1、DI2、DI3、DI4、DI5 中提取出了资源整合化因子,题项 RL1、RL2、RL3、RL4、RL5 中提取出了智能分析化因子,从 5 个技术能力维度提取出智能化水平二阶因子,智能化水平的二阶因子模型的配适度指标中 CFI 大小为 0.858,GFI 大小为 0.800,NFI 大小为 0.843,TLI 大小为 0.842,表明智能化水平测量模型与实际情况拟合较好。

智能化水平验证性因子分析结果见表 8-27,可知智能化水平的一阶因子标准化因素负荷为 0.836、0.814、0.829、0.811、0.777,对应的显著性水平低于 0.001;按照 Wang 等(2005)的研究建议采用平均萃取变异量(AVE)以验证变量效度。智能化水平的 AVE 大小为 0.662,高于 0.500,表明智能化水平测量模型收敛效度良好;CR 值大小达 0.907,高于 0.700,表明智能化水平测量模型组成信度较高。

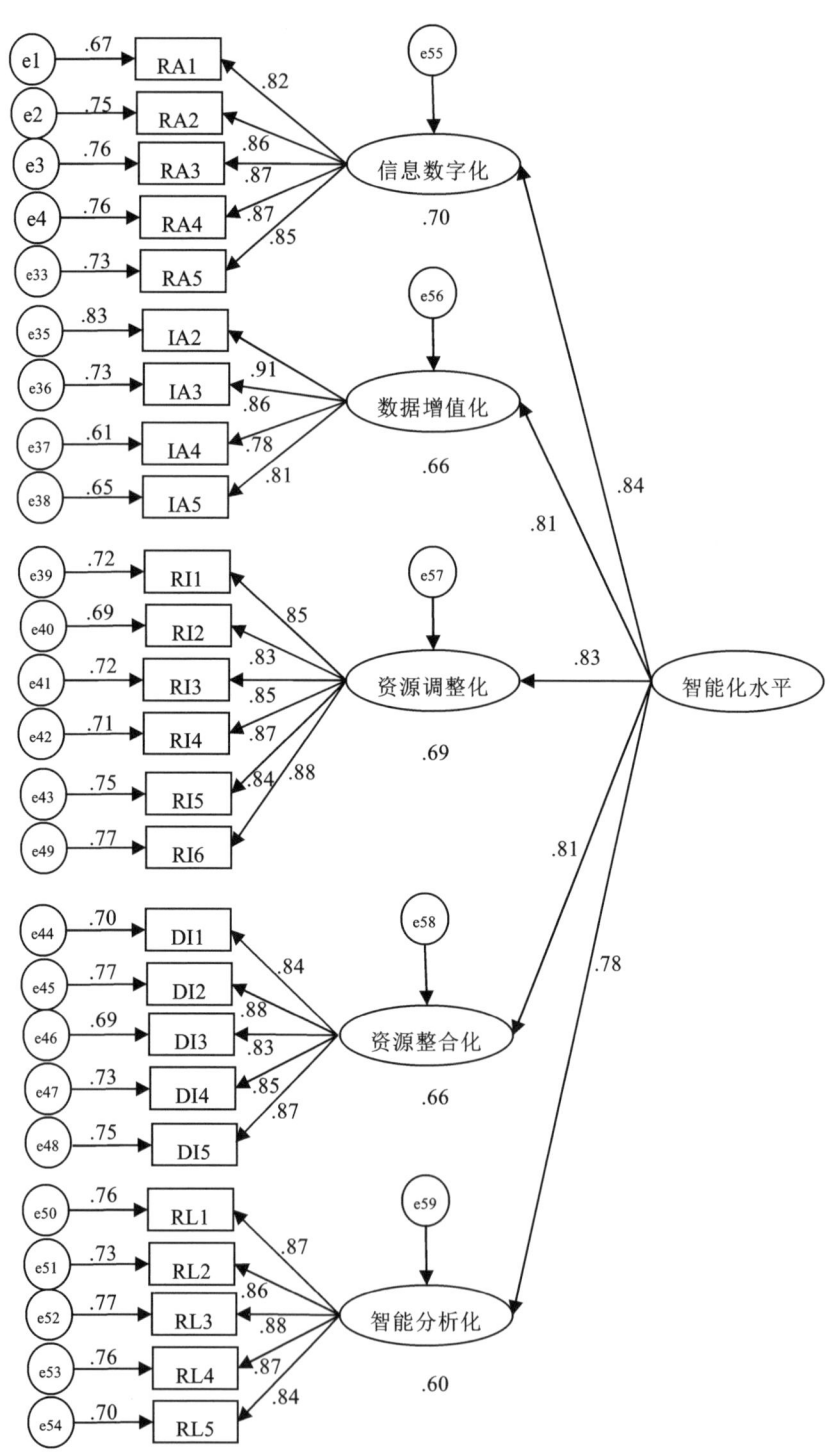

图 8-2 智能化水平测量模型

表 8-27 智能化水平验证性因子分析结果

| 构面 | 指标 | 模型参数估计值 | | | | 收敛效度 | | | C.R.组成信度 | AVE变异数萃取量 |
|---|---|---|---|---|---|---|---|---|---|---|
| | | 非标准化因素负荷 | 标准误 S.E. | C.R. ($t$-value) | $P$ | 标准化因素负荷 | SMC | 标准化残差 | | |
| 智能化水平 | 信息数字化 | 1.000 | | | | 0.836 | 0.699 | 0.301 | 0.907 | 0.662 |
| | 数据增值化 | 1.162 | 0.069 | 16.905 | *** | 0.814 | 0.663 | 0.337 | | |
| | 资源调整化 | 1.028 | 0.062 | 16.512 | *** | 0.829 | 0.687 | 0.313 | | |
| | 资源整合化 | 1.064 | 0.066 | 16.013 | *** | 0.811 | 0.658 | 0.342 | | |
| | 智能分析化 | 1.101 | 0.069 | 15.926 | *** | 0.777 | 0.604 | 0.396 | | |
| 信息数字化能力 | RA1 | 1.000 | | | | 0.817 | 0.667 | 0.333 | 0.932 | 0.733 |
| | RA2 | 1.078 | 0.043 | 25.185 | *** | 0.864 | 0.746 | 0.254 | | |
| | RA3 | 1.102 | 0.043 | 25.570 | *** | 0.873 | 0.762 | 0.238 | | |
| | RA4 | 1.060 | 0.041 | 25.627 | *** | 0.874 | 0.764 | 0.236 | | |
| | RA5 | 1.129 | 0.046 | 24.642 | *** | 0.852 | 0.726 | 0.274 | | |
| 数据增值化能力 | IA2 | 1.000 | | | | 0.911 | 0.830 | 0.170 | 0.906 | 0.707 |
| | IA3 | 0.922 | 0.032 | 29.116 | *** | 0.856 | 0.733 | 0.267 | | |
| | IA4 | 0.821 | 0.034 | 24.498 | *** | 0.782 | 0.612 | 0.388 | | |
| | IA5 | 0.825 | 0.032 | 25.986 | *** | 0.807 | 0.651 | 0.349 | | |
| 资源调整化能力 | RI1 | 1.000 | | | | 0.851 | 0.724 | 0.276 | 0.942 | 0.729 |
| | RI2 | 1.043 | 0.041 | 25.549 | *** | 0.832 | 0.692 | 0.308 | | |
| | RI3 | 1.005 | 0.038 | 26.423 | *** | 0.848 | 0.719 | 0.281 | | |
| | RI4 | 1.115 | 0.043 | 26.107 | *** | 0.843 | 0.711 | 0.289 | | |
| | RI5 | 1.175 | 0.043 | 27.558 | *** | 0.869 | 0.755 | 0.245 | | |
| | RI6 | 1.148 | 0.041 | 28.153 | *** | 0.879 | 0.773 | 0.227 | | |

续表 8-27

| 构面 | 指标 | 模型参数估计值 ||||  收敛效度 |||| AVE变异数萃取量 |
|---|---|---|---|---|---|---|---|---|---|---|
| | | 非标准化因素负荷 | 标准误 S.E. | C.R. (t-value) | P | 标准化因素负荷 | SMC | 标准化残差 | C.R.组成信度 | |
| 资源整合化能力 | DI1 | 1.000 | | | | 0.838 | 0.702 | 0.298 | 0.931 | 0.728 |
| | DI2 | 1.037 | 0.038 | 27.055 | *** | 0.880 | 0.774 | 0.226 | | |
| | DI3 | 0.958 | 0.039 | 24.476 | *** | 0.828 | 0.686 | 0.314 | | |
| | DI4 | 1.038 | 0.040 | 25.647 | *** | 0.852 | 0.726 | 0.274 | | |
| | DI5 | 1.049 | 0.040 | 26.451 | *** | 0.868 | 0.753 | 0.247 | | |
| 智能分析化能力 | RL1 | 1.000 | | | | 0.875 | 0.766 | 0.234 | 0.936 | 0.745 |
| | RL2 | 0.935 | 0.033 | 27.938 | *** | 0.855 | 0.731 | 0.269 | | |
| | RL3 | 0.963 | 0.033 | 29.415 | *** | 0.878 | 0.771 | 0.229 | | |
| | RL4 | 0.989 | 0.034 | 28.864 | *** | 0.869 | 0.755 | 0.245 | | |
| | RL5 | 0.958 | 0.036 | 26.860 | *** | 0.837 | 0.701 | 0.299 | | |

## 8.4.2 劳动力结构验证性因子分析

劳动力结构量表采用4个题项进行测量，首先对劳动力结构各变量的信度进行分析，结果见表8-28，可知劳动力结构的Cronbach's α 系数大小为0.915，说明问卷变量的信度很高。劳动力结构的验证性因子模型见图8-3，题项LS1、LS2、LS3、LS4中提取出了劳动力结构因子。

表 8-28 劳动力结构的信度检验（N=581）

| 变量名称 | 题项 | 平均值 | 标准偏差 | 修正后的项与总计相关性 | 项已删除的克隆巴赫系数 | Cronbach's α 系数 |
|---|---|---|---|---|---|---|
| 劳动力结构 | LS1 | 4.731 | 1.325 | 0.774 | 0.900 | 0.915 |
| | LS2 | 4.804 | 1.318 | 0.810 | 0.887 | |
| | LS3 | 4.721 | 1.375 | 0.839 | 0.877 | |
| | LS4 | 4.909 | 1.356 | 0.797 | 0.892 | |

8 智能化影响制造业企业管理效率的作用机制研究

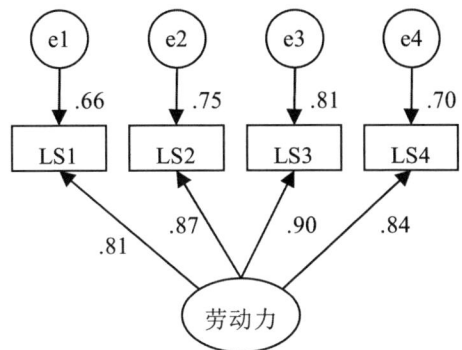

图 8-3 劳动力结构测量模型

由图 8-3 可知,劳动力结构一阶因子模型的配适度指标中 CFI 大小为 0.994,GFI 大小为 0.991,NFI 大小为 0.993,TLI 大小为 0.983,表明劳动力结构测量模型具有较好的结构拟合度。劳动力结构验证性因子分析结果见表 8-29,可知劳动力结构的测量题项标准化因素负荷为 0.813、0.866、0.898、0.836,对应的显著性水平低于 0.001;劳动力结构的 AVE 大小为 0.729,高于 0.500,表明劳动力结构测量模型收敛效度良好;CR 值为 0.915表明劳动力结构测量模型组成信度较高。

表 8-29 劳动力结构验证性因子分析结果

| 构面 | 指标 | 模型参数估计值 | | | | 收敛效度 | | | C.R.组成信度 | AVE 变异数萃取量 |
|---|---|---|---|---|---|---|---|---|---|---|
| | | 非标准化因素负荷 | 标准误 S.E. | C.R. ($t$-value) | $P$ | 标准化因素负荷 | SMC | 标准化残差 | | |
| 劳动力结构 | LS1 | 1.000 | | | | 0.813 | 0.661 | 0.339 | 0.915 | 0.729 |
| | LS2 | 1.060 | 0.044 | 24.344 | *** | 0.866 | 0.750 | 0.250 | | |
| | LS3 | 1.147 | 0.045 | 25.524 | *** | 0.898 | 0.806 | 0.194 | | |
| | LS4 | 1.053 | 0.045 | 23.214 | *** | 0.836 | 0.699 | 0.301 | | |

### 8.4.3 产品质量验证性因子分析

产品质量量表采用 5 个题项进行测量,首先对产品质量各变量的信度进行分析,结果见表 8-30,可知产品质量的 Cronbach's α 系数大小为 0.927,说明问卷变量的信度很高。

表 8-30 产品质量的信度检验（N=581）

| 变量名称 | 题项 | 平均值 | 标准偏差 | 修正后的项与总计相关性 | 项已删除的克隆巴赫系数 | Cronbach's α 系数 |
|---|---|---|---|---|---|---|
| 产品质量 | PQ1 | 4.714 | 1.232 | 0.781 | 0.916 | 0.927 |
| | PQ2 | 4.886 | 1.295 | 0.839 | 0.905 | |
| | PQ3 | 4.950 | 1.244 | 0.791 | 0.914 | |
| | PQ4 | 5.053 | 1.209 | 0.808 | 0.911 | |
| | PQ5 | 5.041 | 1.242 | 0.829 | 0.907 | |

产品质量的验证性因子模型见图 8-4,题项 PQ1、PQ2、PQ3、PQ4、PQ5 中提取了产品质量因子。产品质量的一阶因子模型的配适度指标中 CFI 大小 0.954,GFI 大小为 0.938,NFI 大小为 0.952,TLI 大小为 0.907,测量模型的配适度良好,说明产品质量的一阶因子模型具有良好的结构效度。

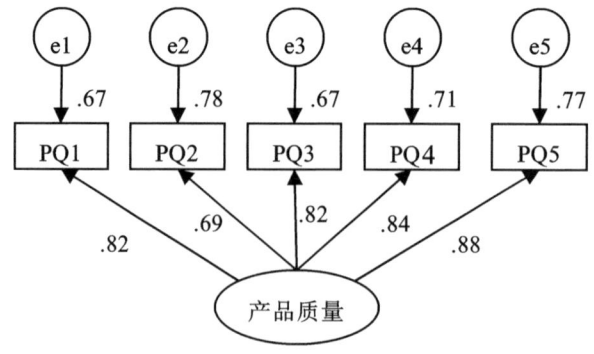

图 8-4 产品质量测量模型

产品质量验证性因子分析结果见表 8-31,可知产品质量的测量题项标准化因素负荷为0.816、0.885、0.820、0.842、0.876,对应的显著性水平低于0.001;产品质量的AVE大小为0.719,高于0.500,表明产品质量测量模型收敛效度良好;CR值大小达0.928,高于0.700,表明产品质量测量模型组成信度很高。

表8-31 产品质量验证性因子分析结果

| 构面 | 指标 | 模型参数估计值 | | | | 收敛效度 | | | C.R.组成信度 | AVE变异数萃取量 |
|---|---|---|---|---|---|---|---|---|---|---|
| | | 非标准化因素负荷 | 标准误 S.E. | C.R. ($t$-value) | $P$ | 标准化因素负荷 | SMC | 标准化残差 | | |
| 产品质量 | PQ1 | 1.000 | | | | 0.816 | 0.666 | 0.334 | 0.928 | 0.719 |
| | PQ2 | 1.140 | 0.044 | 25.730 | *** | 0.885 | 0.783 | 0.217 | | |
| | PQ3 | 1.015 | 0.044 | 23.007 | *** | 0.820 | 0.672 | 0.328 | | |
| | PQ4 | 1.012 | 0.042 | 23.892 | *** | 0.842 | 0.709 | 0.291 | | |
| | PQ5 | 1.082 | 0.043 | 25.338 | *** | 0.876 | 0.767 | 0.233 | | |

## 8.4.4 资本使用效率验证性因子分析

资本使用效率量表采用4个题项进行测量,首先对资本使用效率各变量的信度进行分析,结果见表8-32,可知资本使用效率的Cronbach's α系数大小为0.899,说明问卷变量具有较高的信度。

表8-32 资本使用效率的信度检验($N$=581)

| 变量名称 | 题项 | 平均值 | 标准偏差 | 修正后的项与总计相关性 | 项已删除的克隆巴赫系数 | Cronbach's α系数 |
|---|---|---|---|---|---|---|
| 资本使用效率 | CE1 | 4.969 | 1.343 | 0.845 | 0.844 | 0.899 |
| | CE2 | 4.816 | 1.370 | 0.718 | 0.889 | |
| | CE3 | 4.752 | 1.433 | 0.776 | 0.869 | |
| | CE4 | 4.809 | 1.389 | 0.762 | 0.874 | |

资本使用效率的验证性因子模型见图 8-5,题项 CE1、CE2、CE3、CE4 中提取出了资本使用效率因子。资本使用效率的一阶因子模型的配适度指标中 CFI 大小为 0.977,GFI 大小为 0.972,NFI 大小为 0.976,TLI 大小为 0.930,测量模型的配适度良好,说明资本使用效率的一阶因子模型具有良好的结构效度。

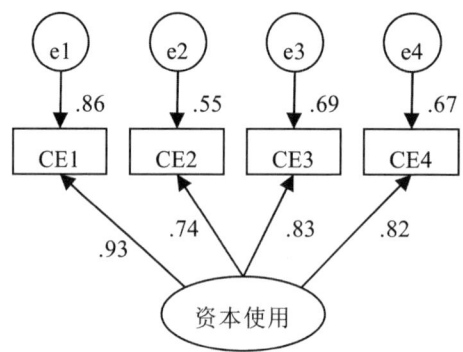

图 8-5　资本使用效率测量模型

资本使用效率验证性因子分析结果见表 8-33,可知资本使用效率的测量题项标准化因素负荷为 0.929、0.738、0.832、0.821,对应的显著性水平低于 0.001;资本使用效率的 AVE 大小为 0.694,高于 0.500,表明资本使用效率测量模型收敛效度良好;CR 值为 0.900,高于 0.700 表明资本使用效率测量模型组成具有较高的信度。

表 8-33　资本使用效率验证性因子分析结果

| 构面 | 指标 | 模型参数估计值 | | | | 收敛效度 | | | | |
|---|---|---|---|---|---|---|---|---|---|---|
| | | 非标准化因素负荷 | 标准误 S.E. | C.R. (t-value) | P | 标准化因素负荷 | SMC | 标准化残差 | C.R.组成信度 | AVE 变异数萃取量 |
| 资本使用效率 | CE1 | 1.000 | | | | 0.929 | 0.863 | 0.137 | 0.900 | 0.694 |
| | CE2 | 0.811 | 0.037 | 22.161 | *** | 0.738 | 0.545 | 0.455 | | |
| | CE3 | 0.956 | 0.035 | 27.341 | *** | 0.832 | 0.692 | 0.308 | | |
| | CE4 | 0.915 | 0.034 | 26.692 | *** | 0.821 | 0.674 | 0.326 | | |

## 8.4.5 管理效率验证性因子分析

管理效率量表采用 16 个题项进行测量,包含生产管理效率、物流管理效率、质量管理效率、销售管理效率 4 个维度。首先对管理效率各变量的信度进行检验,见表 8-34,可知生产管理效率变量 Cronbach's α 系数大小为 0.910,管理效率测量变量的信度水平均高于 0.850,说明问卷变量的信度较高。

表 8-34 管理效率的信度检验（N=581）

| 变量名称 | 题项 | 平均值 | 标准偏差 | 修正后的项与总计相关性 | 项已删除的克隆巴赫系数 | Cronbach's α 系数 |
|---|---|---|---|---|---|---|
| 生产管理效率 | PM1 | 5.077 | 1.263 | 0.839 | 0.869 | 0.910 |
|  | PM2 | 4.871 | 1.328 | 0.828 | 0.872 |  |
|  | PM3 | 4.964 | 1.288 | 0.743 | 0.902 |  |
|  | PM4 | 5.017 | 1.294 | 0.778 | 0.890 |  |
| 物流管理效率 | LE1 | 4.962 | 1.295 | 0.744 | 0.890 | 0.904 |
|  | LE2 | 5.251 | 1.247 | 0.793 | 0.873 |  |
|  | LE3 | 4.986 | 1.314 | 0.778 | 0.878 |  |
|  | LE4 | 4.986 | 1.326 | 0.821 | 0.862 |  |
| 质量管理效率 | QA1 | 5.090 | 1.328 | 0.761 | 0.890 | 0.907 |
|  | QA2 | 5.188 | 1.280 | 0.781 | 0.882 |  |
|  | QA3 | 5.227 | 1.262 | 0.807 | 0.873 |  |
|  | QA4 | 5.131 | 1.269 | 0.811 | 0.872 |  |
| 销售管理效率 | MM1 | 5.119 | 1.296 | 0.860 | 0.877 | 0.918 |
|  | MM2 | 5.215 | 1.318 | 0.799 | 0.898 |  |
|  | MM3 | 5.182 | 1.310 | 0.812 | 0.894 |  |
|  | MM4 | 5.186 | 1.259 | 0.777 | 0.905 |  |

管理效率的验证性因子模型见图 8-6,题项 PM1、PM2、PM3、PM4 中提

取了生产管理效率因子;从题项 LE1、LE2、LE3、LE4 中提取了物流管理效率因子,题项 QA1、QA2、QA3、QA4 中提取了质量管理效率因子,题项 MM1、MM2、MM3、MM4 中提取出了销售管理效率因子。从生产管理效率、物流管理效率、质量管理效率和销售管理效率 4 个一阶因子中抽取了管理效率二阶因子,管理效率的二阶因子模型的配适度指标 CFI 大小为 0.991,GFI 大小为 0.870,NFI 大小为 0.900,TLI 大小为 0.893,说明管理效率的因子构成结构拟合度较好。

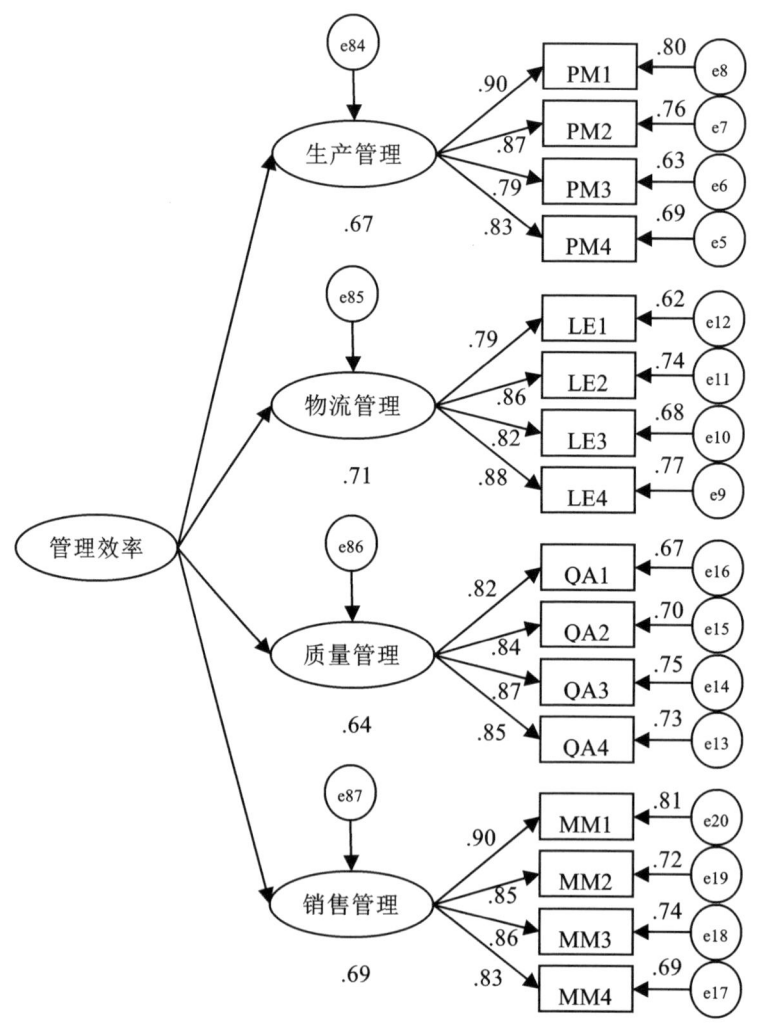

图 8-6 管理效率测量模型

管理效率验证性因子分析结果见表8-35,可知管理效率的一阶因子标准化因素负荷为0.329、0.294、0.357、0.306,对应的显著性水平低于0.001;管理效率的AVE大小为0.679,高于0.500,表明管理效率测量模型收敛效度良好;CR值为0.894,表明信度较高。

表8-35 管理效率验证性因子分析结果

| 构面 | 指标 | 非标准化因素负荷 | 标准误 S.E. | C.R. ($t$-value) | $P$ | 标准化因素负荷 | SMC | 标准化残差 | C.R.组成信度 | AVE 变异数萃取量 |
|---|---|---|---|---|---|---|---|---|---|---|
| 管理效率 | 生产管理 | 1.000 | | | | 0.819 | 0.671 | 0.329 | 0.894 | 0.679 |
| | 物流管理 | 0.927 | 0.058 | 15.869 | *** | 0.840 | 0.706 | 0.294 | | |
| | 质量管理 | 0.940 | 0.060 | 15.739 | *** | 0.802 | 0.643 | 0.357 | | |
| | 销售管理 | 1.050 | 0.060 | 17.431 | *** | 0.833 | 0.694 | 0.306 | | |
| 生产管理效率 | PM1 | 1.000 | | | | 0.896 | 0.803 | 0.197 | 0.912 | 0.723 |
| | PM2 | 1.025 | 0.035 | 29.566 | *** | 0.873 | 0.762 | 0.238 | | |
| | PM3 | 0.903 | 0.037 | 24.690 | *** | 0.793 | 0.629 | 0.371 | | |
| | PM4 | 0.953 | 0.035 | 27.050 | *** | 0.834 | 0.696 | 0.304 | | |
| 物流管理效率 | LE1 | 1.000 | | | | 0.790 | 0.624 | 0.376 | 0.905 | 0.704 |
| | LE2 | 1.050 | 0.045 | 23.163 | *** | 0.862 | 0.743 | 0.257 | | |
| | LE3 | 1.056 | 0.048 | 21.818 | *** | 0.823 | 0.677 | 0.323 | | |
| | LE4 | 1.137 | 0.048 | 23.703 | *** | 0.878 | 0.771 | 0.229 | | |
| 质量管理效率 | QA1 | 1.000 | | | | 0.818 | 0.669 | 0.331 | 0.908 | 0.711 |
| | QA2 | 0.985 | 0.042 | 23.400 | *** | 0.836 | 0.699 | 0.301 | | |
| | QA3 | 1.005 | 0.041 | 24.548 | *** | 0.865 | 0.748 | 0.252 | | |
| | QA4 | 0.994 | 0.041 | 24.005 | *** | 0.852 | 0.726 | 0.274 | | |

续表 8-35

| 构面 | 指标 | 非标准化因素负荷 | 标准误 S.E. | C.R. ($t$-value) | $P$ | 标准化因素负荷 | SMC | 标准化残差 | C.R.组成信度 | AVE变异数萃取量 |
|---|---|---|---|---|---|---|---|---|---|---|
| 销售管理效率 | MM1 | 1.000 | | | | 0.902 | 0.814 | 0.186 | 0.919 | 0.741 |
| | MM2 | 0.955 | 0.034 | 28.489 | *** | 0.848 | 0.719 | 0.281 | | |
| | MM3 | 0.965 | 0.033 | 29.506 | *** | 0.862 | 0.743 | 0.257 | | |
| | MM4 | 0.892 | 0.033 | 27.240 | *** | 0.829 | 0.687 | 0.313 | | |

## 8.5 实证检验

通过前述的各项检验表明问卷内容和结构等设计合理且具有可信性，可以建立结构方程模型进一步分析智能化对制造业企业管理效率的影响。

### 8.5.1 样本数据分析

需要对获取的正式问卷进行相关检验和验证，从河南郑州、南阳、深圳等地的制造业企业实地发放调查问卷 700 份，其中收回问卷为 665 份，除去不合格的总计获得有效问卷 581 份，问卷有效率为 83.00%，完整的调查问卷见附录，样本分布情况如表 8-36 所示。智能化水平对制造业企业管理效率影响研究的调查问卷涉及结构方程的题项共 55 个，有效样本数超过了题项数的 10 倍，样本量满足结构方程模型要求。结构方程模型采用的样本需满足正态分布的要求，如果样本的中位数与均值相接近，偏度低于 2 并且峰度低于 5，即可认为样本满足正态分布。采用 SPSS 25.0 软件分析制造业企业调查数据的偏度和峰度可知样本分布符合正态分析，并且采用的样本代表性广泛且较为合理，说明能够采用结构方程模型进行分析。

表 8-36 样本分布情况

| 变量 | 取值 | 频率 | 百分比 | 累积百分比 |
|---|---|---|---|---|
| 您的年龄 | 30 岁以下 | 77 | 13.25 | 13.25 |
| | 30~40 岁 | 184 | 31.67 | 44.92 |
| | 40~50 岁 | 245 | 42.17 | 87.09 |
| | 50 岁以上 | 75 | 12.91 | 100.00 |
| 您所在企业的性质 | 国有企业 | 97 | 16.70 | 16.70 |
| | 民营企业 | 373 | 64.20 | 80.90 |
| | 外资企业 | 57 | 9.81 | 90.71 |
| | 其他 | 54 | 9.29 | 100.00 |
| 您的工作岗位 | 领导层 | 109 | 18.80 | 18.80 |
| | 一般管理人员 | 472 | 81.20 | 100.00 |
| 您从事管理工作的年限 | 3 年以下 | 89 | 15.32 | 15.32 |
| | 3~5 年 | 142 | 24.44 | 39.76 |
| | 6~8 年 | 192 | 33.05 | 72.81 |
| | 9~10 年 | 69 | 11.88 | 84.68 |
| | 10 年以上 | 89 | 15.32 | 100.00 |
| 贵公司成立年限 | 1~5 年 | 195 | 33.60 | 33.60 |
| | 6~10 年 | 165 | 28.40 | 62.00 |
| | 11~15 年 | 120 | 20.70 | 82.60 |
| | 16~20 年 | 52 | 9.00 | 91.60 |
| | 20 年以上 | 49 | 8.40 | 100.00 |
| 贵公司所在行业领域 | 通用设备制造 | 72 | 12.39 | 12.39 |
| | 专用设备制造 | 48 | 8.26 | 20.65 |
| | 交通运输设备制造 | 56 | 9.64 | 30.29 |
| | 电气机械及器材制造 | 62 | 10.67 | 40.96 |
| | 通信设备、计算机及其他电子设备 | 49 | 8.43 | 49.40 |
| | 仪器仪表及文化、办公用机械 | 54 | 9.29 | 58.69 |
| | 纺织业 | 58 | 9.98 | 68.67 |
| | 饮料制造 | 65 | 11.19 | 79.86 |
| | 化学原料及化学制品 | 67 | 11.53 | 91.39 |
| | 其他行业 | 50 | 8.61 | 100.00 |

续表 8-36

| 变量 | 取值 | 频率 | 百分比 | 累积百分比 |
|---|---|---|---|---|
| 贵公司去年的销售收入 | 2000 万元以下 | 31 | 5.34 | 5.34 |
| | 2000 万~5000 万元 | 146 | 25.13 | 30.46 |
| | 5000 万~1 亿元 | 140 | 24.10 | 54.56 |
| | 1 亿~5 亿元 | 106 | 18.24 | 72.81 |
| | 5 亿~10 亿元 | 37 | 6.37 | 79.17 |
| | 10 亿~20 亿元 | 43 | 7.40 | 86.57 |
| | 20 亿~50 亿元 | 38 | 6.54 | 93.12 |
| | 50 亿元以上 | 40 | 6.88 | 100.00 |

在建立结构方程模型分析智能化对制造业企业管理效率的影响之前,应先分析智能化、管理效率、劳动力结构、产品质量、资本使用效率之间的相关性,相关性检验结果如表 8-37 所示,可知智能化对制造业企业管理效率模型变量的相关性在 1% 的水平上显著,表明可以采用结构方程模型进一步分析。

表 8-37 管理效率中变量相关性分析

| 变量 | 平均值 | 标准差 | 智能化水平 | 劳动力结构 | 产品质量 | 资本使用效率 | 管理效率 |
|---|---|---|---|---|---|---|---|
| 智能化水平 | 4.698 | 0.982 | 1 | | | | |
| 劳动力结构 | 4.791 | 1.199 | 0.360** | 1 | | | |
| 产品质量 | 4.929 | 1.096 | 0.297** | 0.325** | 1 | | |
| 资本使用效率 | 4.836 | 1.212 | 0.263** | 0.297** | 0.366** | 1 | |
| 管理效率 | 5.091 | 0.974 | 0.339** | 0.424** | 0.452** | 0.372** | 1 |

注:** 表示在 1% 水平(双侧)上显著相关。

## 8.5.2 结构方程模型构建、拟合与修正

根据探索性因子分析和验证性因子分析的结果,建立制造业企业智能化对管理效率的影响模型,包含劳动力结构、产品质量、资本使用效率 3 个中

介变量。智能化水平对制造业企业管理效率影响的结构方程模型拟合结果显示:$\chi^2/df$ 数据值为 3.328,高于 3;AGFI 的数据为 0.790,低于 0.800,RMSEA 值为 0.063,也较高;说明此时的模型配适度并不好,需要对模型进行修正。根据修正指数题项 DI1 和 DI5 的残差不独立,对题项 RI1 与 DI3 的残差不独立,对题项 DI1 和 RI1 作删除处理,模型修正后的运行结果如图 8-7 所示,可知此时模型的配适度中,$\chi^2/df$ 数据值为 2.970,低于 3;RMSEA 值为 0.058,GFI 数值为 0.825,AGFI 的数值为 0.808,CFI 数值为 0.808,NFI 数值为 0.868,TLI 的数值为 0.903,表明模型构建合理适配度较好,相关衡量指标如表 8-38 所示。

表 8-38 结构方程模型拟合结果($N$=581)

| 路径 | | | 非标准化系数 | 标准化系数 | S.E. | C.R. | P |
|---|---|---|---|---|---|---|---|
| 劳动力 | ← | 智能化 | 0.527 | 0.418 | 0.060 | 8.825 | *** |
| 产品质量 | ← | 智能化 | 0.407 | 0.348 | 0.055 | 7.448 | *** |
| 资本使用 | ← | 智能化 | 0.455 | 0.314 | 0.067 | 6.825 | *** |
| 管理效率 | ← | 劳动力 | 0.221 | 0.266 | 0.038 | 5.777 | *** |
| 管理效率 | ← | 产品质量 | 0.287 | 0.322 | 0.040 | 7.158 | *** |
| 管理效率 | ← | 资本使用 | 0.127 | 0.176 | 0.031 | 4.134 | *** |
| 管理效率 | ← | 智能化 | 0.146 | 0.140 | 0.053 | 2.747 | 0.006 |

由表 8-38 可知,智能化水平影响制造业企业管理效率,标准化系数为 0.140,在 1% 的水平显著,假设 Hc1 得到验证,表明制造业企业智能化水平越高,管理效率也越高;制造业企业智能化水平正向影响劳动力结构,标准化系数为 0.418,在 1% 的水平显著,假设 Hc2 得到验证,制造业企业智能化水平越高,劳动力结构越优化;制造业企业智能化水平正向影响产品质量,标准化系数为 0.348,在 1% 的水平显著,假设 Hc3 得到验证,制造业企业智能化水平越高,产品质量越好;制造业企业智能化水平正向影响资本使用效率,标准化系数为 0.314,在 1% 的水平显著,假设 Hc4 得到验证,制造业企业智能化水平越高,资本使用效率就越高;制造业企业劳动力结构正向影响管

理效率,标准化系数为 0.266,在 1% 的水平显著,假设 Hc5 得到验证,制造业企业劳动力结构优化,有利于提升管理效率;制造业企业产品质量正向影响管理效率,标准化系数为 0.322,在 1% 的水平显著,假设 Hc6 得到验证,制造业企业产品质量提升,有利于提升管理效率;制造业企业资本使用效率正向影响管理效率,标准化系数为 0.176,在 1% 的水平显著,假设 Hc7 得到验证,制造业企业资本使用效率提高,有利于提升管理效率。

### 8.5.3 中介效应分析

由前述的理论分析可以看出,制造业企业智能化通过劳动力结构、产品质量、资本使用效率进而影响管理效率,因此可能存在着中介效应。根据侯杰泰等(2004)研究判定中介效应的方法采用 Bootstrapping 抽样设定 2000 次得到制造业企业智能化对企业管理效率的影响,中介效应检验结果如表 8-39 所示。

表 8-39 中介效应检验

| 变数 | 点估计值 | 系数相乘积 | | 拔靴法 | | | |
|---|---|---|---|---|---|---|---|
| | | | | 偏差校正 95% 置信区间 | | 分位数法 95% 置信区间 | |
| | | SE | Z | 下限 | 上限 | 下限 | 上限 |
| 总效应 | | | | | | | |
| 智能化→管理效率 | 0.437 | 0.051 | 8.569 | 0.344 | 0.544 | 0.343 | 0.542 |
| 间接效应 | | | | | | | |
| 智能化→管理效率 | 0.291 | 0.038 | 7.658 | 0.224 | 0.370 | 0.223 | 0.370 |
| 直接效应 | | | | | | | |
| 智能化→管理效率 | 0.146 | 0.047 | 3.106 | 0.057 | 0.246 | 0.052 | 0.240 |

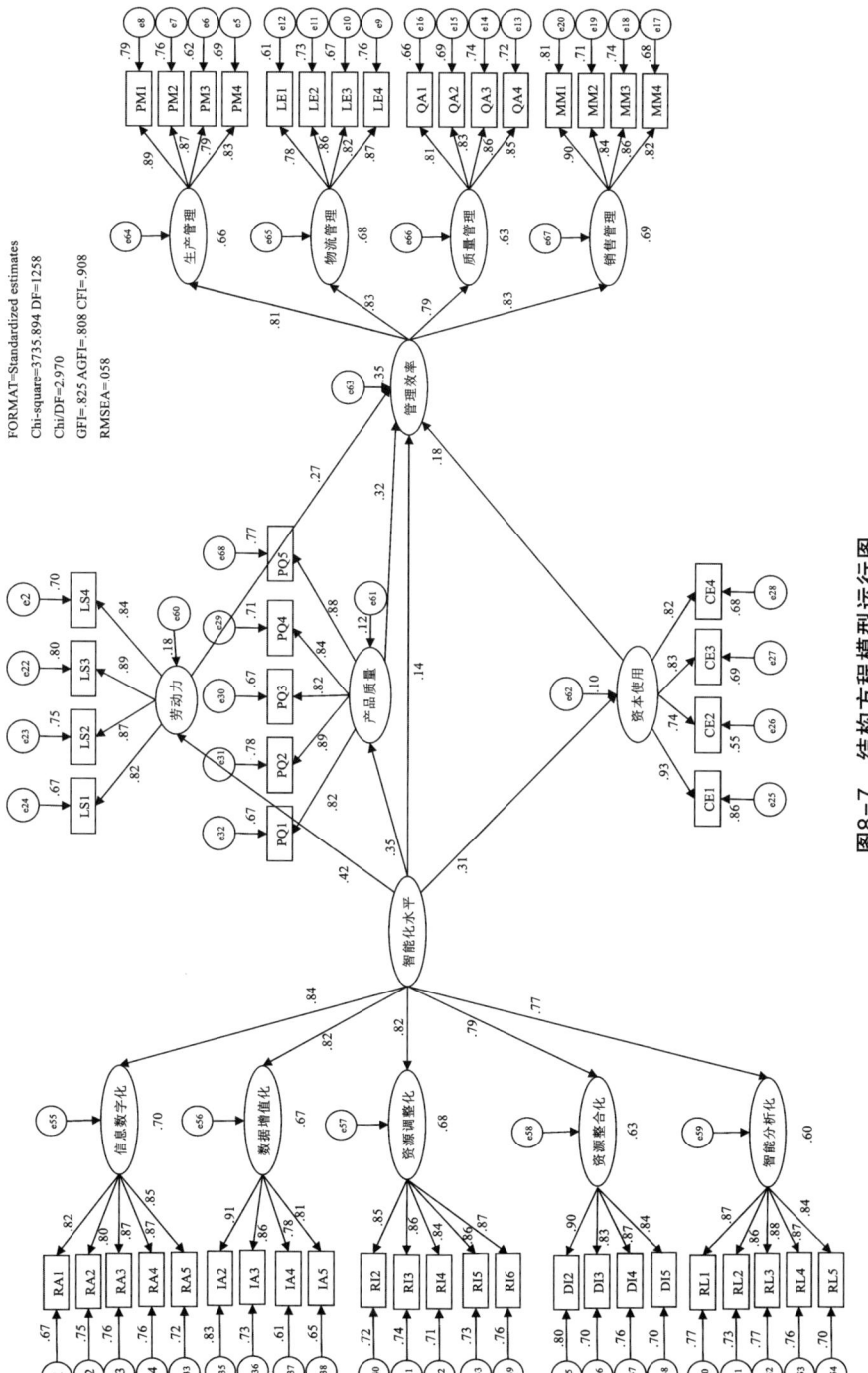

图8-7 结构方程模型运行图

由表 8-39 可知,检验了制造业企业智能化对企业管理效率影响的间接效应,其中置信区间不包括 0 表明是部分中介,通过检验确认了制造业企业智能化升级和企业管理效率之间存在中介效应,但该模型中存在着劳动力结构、产品质量、资本使用效率 3 个中介,3 个中介的特定中介效应是否存在还需进一步检验。根据温忠麟和叶宝娟(2014)的方法对特定中介进行检验,结果见表 8-40。

表 8-40  特定中介效应检验结果

| 变数 | 点估计值 | 系数相乘积 | | 拔靴法 | | | |
| --- | --- | --- | --- | --- | --- | --- | --- |
| | | | | 偏差校正 95% 置信区间 | | 分位数法 95% 置信区间 | |
| | | SE | Z | 下限 | 上限 | 下限 | 上限 |
| 智能化→劳动力→管理效率 | 0.116 | 0.023 | 5.043 | 0.074 | 0.167 | 0.073 | 0.166 |
| 智能化→产品质量→管理效率 | 0.117 | 0.024 | 4.875 | 0.076 | 0.170 | 0.075 | 0.169 |
| 智能化→资本使用→管理效率 | 0.058 | 0.018 | 3.222 | 0.028 | 0.098 | 0.025 | 0.095 |
| 合计 | 0.146 | 0.038 | 3.842 | 0.224 | 0.370 | 0.223 | 0.370 |

由表 8-40 可知,劳动力结构、产品质量、资本使用效率 3 个中介的点估值对应的 $Z$ 值均大于 1.96,95% 的置信区间也不包含 0,因此劳动力结构、产品质量、资本使用效率 3 个中介的特定中介效应存在。劳动力结构在智能化与企业管理效率之间起中介作用,制造业企业智能化通过影响劳动力结构,进而影响企业管理效率,假设 Hc8 得到验证。产品质量在智能化与企业管理效率之间起中介作用,制造业企业智能化通过影响产品质量,进而影响企业管理效率,假设 Hc9 得到验证。资本使用效率在智能化与企业管理效率之间起中介作用,制造业企业智能化通过影响资本使用效率,进而影响企业管理效率,假设 Hc10 得到验证。至此通过检验验证了本章所提出的研究假设,验证结果如表 8-41 所示。

表 8-41 假设检验结果

| 序号 | 研究假设 | 验证情况 |
| --- | --- | --- |
| 假设 Hc1 | 智能化显著正向影响制造业企业管理效率 | 通过 |
| 假设 Hc2 | 智能化显著正向影响制造业企业劳动力结构 | 通过 |
| 假设 Hc3 | 智能化显著正向影响制造业企业产品质量 | 通过 |
| 假设 Hc4 | 智能化显著正向影响制造业企业资本使用效率 | 通过 |
| 假设 Hc5 | 劳动力结构显著正向影响制造业企业管理效率 | 通过 |
| 假设 Hc6 | 产品质量显著正向影响制造业企业管理效率 | 通过 |
| 假设 Hc7 | 资本使用效率显著正向影响制造业企业管理效率 | 通过 |
| 假设 Hc8 | 劳动力结构在智能化与企业管理效率之间起中介作用 | 通过 |
| 假设 Hc9 | 产品质量在智能化与企业管理效率之间起中介作用 | 通过 |
| 假设 Hc10 | 资本使用效率在智能化与企业管理效率之间起中介作用 | 通过 |

本章通过相关检验验证了问卷与模型的合理性和可靠性,并建立结构方程模型进一步分析智能化对制造业企业管理效率的影响,检验了劳动力结构、产品质量、资本使用效率3个中介的特定中介效应存在。

制造业企业智能化正向影响管理效率,标准化系数为0.140,在1%的水平显著,假设 Hc1 得到验证,制造业企业智能化水平越高,管理效率也越高;制造业企业智能化正向影响劳动力结构,标准化系数为0.418,在1%的水平显著,假设 Hc2 得到验证,制造业企业智能化水平越高,劳动力结构越优化;制造业企业智能化正向影响产品质量,标准化系数为0.348,在1%的水平显著,假设 Hc3 得到验证,制造业企业智能化水平越高,产品质量越好;制造业企业智能化正向影响资本使用效率,标准化系数为0.314,在1%的水平显著,假设 Hc4 得到验证,制造业企业智能化水平越高,资本使用效率也越高;制造业企业劳动力结构正向影响管理效率,标准化系数为0.266,在1%的水平显著,假设 Hc5 得到验证,制造业企业劳动力结构优化,有利于提升管理效率;制造业企业产品质量正向影响管理效率,标准化系数为0.322,在1%的水平显著,假设 Hc6 得到验证,制造业企业产品质量提升,有利于提升管理效率;制造业企业资本使用效率正向影响管理效率,标准化系数为0.176,

在 1% 的水平显著,假设 Hc7 得到验证,制造业企业资本使用效率提高,有利于提升管理效率。

劳动力结构在智能化与企业管理效率之间起中介作用,制造业企业智能化通过影响劳动力结构,进而影响企业管理效率,假设 Hc8 得到验证。产品质量在智能化与企业管理效率之间起中介作用,制造业企业智能化通过影响产品质量,进而影响企业管理效率,假设 Hc9 得到验证。资本使用效率在智能化与企业管理效率之间起中介作用,制造业企业智能化通过影响资本使用效率,进而影响企业管理效率,假设 Hc10 得到验证。

# 9 政策建议与研究展望

制造业为人类生存和发展提供坚实的物质基础,是实体经济创造财富实现经济增长的基石,与新一轮技术革命深度融合,打开经济发展的新局面。进入新时代,新一代信息技术对生产制造和社会生活等的影响和支撑作用更加显著,世界各国竞相制定并出台鼓励政策和发展战略,以实现新一代信息技术与实体经济的加速融合和跨界发展。在实现中华民族伟大复兴和世界百年未有之大变局的历史关键期,智能化已成为我国制造业企业向全球价值链中高端迈进并取得新一轮国际竞争优势的制高点和新动能。中华人民共和国工业和信息化部相关报告显示,我国企业智能制造能力稳步提升,并能成功地将智能化技术优势转化为利润增长优势,但龙头领先企业与其他企业的差距持续扩大导致雪球效应开始显现,我国企业智能化升级正进入强弱不均的分水岭。在机遇与挑战并存的时代,明晰智能化发展路径,加快智能化进程对于培育制造业企业竞争优势,实现企业价值最大化,对于实现制造强国建设具有重要的理论意义和实践价值。

本书分别以全要素生产率和管理效率作为企业投入产出情况的技术效率和组织流程运作的管理效率等制造业企业效率的具体表现形式,采用质性研究、定量研究等多种模型与方法,以研究智能化水平影响企业效率的作用机制,试图打开智能化与制造业企业效率之间的作用"黑箱",用于指导制造业企业合理、适度开展智能化升级,为实现经济高质量发展提供新思路和路径。本章梳理了全书的研究结论,结合各章具体的研究结论,重点从政府、产业、企业和市场等四个角度提出了推动制造业企业智能化升级的对策建议,并指出研究的不足之处和未来研究的展望。

## 9.1 研究结论

本书在技术创新、资源基础和要素配置等要素理论,价值共创和价值链等价值理论以及组织变革和流程再造等组织理论的基础上,提出制造业企业智能化升级的动力机制是由政府推力、技术驱力、企业压力和市场拉力等多因素驱动的复杂动态演化过程,并指出智能化通过技术创新、优化配置、价值共创、流程再造等作用机制以优化劳动力结构、降低成本和提升产品质量和服务等作用路径,提升企业的全要素生产率和管理效率。研究结论表明,智能化不仅能够提升制造业企业全要素生产率,并且验证了智能化对全要素生产率的影响是非线性的,同时还能够正向影响企业组织管理效率,但因企业类型不同,这种影响效应存在很大的差异性。本书的主要研究结论如下。

### 9.1.1 关于全要素生产率的结论

从总体来看,智能化水平能够正向促进企业全要素生产率的提升,表明随着我国智能制造产业政策的深入实施,制造业企业智能化水平的提升和全要素生产率核算方式的改进,"IT 技术生产率悖论"将不复存在。由于地区的资源禀赋和产业特征等存在明显差异,导致智能化的赋能与渗透作用具有显著不同。分区域来看,东北、东部、西部的提升作用依次降低,而中部地区的影响作用不具有统计学显著意义。从产业来看,智能化的正向作用在高技术和传统产业的表现都很显著,但智能化对传统产业的促进作用更大,可能的原因是高技术产业自身的智能化和全要素生产率都处于较高水平,智能化的边际提升作用不显著,而智能化与传统制造业的融合发展大幅提高了如纺织业、汽车制造业等行业的全要素生产率。

从作用路径来看,智能化对技术创新具有显著正向影响,但技术创新的中介效应不存在,表明智能化并不能通过提高技术创新而提升制造业企业全要素生产率。智能化对员工平均薪酬具有显著正向影响,且员工平均薪酬具有部分中介效应,表明智能化能够通过提升员工人均薪酬水平进而影响制造业企业全要素生产率。智能化对薪酬差距的影响不显著,同时薪酬差距的中介效应不存在,表明智能化并不能通过拉大薪酬差距进而影响制造业企业全要素生产率。智能化对成本黏性具有显著负向影响,成本黏性对制造业企业全要素生产率具有显著负向影响,且成本黏性为部分中介作用,表明智能化能够通过降低企业的成本黏性,从而影响制造业企业全要素生产率。

从调节作用的异质性来看,资本要素密集度和所有权性质是正向的调节作用,即资本密集和非国有企业因资本雄厚和灵活机制等使得智能化的技术优势能够发挥更强的促进作用,而市场份额是负向的调节作用,即市场份额越大反而抑制了智能化对全要素生产率的提升作用。

此外,智能化对全样本企业全要素生产率的影响是非线性的,当智能化指数低于-0.854时,智能化对企业全要素生产率存在着显著正向影响,影响系数为0.073,此时提高企业智能化水平可以提升企业全要素生产率;智能化指数由第一门槛值(-0.854)增长到第二门槛值的过程,其提升作用更强,能够达到0.115,而越过第二门槛值(0.134)后,其正向作用反而大幅降至0.010,甚至比初期的0.073更低,因此智能化指数并不是越高越有利。分地区来看,不同地区的要素禀赋等差异导致门槛的非线性效应存在很大区别,其中东部、中部和西部智能化对企业全要素生产率的影响都存在门槛效应,但门槛数值有大有小,特别是中部的临界值要远高于东部和西部地区,即中部地区需要较长时间的智能化设备升级改造才能达到显著的促进作用,而东北地区则不存在门槛效应,同时由线性模型可知,东北地区智能化对全要素生产率的正向影响系数为0.0422,虽低于东部地区的0.123和中部地区的0.058,但高于西部地区的0.023,这得益于东北地区雄厚的工业基础。从不同行业来看,智能化的门槛机制对高技术和传统行业的影响都是存在的,但具体情况又有所不同,具体区别是高技术企业智能化水平的门槛值-0.845要远低于非高技术的门槛值0.817,说明非高技术企业要经过技术长期扩散和累积才能发挥较好的促进作用,这也与实际情况相符,因为新一代信息技术一般产生和应用于高技术企业,然后才向非高技术企业转移和扩散。同时非高技术企业因其创新能力较弱导致其智能化指数较低,但因智能化的高渗透作用与传统产业深度融合而表现为对全要素生产率的边际提升效应高于高技术产业。分要素密度来看,不同要素密度的制造业企业的智能化升级带来的全要素生产率的非线性提升作用具有差异性,具体是资本密集型企业智能化水平并不是越高越好,当智能化水平提升到一定幅度时,将不再促进企业全要素生产率的提高。而劳动密集型企业智能化水平对企业全要素生产率的影响不存在门槛效应,根据第6章的研究结论可知,劳动密集型企业智能化水平对企业全要素生产率的显著正向影响系数为0.0241,低于资本密集型企业的0.120。原因可能与资本密集型企业相比,劳动密集型企业没有富余的资金投入智能化升级改造,且难以承受升级改造失败带来的风险,使其不敢转和不能转造成其智能化水平较低,难以有效发挥积极的促进作用。从所有权的不同来看,智能化的门槛机制在是否国有企业的表现也具有明显不同,比较国有企业的门槛值0.698和非国有企业的门槛值0.135,以及两者的正向影响系数0.064和0.117可知,智能化对非国有企业的提升效应更大,原因可能是非国有企业的决策机制在面对外部环境的不确定性和风险挑战时,更具市场适应性,能够更好地适应智能化带来的组织、流程等变革,扩展了非国有企业利用内外部资源的能力,更能够适应市场的变化,借助工业互联网的低成本、高融合的知识复用等优势,提升投入产出效率。

## 9.1.2 关于管理效率的结论

从总体来看,制造业企业智能化能够正向影响企业的管理效率,制造业企业智能化水平越高,其组织管理效率也越高。

从作用路径来看,制造业企业智能化正向影响劳动力结构,而劳动力结构优化能够加强团结,降低组织内耗,提升管理效率,即劳动力结构在智能化与企业管理效率之间起中介作用,制造业企业智能化通过影响劳动力结构,进而影响企业管理效率。制造业企业智能化正向影响产品质量,制造业企业产品质量提升有利于提升管理效率,即产品质量在智能化与企业管理绩效之间起中介作用,制造业企业智能化通过影响产品质量,进而影响企业管理效率。智能化水平的提升能够拓宽企业融资渠道,弥合信息不对称带来的融资风险,提高单位资本的产出,而制造业企业资本使用效率提高有利于提升管理效率,即资本使用效率在两者间具有中介作用机制,制造业企业智能化通过影响资本使用效率,从而影响企业管理效率。

## 9.2 政策建议

智能化不仅有利于企业提升经济效益,还强调环境、社会和治理(ESG)的统筹兼顾和协调发展,在碳达峰碳中和的背景下推动实现我国制造业高质量发展。从本书的研究结论可以看出,智能化能够从整体上正向影响制造业企业的全要素生产率和管理效率等绩效表现,但因企业所处的区域、行业以及企业自身的所有权性质、市场份额、要素密集度等不同导致智能化带来的影响效应具有较大的差异性,因此在坚定不移实行智能化升级的基本策略时,应针对不同情况加强形势研判因企施策,以赢得智能化升级所带来的全球竞争格局改变的主动优势,实现企业跨越式可持续发展。元治理理论是在新科技革命和产业变革背景下,运用系统思维对科技创新机制建构的新理论,元治理理论强调政府主体在技术创新中的"元治理者"的引领角色,同时要兼顾统筹产业、企业和市场等其他治理主体的资源和力量而形成多主体分工合作的多维治理模式。制造业企业智能化升级是科技创新理论及实践的补充和拓展,据此基于元治理理论的核心思想,从政府、产业、企业和市场四个维度提出制造业企业智能化升级的对策和建议,加快推进企业智能化转型,勇于跨越低增长的分水岭,实现可持续的高质量发展。

### 9.2.1 政府:统筹协调创新资源,完善体制机制建设

一是加快数字基础设施建设,统筹区域协调发展。包含5G、工业互联网、大数据中心、物联网、智慧物流、智慧城市等在内的新型基础设施是支撑

制造业智能化升级的战略性基石和物质工程基础,是引领新一轮科技革命和制造业产业变革的先导性力量,我国于2021年9月审议通过了《"十四五"新型基础设施建设规划》《物联网新型基础设施建设三年行动计划(2021—2023年)》等关于新型基础设施建设的规划指导文件和具体行动方案,旨在打造系统完备、智能绿色的现代基础设施体系,以满足产业数字化转型和智能化升级步伐加快的需要,推动制造业向以顾客体验为导向的大规模定制、按需生产等新模式发展。数据被认为是第四次工业革命的关键生产要素,数据要素的无限复制、泛在、海量等特点使得新型基础设施具有许多不同于传统基础设施的特征,如具有更新迭代速度快、网络安全重要性突出等特点,同时新型基础设施既包含5G、人工智能和区块链等新一代信息技术演化而成的信息基础设施,还包含智慧物流、智慧电网、智慧民生、智慧城市等由传统基础设施智能化升级后的融合新型生产性和社会性设施,也包含各种面向公众提供公共服务的新型公益设施。因此,需要针对不同类型和不同发展阶段的新型基础设施,进行分类精准施策,进行布局建设,融合多种举措创新体制机制建设,根据市场收益推动技术创新实现发展,加快培育和发展新型基础设施形态,为数据要素顺畅、安全、高效流动运行夯实物质基础和条件。尽管我国新型基础设施的感知、网络、算力等规模和发展水平已位于全球前列,但也面临着区域发展不平衡,存在各自为政、重复建设、利用率不高和协同融合发展不强的现象。本书的研究结论也印证了东北和东部发达地区智能化水平对制造业企业全要素生产率的促进作用最显著,然而对中西部地区的促进作用较小或不明显,因此要加强全国一盘棋思想,推动区域根据资源禀赋的比较优势深化务实合作,实现智能技术的广覆盖与强渗透的经济助推作用,健全跨地区管理部门的协调机制,统一规划、统筹建设,强化技术融合和互联互通促进数据资源安全共享和整合利用,从而提升新型基础设施的整体效能。

二是加强关键核心技术攻关,激发人才创新活力。制造业企业的智能化升级依赖于如人工智能、量子计算、生物技术、空天科技等关键核心技术和前沿领域的研发和应用推广,而能够带来颠覆性变革的关键核心技术是无法通过技术引进、转移获得的,科技自立自强是打赢关键核心技术攻坚战的必然要求。面向科技前沿领域和国家重大需求,应坚持创新驱动的核心地位和科技自立自强的战略支撑作用,加快制定基础研究十年行动方案等系列措施,加强原创性、引领性科技攻关,助力制造业企业智能化升级顺利开展。为提高自主创新能力,应从国家层面立足新发展理念,继续深入实施科教兴国、人才强国、创新驱动等国家战略,健全社会主义举国体制,超前优化学科布局,推动智能制造、机器人等学科的交叉融合,依托大型科研院所吸引海内外高端人才聚焦前沿科技,力争在高端芯片、类脑科技、量子信息和高级软件等前沿领域和人工智能、生命科学等颠覆性技术上取得突破。关键核心技术的突破和原创性成果的获取离不开高端科技人才的创新活力和持久的时间投入,应激发各类人才创新活力,尤其在当前低生育率等人口问题的前提下,更应持续完善人才引进、评价等激励政策,营造开放宽容的创新氛围,赋予研究和创新人才更大自主性并落实提高其待遇水平,让科研人员将时间和精力放在尖端前沿的科学研究上,以提高创新成果的产出水平。此外,从智能化水平能够提高制造业上市企业员工平均薪酬,而不能扩大薪酬差距的结论来看,目前高技能人才或高技术人才在管理层的薪酬待遇并未表现出优越性,因此应完善各类科技人才评价制度,坚持质量优先、实际贡献为核心的分类评价导向,探索更为灵活的薪酬制度,优化完善科技项目的立项和管理方式,破除不合理和不必要的体制机制束缚,妥善解决各类人才的居留许可、医疗保障等问题,为从事基础性、前沿性和公益性研究的科研人员提供安心的工作条件和生活保障。

三是健全法律法规制度建设,筑牢数据安全体系。作为新生产要素的数据,只有在新型基础设施上联网运行并累积和流通起来形成消费和工业大数据,才能发挥关键的作用,同时作为其他传统要素进行数字化改造后的连接和载体工具而更愈发显得重要。而数据的采集、使用来自不同的部门,阻碍了数据的流通、交换和共享,导致数据的使用与管理在虚拟与现实的转换中缺乏相应的约束而无序混乱也带来了隐私泄露等安全风险,因此需要加快健全数字治理和监管的法律法规建设,加强数据生产、传输和使用等全链条的监管,在摸索实践中形成规范的标准体系。首先,加强国家法律层面的制定以及相关配套地方行政管理办法的落实与实施,建立多层次、多维度的监管体系,特别是涉及公众和国家安全的敏感数据,实现采集、交换、传输、分配、使用和销毁等数据全生命周期监管,发挥人民群众的智慧,构建多元监督主体参与数据安全治理体系,从法律法规的高度打击数字领域的违法行为,强化重大风险预警能力,实现数据有序、安全流动。其次,为使数据更大发挥其驱动与引领的渗透和覆盖价值,要加强数据的标准体系建设,如数据所有权和使用权的界限和管理如何划分、数据带来的收益归属问题以及海量数据带来的难以审计等,提高数据采集质量和使用效率,有利于打破技术和协议壁垒,实现数据跨层级、跨部门和跨区域的互联互通和共享复用,尤其是针对企业上云产生的各种数据构建统一的共享开放、利用和交易平台,同时应防范平台垄断和资本无序扩张,持续释放数据红利和驱动潜能。

## 9.2.2 产业:加快未来产业布局,统筹产业协调发展

一是加强政策顶层设计,推动产业融合发展。我国从国家层面到省级层面再到各地市陆续出台了多项配套政策支持和培育重点产业,发挥政策的引领示范,增强产业的支撑作用,推动制造业企业智能化升级顺利实施。首先,着力推进主导产业和战略前瞻领域发展,如集成电路、智能硬件、工业软件、高端芯片等"卡脖子"重点专业领域,依据经济发展的紧缺需要,集中资金和人才优势实现关键领域和核心部件的国产化替代,并提前部署如脑机接口、量子计算和空天深海等前沿领域规划,打造完善可靠的产业链供应体系,助力产品生产创新和服务更新升级。其次,应加强智能技术与传统产业的融合方向,本书的研究结论也验证了智能化对传统产业的赋能作用迸发出效率提升的巨大力量,因传统行业的应用范围广而能够覆盖生产生活的方方面面而加速智能化技术的催化作用而实现效能的提升,加快新一代信息技术对传统农业、制造业、建筑业、生态环境、旅游业等行业领域关键环节和核心工序的智能化改造升级,催生一批智慧农业、智能制造、智能建筑、智慧环保、智慧文旅等新业态,发挥智能化技术的高渗透、广覆盖的特性,使大量的传统行业焕发新机,提供新的经济增长点。最后,加大财政支持力度,创新投融资模式,由本书研究结论可知,政府支出和金融发展水平的提

升有利于提高制造业企业全要素生产率,但对于制造业企业的财务绩效影响并不显著,说明政府财政支出和金融服务水平能够从宏观上优化资源配置,提高要素的投入产出但对微观个体企业的财务绩效影响不明显,这就要求政府在制定财政支持政策时更审慎合理,金融机构提供金融服务时更多元灵活。创新政府资金投入模式,发挥引导和撬动作用,既注重设立产业引导基金、担保基金等直接财政扶持,又注重税收优惠、减免补贴等间接方式。制造业智能化升级具有投入高、风险大、周期长的特点,金融机构应创新金融服务和产品,同时应鼓励社会资本积极参与重点产业领域的投融资,发挥智能化技术的倍增和乘数效应,分享新产业、新场景应用带来的收入,实现配套产业经济投资收益闭环的良性循环。

二是加强政产学研合作,增强产业协同能力。首先,畅通协同合作的创新机制,支持建立由企业需求驱动主导,政府、高等院校、科研机构、行业协会和中介平台等共同参与的协同创新机制,打通产业链全链条的资源互补利用,加强各创新主体的风险分担与收益共享,鼓励科研院所与企业生产对接,增强协同能力,推动科技成果产业化,实现市场共赢。其次,建立智能制造相关产业标准化制动的协同工作机制。引导基础研究力量雄厚的科研机构参与相关产业标准建设,破除因标准不统一而造成的资源浪费和成本损耗,发挥行业协会紧密联系企业的优势,加强企业在应用层的标准规范,降低不必要的内耗带来的损失,引导智能产业走向规范化的高质量发展路径。再次,完善公共服务体系,推动产业链创新资源共享,整合政产学研用资源建立综合创新平台和关键技术服务平台并搭建公共服务体系,为政策制定、技术攻关、人才培训、知识产权保护、投融资等提供咨询服务,同时引导行业协会、龙头企业、高校和科研院所建立资源开放共享平台,实现科研仪器、检测设备、研发能力等的创新资源的重复共享使用,为产业协同提供全方位支撑。最后,发挥企业家在人才招募、把握创新方向、筹措资金等方面的创造性和能动性,保护企业家的财产权和创新收益,历次工业革命一再证明了企业家精神是实现创造性破坏,推动技术突破和社会进步的重要源泉,因此在经济活动中处理好政府和企业的关系,注重产权保护和提供包容的文化以坚定和激励企业家进行颠覆性创新和投资的信心。

三是推动产业有序转移,实现产业结构优化。随着逆全球化思潮愈演愈烈,导致我国制造业产业链存在安全风险,因此必须推动关键核心产业保持在国内合理转移,确保产业链安全可控是维持制造业健康发展的前提。首先,应因业施策、因地制宜,根据不同类型产业的特点和各地的资源禀赋推动产业有序转移,如东部地区强化关键核心产业技术自主创新能力加快,培育全球先进制造业集群;化工、新材料、加工组装等劳动密集型以及电力能源损耗较大的纺织、钢铁、冶炼等产业,重点向劳动力富余且新能源发电优势突出的中西部转移;技术密集型产业向创新要素丰富的中西部和东北地区中心城市转移,中西部地区重点发展新兴产业如新能源、高技术产业等,东北地区利用老工业基础优势加快发展高端装备、航空航天等传统产业的改造升级。其次,探索优化产业转移模式,通过产业链的上下游纵向供应链对接合作模式,各区域间通过托管、共建等横向的合作转移模式和基于成果孵化、转化分离的混合转移路径打造具有竞争力的产业链生态体系以维护制造业全产业链供应链的安全和稳定。最后,推动交通运输、计算机软件等生产性服务业与制造业的融合集聚,发挥要素集聚优势,推动制造业企业智能化转型升级,产业集群化发展能够降低经济活动进行的成本,同时能够加快人才、资本等要素在该地区的流动,使得技术扩散更充分改善供需错配,能够实现资源的有效配置,实现产业结构优化。要警惕大规模"机器换人"的产业升级和产业转移可能会导致当地大量的劳动力技术性失业而引发消费需求动力不足,因此各地区应根据自身的要素禀赋,合理统筹产业升级与消费需求萎缩的关系,探索适宜本地区的产业升级路径。

### 9.2.3 企业:坚定智能升级理念,增强自主创新能力

一是脚踏实地因企制宜,优化智能升级路径。从本书的研究结论可以看出,行业类型、所有制性质、要素密集度和市场份额不同,其智能化升级带来的影响效应具有很大的差异性,因此企业要结合内外部资源差异和发展特点,脚踏实地探索与组织目标和市场预期相匹配的智能化转型路径,应理性看待和衡量智能化升级带来的成本和收益,不能盲目追求智能化而智能化。同时,智能化升级也不是一劳永逸的"魔法",摒弃智能化转型的执念,

树立正确的智能化转型升级理念,应清醒认识智能化升级是一个持续改进和优化的渐进过程,不同类型和性质的制造业企业应保持战略定力,适时更新IT适应性。对于骨干龙头企业来说,其本身占据的市场份额较大,组织结构更庞大和繁杂,要警惕原有增长的路径依赖,应勇于冲破舒适区,进行深入变革,通过科技创新、战略重组、品牌建设等路径继续做大做强,增强产业生态韧性,引领行业变革。对于中小企业来说,因其能力弱、市场份额小、资源匮乏,只能践行单一生产线和生产流程的渐进式智能化升级路径,再持续扩大到智能车间、智能工厂的建设,以降低优化和改进的成本,逐步实现"量到质"的转变。对不同所有制企业而言,国有企业要充分利用政策优势,引入市场化竞争机制,进行适宜的结构改制,提高组织的灵活性,以适应智能化升级带来的变化;私有企业应主动作为、积极参与企业上云等一系列国家示范和试点项目建设,如智能制造试点示范项目、工业互联网应用试点示范项目、人工智能应用试点示范项目等,以借助政策支持加快智能化升级的步伐。

二是树牢智能升级理念,优化组织结构流程。首先,制造业企业高层管理应坚定实施渐进且持续的智能化升级策略,应提高对智能化升级的战略认知,既要认识到智能化升级是企业未来取得核心竞争力的必由之路,也要清楚其中存在的成本和资金风险,需要全面统筹考虑智能化升级带来的成本上升和收益增加之间的关系,智能化升级前期需要投入较多研发资本和人才储备,而新产品和服务面临市场的极大不确定性,导致绩效无法达到预期水平,这些都会制约企业智能化升级的步伐。其次,基层管理者和员工应提高各项专业技能,使之与智能化升级战略相匹配,在企业内部形成崇尚创新、开放包容的生态文化氛围,建立高效顺畅的体制机制,推动智能化升级政策落地实施。最后,制造业企业应根据外在环境和技术进步及时调整制造业企业组织结构和精简业务流程,使传统等级严格科层式向扁平化、网络化组织结构转变,成立以产品和客户数据分析为核心职能的专门数据治理组织,以综合分析海量数据,打破智能化升级过程中的组织内外部的部门隔阂,以顾客体验为核心的全周期视角优化业务流程,增强供应链和生产链的安全协同,使管理决策更灵活高效地满足市场需求,提高组织运行效率和管理效率,破除组织机制障碍,从而加快制造业智能化进程。

三是发挥创新主体地位,推动科技成果转化。企业作为技术研发、产品生产和销售服务的直接提供者,要以市场需求为导向增强自主创新能力,架起从基础理论研究到产品商业化的桥梁,企业发挥创新能动性,能够有效缩短基础研究实验室的创意构思到商品市场化应用的转化周期,推动创新链与产业链的协同发展。首先,激励企业加大研发投入力度,如对高科技的灯塔企业和科技型中小企业实施税收优惠和减免补贴等激励和扶持政策,运用政府采购、首购等方式在公共服务领域拓宽企业新产品和服务的市场份额。其次,优化保险补偿和研发考核制度,在全社会形成宽容、友好的创新氛围,智能化升级的沉没成本高、收益不确定等风险造成制造业企业管理者顾虑较多而制约着技术改造步伐,提高全民科学素养,形成宽容失败的创新创业氛围有助于弘扬科学精神,推动智能化升级顺利实施。

四是提供优质产品服务,催生商业模式创新。制造业企业智能化升级的最终目的是推出满足市场需求的产品和服务,扩大和提升企业价值,本书的研究结论也证实了产品质量在智能化升级与制造业企业绩效之间的中介作用路径,为消费者提供个性化的定制产品和优质的服务是中国制造向中国"智造"转变并实现价值链攀升的重要驱动力。制造业企业的智能化升级最大的障碍不是技术落后而是缺乏市场开拓能力,满足市场需要的产品和服务是企业获取价值,实现利润增长的根本动力,回归以产品和服务为导向提高产品附加值,驱动智能化升级才是制造业企业发展的"正路"。首先,新一代信息技术的发展为消费者和生产者提供了便捷的沟通工具,使生产者能够捕获顾客的个性化需求,而柔性敏捷的智能生产线也降低了个性化定制的生产成本,为顾客营造全服务周期的差异化体验,企业依据长尾效应构建起范围经济的新优势,不断加强线上线下融合的多渠道运营能力和基于用户数据洞察的精准营销,提升服务质量和消费者体验。其次,制造业企业应促使个性化的需求变成通用技术和产品,完成知识复用和技术复制才能分摊高昂的研发成本,进而开辟新的技术和业务领域,实现跨界融合,推动智能化与经济社会全产业链的深度融合,使智能化、数字化全面融入生产制造和社会生活,催生新的商业服务模式,提高智能产品市场利润和市场效率,制造业企业也由之前的硬件实物产品生产商转型为软硬件产品服务商,以客户价值驱动技术创新和商业创新协调发展才能摘取智能化升级"低垂的果实"。

## 9.2.4 市场：融合线上线下消费，畅通国内国际循环

一是培育新型消费场景，推动线上线下融合。随着具有高速率、高清分辨率和低延时等特性的智能技术与制造业融合取得突破进展，使得越来越多的新型消费场景不断涌现，正逐步取代线下和实体店的传统消费模式，成为新风尚的新常态。尤其是新冠疫情的暴发迫使一部分人民群众居家隔离，使得线上线下融合的"互联网+服务"等新消费场景大量涌现，如在线教育、卫星诊所、云上旅游、在线健身、直播购物和即时零售等新型的消费场景的普及应用，智能化升级也催生了一大批无接触式的智慧超市、智慧餐厅和即时零售等无人售货的新业态。我国从中央到地方也颁布了一系列政策措施，旨在供给和需求双侧牵引，推动引导新型消费模式的健康发展，在供给侧鼓励制造业借助工业互联网平台，将生产和销售等环节产生的数据整合有效利用，实现产品性能升级，以满足消费者追求美好生活的需要，在需求侧倡导低碳环保的消费理念，加大对新型消费的补贴和支持力度，此外在公共服务方面加强基础设施建设，降低企业和居民通信和物流等方面成本，能够有效扩大智能技术的应用。尤其是随着贸易保护主义的逆全球化思潮加剧，过去借助加大出口提振消费和投资的增长模式难以为继，因此坚持扩大内需畅通国内大循环，加快智慧物流、5G等数字基础设施建设，引导电商和物流企业下沉，乡镇加快实施数字乡村战略，通过弥合城乡之间的数字鸿沟构建"区域—城镇—乡村"的多层级消费中心，实现需求牵引供给、供给创造需求的动态平衡，激发消费活力，促进线上线下消费深度融合，是在当前出口和投资受限的现实条件下推动制造业高质量发展的新动能。

二是完善产品首购制度，拓宽智能产品应用。通过对"企业—政府—市场"三维动力系统的分析可知，制造业企业智能化升级系统将经历初级阶段到高级阶段的多次博弈演化，在其演化过程中市场接受智能产品的程度将对系统的演化稳定策略产生重要影响，同时智能化升级所投入的资本、人才等成本较高，导致第一代智能产品价格昂贵而造成市场接受度较低，尤其是

自主创新的首台首套产品(被称为"首购产品")难以进入市场接受实践检验反过来进一步制约企业和科研院所开展新一轮技术研发和工艺升级,形成恶性循环会阻碍制造业高质量发展的进程,因此完善智能产品首购制度,智能产品只有进入市场应用经过检验取得消费者认可,才能实现造血功能而具有竞争力。首先,应在政策立法环节加强国产设备优先的制度保障,进一步严格贯彻和落实《自主创新产品政府首购和订购管理办法》《中华人民共和国政府采购法》等法律政策,以解决智能产品的市场准入问题,稳定市场需求和导向来应对国外同类产品的垄断地位,在设计制造环节提高企业与其他创新机构的协同合作,增强产品创新功能和使用性能,在需求应用环节加大政府等企事业机构购买的引领示范作用,以扩大国产产品的市场份额。其次,规范首购审计制度,特别是规范首购目录产品的制定,只有具有自主创新水平且市场势力较弱的产品,才能代表符合国民经济发展要求的先进技术,因此应加强对首购产品的认证、首购过程的审计力度,以确保首购制度能够推动企业智能化升级,实现制造业高质量发展。最后,应扩大首购范围,实现由传统领域向新兴领域转变,传统的政府采购大多集中在办公和工程领域,这对高端智能产品市场的拉动作用有限,随着新一代信息技术的快速发展,新兴产业不断涌现,拓展智能产品如新能源汽车、高端芯片、智能软件、高速列车、航空航天、装备制造、集成电路等战略性新兴产业的首购范围和规模以增强对技术创新的拉动作用,推动智能化升级顺利实施。

三是构建国内统一市场,积极参与国际分工。为智能化升级企业生产的智能产品构建国内统一大市场,使智能产品和服务的价值链各环节更加畅通,提高市场运行效率。超大规模市场的规模效应和集聚效应具有强大的虹吸力和辐射力,能够汇聚全球优质创新资源,加快高精尖技术溢出和技术扩散,降低交易和流通成本。借助我国统一大市场和集中力量办大事的体制机制优势,完善市场资源配置的决定性作用,避免资源错配、盲目跟风、重复建设带来的同质竞争和内耗浪费,破除"小而全"的地区保护和市场分割。营造公平、合理的市场竞争环境完善市场机制,破除妨碍资源配置和产品服务流通的体制障碍,优化产品供给结构和质量是实现制造业转型升级的基础。依托强大的国内市场不等于放弃国际市场资源,应协同促进国内国际双循环,制定促进外贸发展的相关法律法规和监管措施以国内统一的超大市场吸引全球创新要素和资源。经济全球化是时代潮流,我国要想实现制造业转型升级必须维护和坚持多边贸易体制,区域全面经济伙伴关系协定(RCEP)的批准和生效以及"一带一路"倡议的深入推进都标志着我国将继续实行更宽领域和更高水平的对外开放促进国际合作,进一步融入区域和世界经济以加强系统风险预警,增强国家之间政策协同,激发世界经济活力,以实现互利共赢。

## 9.3 研究不足与展望

虽然本书对制造业企业智能化升级的动力机制、智能化水平影响制造业企业效率的作用机制和影响效应等进行了深入细致的研究达到了总体研究目的,但由于作者水平和数据获取等现实困难,导致仍存在以下不足。

一是研究对象。首先囿于数据获取的难度和指标的不统一,本书选取全要素生产率和管理效率作为制造业企业技术和管理维度的效率体现,使得研究对象较为分散,未来的研究将选取更合适的指标纳入统一的研究框架,以研究智能化升级背景下两者之间相互联系、相互影响的关系。

二是研究数据。本书的研究数据来自制造业上市企业和调查问卷,样本数据不够广泛,尤其是研究智能化对管理效率的影响时问卷调查仅覆盖了郑州、南阳和深圳等地区的部分制造业企业,将来会进一步扩大问卷调查范围以验证结论的有效性。

三是研究方法。制造业企业智能化仍处于未普及的初始阶段,大多研究仍处于抽象的理论阐述,尤其是关于微观的制造业企业实现智能化升级的关键技术能力还没有成熟的量表或统一的数据库对其进行精确测量,本书也仅根据研究对象和样本数据的特点采用了固定效应、中介效应、门槛回归和结构方程等模型与方法。此外,随着新一代信息技术的发展,尤其是智能化水平的测量将会更精准,智能化对制造业企业效率影响的作用路径和方式可能会越来越多样化,未来将尝试更多的研究方法以明晰和丰富智能化升级路径。

# 参考文献

[1] 胡运权,胡祥培. 运筹学基础及应用[M]. 7版. 北京:高等教育出版社,2021.

[2] 陈强. 计量经济学及Stata应用[M]. 北京:高等教育出版社,2015.

[3] 陈强. 高级计量经济学及Stata应用[M]. 2版. 北京:高等教育出版社,2014.

[4] 李怀祖. 管理研究方法论[M]. 西安:西安交通大学出版社,2004.

[5] 马庆国. 管理统计:数据获取、统计原理、SPSS工具与应用研究[M]. 北京:科学出版社,2002.

[6] 侯杰泰,温忠麟,成子娟. 结构方程模型及其应用[M]. 北京:教育科学出版社,2004.

[7] 刘淑萍. "互联网+"促进制造业升级机理与路径研究[D]. 武汉:中南财经政法大学,2019.

[8] 曾德宏. 多群体演化博弈均衡的渐近稳定性分析及其应用[D]. 广州:暨南大学,2012.

[9] 雷景婷. 基于演化博弈的煤炭企业高质量发展动力机制研究[D]. 西安:西安科技大学,2021.

[10] 吴越. 基于DEA-Malquist指数的跨境电商上市公司经营效率分析[D]. 景德镇:景德镇陶瓷大学,2022.

[11] 《智能制造》编辑部. 回首"十三五"迈上新台阶:梳理政策文件总结"十三五"中国智能制造发展[J]. 智能制造,2021(1):25-27.

[12] 王少,琚砚函,李丹阳,等. 我国科技人才观内涵探析:基于70年科技人才政策的考察[J]. 科学管理研究,2020,38(3):132-137.

[13] 李小东,黄利,王平. 基于生产结构视角的高新技术产业技术扩散影响研究[J]. 运筹与管理,2021,30(10):233-239.

[14] 赵振."互联网+"跨界经营:创造性破坏视角[J].中国工业经济,2015(10):146-160.

[15] 谢呈阳,刘梦,胡汉辉.消费升级、市场规模与制造业价值链攀升[J].财经论丛,2021(4):12-22.

[16] 刘平峰,张旺.数字技术如何赋能制造业全要素生产率[J].科学学研究,2021,39(8):1396-1406.

[17] 吴晓园.传统制造业智能化转型的动力机制分析:以晋江纺织业为例[J].创新科技,2019,19(1):19-24.

[18] 孟凡生,赵刚,徐野.基于数字化的高端装备制造企业智能化转型升级演化博弈研究[J].科学管理研究,2019,37(5):89-97.

[19] 朱立龙,荣俊美,张思意.政府奖惩机制下药品安全质量监管三方演化博弈及仿真分析[J].中国管理科学,2021,29(11):55-67.

[20] 郭吉涛,梁爽.数字经济对中国全要素生产率的影响机理:提升效应还是抑制效果?[J].南方经济,2021(10):9-27.

[21] 楼永,王偲琪,郝凤霞.工业智能化对企业绩效的影响:基于薪酬视角的中介效应研究[J].工业技术经济,2021,40(3):3-12.

[22] 范晓男,孟繁琨,鲍晓娜,等.人工智能对制造企业是否存在"生产率悖论"[J].科技进步与对策,2020,37(14):125-134.

[23] 邹文杰.研发要素集聚、投入强度与研发效率:基于空间异质性的视角[J].科学学研究,2015,33(3):390-397.

[24] 季凯文.中国生物农业全要素生产率的增长效应及影响因素研究:对32家上市公司的实证考察[J].软科学,2015,29(2):41-45.

[25] 李廉水,鲍怡发,刘军.智能化对中国制造业全要素生产率的影响研究[J].科学学研究,2020,38(4):609-618,722.

[26] 陈晓华,刘慧.成本上升、外需疲软与制造业技术复杂度演进:基于内外资和要素密集度异质性视角[J].科学学研究,2014,32(6):860-872.

[27] 刘军,常慧红,张三峰.智能化对中国制造业结构优化的影响[J].河海大学学报(哲学社会科学版),2019,21(4):35-41,106.

[28] 温忠麟,侯杰泰,张雷.调节效应与中介效应的比较和应用[J].心理学

报,2005(2):268-274.

[29] 谢康,吴瑶,肖静华.生产方式数字化转型与适应性创新:数字经济的创新逻辑(五)[J].北京交通大学学报(社会科学版),2021,20(1):1-10.

[30] 武赫.智能化时代传统产业因应新业态的经营管理方式更新研究[J].云南社会科学,2019(4):147-152,188.

[31] 宋旭光,左马华青.工业机器人投入、劳动力供给与劳动生产率[J].改革,2019(9):45-54.

[32] 李舒沁,王灏晨,汪寿阳.人工智能背景下制造业劳动力结构影响研究:以工业机器人发展为例[J].管理评论,2021,33(3):307-314.

[33] 王竹泉,孙文君,王苑琢.资本效率信息扭曲、信息使用者决策与资本错配[J].财会通讯,2021(15):30-35,40.

[34] 魏玮,张万里,宣旸.劳动力结构、工业智能与全要素生产率:基于我国2004—2016年省级面板数据的分析[J].陕西师范大学学报(哲学社会科学版),2020,49(4):143-155.

[35] 谢康,夏正豪,肖静华.大数据成为现实生产要素的企业实现机制:产品创新视角[J].中国工业经济,2020(5):42-60.

[36] 温忠麟,叶宝娟.中介效应分析:方法和模型发展[J].心理科学进展,2014,22(5):731-745.

[37] 史永乐,严良.完善科技创新元治理体系的路径:来自发达国家的经验与启示[J].江汉论坛,2022(5):66-72.

[38] 王政.我国制造业综合实力持续提升[N].人民日报,2022-08-03(2).

# 附录

## 智能化水平对企业管理效率影响研究的调查问卷

尊敬的女士/先生:

　　本问卷是基于课题"智能化水平对制造业企业管理效率影响的作用机制研究"进行的一项学术研究活动,旨在研究智能化水平对制造业企业管理效率的影响。请您在百忙之中协助完成问卷的填写,请根据本企业的实际情况填写,尽您所知回答,题项答案无"对"与"错"之分,请选择您认为最恰当的答案,请勿遗漏题项。

　　我们郑重承诺:本次问卷调查仅用于学术研究,不会涉及任何商业用途,同时会对贵企业的信息进行严格保密,不向任何机构或人员泄露。

　　您的参与将为我们的研究提供重要的实践参考价值,衷心感谢您的参与!

### 第一部分　企业基本信息

1. 您的年龄_____。

　A. 30 岁以下　　　　　　　　　B. 30~40 岁

　C. 40~50 岁　　　　　　　　　D. 50 岁以上

2. 您所在企业的性质:_____。

　A. 国有企业　　　　　　　　　B. 民营企业

　C. 外资企业　　　　　　　　　D. 其他

3. 您的工作岗位：_____。

A. 领导层　　　　　　　　　B. 一般管理人员

4. 您从事管理工作的年限_____。

A. 3 年以下　　　　　　　　B. 3~5 年

C. 6~8 年　　　　　　　　　D. 9~10 年

E. 10 年以上

5. 贵公司成立年限_____。

A. 1~5 年　　　　　　　　　B. 6~10 年

C. 11~15 年　　　　　　　　D. 16~20 年

E. 20 年以上

6. 贵公司所在行业领域_____。

A. 通用设备制造　　　　　　B. 专用设备制造

C. 交通运输设备制造　　　　D. 电气机械及器材制造

E. 通信设备、计算机及其他电子设备　F. 仪器仪表及文化、办公用机械

G. 纺织业　　　　　　　　　H. 饮料制造

I. 化学原料及化学制品　　　J. 其他行业

7. 贵公司去年的销售收入_____（单位：元）。

A. 2000 万以下　　　　　　　B. 2000~5000 万

C. 5000 万~1 亿　　　　　　D. 1 亿~5 亿

E. 5 亿~10 亿　　　　　　　F. 10 亿~20 亿

G. 20 亿~50 亿　　　　　　　H. 50 亿以上

## 第二部分　问卷测量部分

该部分将对智能化升级对企业管理效率的影响进行评估，题项中的 1~7 分别表示"完全不同意"到"完全同意"依次递增，请根据贵企业实际情况在相应的数字上打"√"。

## 一、智能化水平

### 1. 信息数字化能力(RA)

| 完全不同意——完全同意 | | | | | | | |
|---|---|---|---|---|---|---|---|
| (1)物理实体产生的数据能够被量化与采集 | 1 | 2 | 3 | 4 | 5 | 6 | 7 |
| (2)设计、供应链等环节有传感器进行数据采集 | 1 | 2 | 3 | 4 | 5 | 6 | 7 |
| (3)制定数据采集的规范与标准 | 1 | 2 | 3 | 4 | 5 | 6 | 7 |
| (4)具有将各种信息数字化的物理基础条件 | 1 | 2 | 3 | 4 | 5 | 6 | 7 |
| (5)数据信息能够进行在网络空间传递 | 1 | 2 | 3 | 4 | 5 | 6 | 7 |

### 2. 数据增值化能力(IA)

| 完全不同意——完全同意 | | | | | | | |
|---|---|---|---|---|---|---|---|
| (1)拥有 ERP、CRM 等企业资源管理工具 | 1 | 2 | 3 | 4 | 5 | 6 | 7 |
| (2)具有 MES、MIS、PLM、EDA 等产品研发软件 | 1 | 2 | 3 | 4 | 5 | 6 | 7 |
| (3)具有 SCADA 等智能制造的核心"主脑"服务产品制造环节 | 1 | 2 | 3 | 4 | 5 | 6 | 7 |
| (4)对产生的大数据进行存储、清洗与传输 | 1 | 2 | 3 | 4 | 5 | 6 | 7 |
| (5)可视化的机器设备维护与预警 | 1 | 2 | 3 | 4 | 5 | 6 | 7 |

### 3. 资源调整化能力(RI)

| 完全不同意——完全同意 | | | | | | | |
|---|---|---|---|---|---|---|---|
| (1)网络基础设施能够实现物理对象实时接入 | 1 | 2 | 3 | 4 | 5 | 6 | 7 |
| (2)拥有连接企业内外部资源的网络 | 1 | 2 | 3 | 4 | 5 | 6 | 7 |
| (3)各部门实现数据实时、高效共享 | 1 | 2 | 3 | 4 | 5 | 6 | 7 |
| (4)机器设备实现端到端无障碍对接 | 1 | 2 | 3 | 4 | 5 | 6 | 7 |
| (5)数据互联互通打破"孤岛"现象 | 1 | 2 | 3 | 4 | 5 | 6 | 7 |
| (6)数据资源的广度、深度和质量增强 | 1 | 2 | 3 | 4 | 5 | 6 | 7 |

### 4. 资源整合化能力(DI)

| 完全不同意——完全同意 | | | | | | | |
|---|---|---|---|---|---|---|---|
| (1)具有海量数据处理的能力 | 1 | 2 | 3 | 4 | 5 | 6 | 7 |
| (2)数据资源能够提供认知信息,辅助决策 | 1 | 2 | 3 | 4 | 5 | 6 | 7 |
| (3)能够根据顾客需求,提供定制化生产与服务 | 1 | 2 | 3 | 4 | 5 | 6 | 7 |
| (4)专家知识与机器智能有机结合 | 1 | 2 | 3 | 4 | 5 | 6 | 7 |
| (5)产品全生命周期的监控与管理 | 1 | 2 | 3 | 4 | 5 | 6 | 7 |

### 5. 智能分析化能力(RL)

| 完全不同意——完全同意 | | | | | | | |
|---|---|---|---|---|---|---|---|
| (1)利用智能信息系统实现柔性动态生产 | 1 | 2 | 3 | 4 | 5 | 6 | 7 |
| (2)根据生产数据进行优化决策并反馈辅助工艺改进 | 1 | 2 | 3 | 4 | 5 | 6 | 7 |
| (3)决策指令能够控制物理设备进行调整优化 | 1 | 2 | 3 | 4 | 5 | 6 | 7 |
| (4)物理的机器设备具有自适应与稳定性 | 1 | 2 | 3 | 4 | 5 | 6 | 7 |
| (5)实现商业、制造、服务等新模式涌现 | 1 | 2 | 3 | 4 | 5 | 6 | 7 |

## 二、管理效率

### 1. 生产管理效率(PM)

| 完全不同意——完全同意 | | | | | | | |
|---|---|---|---|---|---|---|---|
| (1)将生产管理由管人向管某件具体产品或产品的某个生产环节转变 | 1 | 2 | 3 | 4 | 5 | 6 | 7 |
| (2)生产管理能够适应生产效率提升的现实需求,做到精准高效 | 1 | 2 | 3 | 4 | 5 | 6 | 7 |
| (3)生产管理人员数量相应减少 | 1 | 2 | 3 | 4 | 5 | 6 | 7 |
| (4)管理流程的标准化,避免了人为因素对管理过程的干扰 | 1 | 2 | 3 | 4 | 5 | 6 | 7 |

## 2. 物流管理效率(LE)

| | 完全不同意——完全同意 | | | | | | |
|---|---|---|---|---|---|---|---|
| (1)物流管理水平高于竞争对手 | 1 | 2 | 3 | 4 | 5 | 6 | 7 |
| (2)企业能够适应智能化物流发展趋势 | 1 | 2 | 3 | 4 | 5 | 6 | 7 |
| (3)在物流管理上做到动态高效 | 1 | 2 | 3 | 4 | 5 | 6 | 7 |
| (4)能对物流流程中产生的各种数据和信息进行动态处理和高效反馈 | 1 | 2 | 3 | 4 | 5 | 6 | 7 |

## 3. 质量管理效率(QA)

| | 完全不同意——完全同意 | | | | | | |
|---|---|---|---|---|---|---|---|
| (1)通过有效的质量管理来对产品质量进行检测和控制 | 1 | 2 | 3 | 4 | 5 | 6 | 7 |
| (2)在很大程度上能排除人为因素和主观臆断因素的干扰 | 1 | 2 | 3 | 4 | 5 | 6 | 7 |
| (3)质量检验结果更为客观公正 | 1 | 2 | 3 | 4 | 5 | 6 | 7 |
| (4)对产品和服务质量的控制更为精准高效 | 1 | 2 | 3 | 4 | 5 | 6 | 7 |

## 4. 销售管理效率(MM)

| | 完全不同意——完全同意 | | | | | | |
|---|---|---|---|---|---|---|---|
| (1)企业销售管理者采用智能数据采集、智能算法和数据识别等智能化手段 | 1 | 2 | 3 | 4 | 5 | 6 | 7 |
| (2)科学而高效地分析产品的潜在市场需求 | 1 | 2 | 3 | 4 | 5 | 6 | 7 |
| (3)对消费动态进行智能分析 | 1 | 2 | 3 | 4 | 5 | 6 | 7 |
| (4)为产品和服务的改进提供动态反馈 | 1 | 2 | 3 | 4 | 5 | 6 | 7 |

### 三、中介变量

#### 1. 劳动力结构(LS)

| 完全不同意——完全同意 | | | | | | | |
|---|---|---|---|---|---|---|---|
| (1) 中高等人才占比较高 | 1 | 2 | 3 | 4 | 5 | 6 | 7 |
| (2) 男女比例协调 | 1 | 2 | 3 | 4 | 5 | 6 | 7 |
| (3) 劳动力教育水平高 | 1 | 2 | 3 | 4 | 5 | 6 | 7 |
| (4) 劳动力的年龄结构合理 | 1 | 2 | 3 | 4 | 5 | 6 | 7 |

#### 2. 产品质量(PQ)

| 完全不同意——完全同意 | | | | | | | |
|---|---|---|---|---|---|---|---|
| (1) 产品功能优质,产品能够满足顾客对质量的高要求 | 1 | 2 | 3 | 4 | 5 | 6 | 7 |
| (2) 产品使用期限长,产品出现故障的维修返修率低 | 1 | 2 | 3 | 4 | 5 | 6 | 7 |
| (3) 产品可靠性高,产品设计合理,所用材料耐用性强 | 1 | 2 | 3 | 4 | 5 | 6 | 7 |
| (4) 产品安全性高,接口在使用过程中对人身及环境的安全保障程度高 | 1 | 2 | 3 | 4 | 5 | 6 | 7 |
| (5) 产品经济性高,产品经济寿命周期内的总费用较低 | 1 | 2 | 3 | 4 | 5 | 6 | 7 |

#### 3. 资本使用效率(CE)

| 完全不同意——完全同意 | | | | | | | |
|---|---|---|---|---|---|---|---|
| (1) 贵公司总资产收益率较竞争对手高 | 1 | 2 | 3 | 4 | 5 | 6 | 7 |
| (2) 贵公司净资产收益率较竞争对手高 | 1 | 2 | 3 | 4 | 5 | 6 | 7 |
| (3) 贵公司每股盈余较竞争对手高 | 1 | 2 | 3 | 4 | 5 | 6 | 7 |
| (4) 贵公司经济增加值较竞争对手高 | 1 | 2 | 3 | 4 | 5 | 6 | 7 |

本问卷至此结束,再次感谢您的理解与支持!

# 后　记

在数字化转型背景下,制造业作为国民经济的重要支柱,其智能化水平的提升对于企业效率的影响日益显著。然而,"IT生产率悖论"使得大多企业有"不敢转、不能转"的顾虑,甚至因为缺乏技术和人才而"不会转",更进一步制约着我国制造业向价值链高端攀升的步伐,阻碍制造强国建设进程。

摆在制造业企业面前的现实问题是:影响智能化升级的关键因素有哪些？进行智能化改造能否提升企业效率,以及其具体实现路径是什么？对于这些问题的回答能够为制造业企业进行智能化升级明晰努力方向,增强信心解除其"不敢转"的困惑和"不会转"的困境,更有助于为智能制造产业政策制定部门提供决策依据和参考,推动实现制造业高质量发展。

本书在理论分析的基础上,构建智能化水平对企业效率影响的作用机制模型,并尝试通过实证研究来验证这些模型的有效性。在写作过程中,用技术效率和管理效率两个层面分别刻画企业效率,能够更全面地衡量企业绩效,也有利于多维度准确地评估智能化给企业带来的影响。此外,通过异质性分析不同类型、不同规模企业的智能化实践,试图揭示不同因素对智能化效果的影响力度和作用机制,并基于研究结果提出政策建议,希望能够帮助制造业企业更有效地实施智能化转型,为智能化与制造业效率领域的理论研究提供新的视角和数据支持。

初入学术之路,得到诸多师友帮助,包括我的导师、同事、家人以及所有参与材料整理、数据收集、阅读校勘等工作的团队成员,没有他们的支持,这本著作将难以完成,在此深表谢意！

自2015年我国颁布制造强国战略第一个十年行动纲领《中国制造2025》以来,新一代信息技术与制造技术深度融合的数字化网络化智能化已成为制造业高质量发展主线。展望未来,期待这本著作能够激发更多的研究者和实践者对智能化与制造业效率关系的关注,共同推动制造业智能化转型和升级。

  由于作者水平有限,虽已竭尽全力,书中难免有错谬之处,若蒙读者专家不吝告知,将不胜感激。

**南阳理工学院 史永乐**